W0065442

Literatur als Kunst
Eine Schriftenreihe, herausgegeben
von Walter Höllerer

Michael Glasmeier

Karl Valentin

Der Komiker und die Künste

Carl Hanser Verlag

ISBN 3-446-14999-6
Alle Rechte vorbehalten
© 1987 Carl Hanser Verlag München Wien
Gesamtherstellung: H. Mühlberger, Augsburg
Printed in Germany

Inhalt

Für Martha und Ernst Otto

Abkürzungen

AvKV   = Alles von Karl Valentin. Hrsg. v. Michael Schulte. München 1978.

KVVD   = Karl Valentin. Volkssänger? DADAist? Hrsg. v. Wolfgang Till. München 1982.

KVF   = Karl Valentin Fundsachen 1-4. Redaktion: Ulrich Kurowski und Thomas Brandlmeier. Hrsg. v. Münchner Filmzentrum – Freunde des Münchner Filmmuseums e. V. Film 1 (1976) – Film 2 (1982).

Kat.-Nr.   = Katalognummer nach Michael C. Glasmeier: Rekonstruktion eines Katalogs des Valentin-Panoptikums. In: KVVD S. 128 ff.

Vorwort

Zwei Narren unter einem Hut
Der Dritte sie beschauen thut.

Clemens Brentano

Die Welt, in der und mit der Valentin sich bewegte, war München. Diese Stadt prägte entscheidend sein Denken und Tun. Hier wuchs er auf und fand volkstümliche Traditionen vor, die er sammelnd bewahren, in die er verändernd eingreifen konnte. In seiner historischen, anthropologischen, kulturellen und politischen Gestalt bildete dieser Lebensraum die Folie seines Schaffens. Die Ortsgebundenheit begründete Valentins Reisephobie und die Unmöglichkeit des Exils.

Dieser Regionalismus führt leicht zu rezeptionsgeschichtlichen Mißverhältnissen. Während Chaplin, Keaton, Laurel & Hardy mit dem Medium Film und die Clowns in der Variation traditioneller Muster eine von allen verstehbare, überzeitliche Komik erzeugen, haben es regional gebundene Komiker ungleich schwerer, sich durchzusetzen. Nestroy in Wien, Erich Carow in Berlin, an den scheinbar nur noch der »Käsebier«-Roman von Gabriele Tergit[1] erinnert, oder Karl Valentin: als Sonderlinge werden sie posthum in ihrer Heimat gefeiert, oder sie werden national zu exotischen Exemplaren, zur Geschmackssache oder Mode. Diese Sichtweise verklärt eine historische Situation und behindert Interpretationen, die sich ohne nostalgische Reminiszenz heute mit dem Werk auseinandersetzen.

Franz H. Mautner hat in seiner verdienstvollen Untersuchung über Nestroy dessen Nachwirken in den verschiedenen Stadien aufgespürt: »die Verdummung und Verniedlichung« durch das Burgtheater, der Einsatz von Karl Kraus für Nestroy, die Flut germanistischer Arbeiten in den 60er Jahren und das erneute Interesse anläßlich der modernen Dramatik eines Dürrenmatt oder Handke[2]. Dieser Weg scheint symptomatisch zu sein für regionale Komiker und gilt zeitverschoben auch für Valentin[3]. Wie bei Nestroy muß auch hier der Regionalismus überwunden werden, um den Komiker in seiner Komplexität und Modernität erfahrbar zu machen. Ein vages Heimatgefühl (auf dem Viktualienmarkt in München werden Weiß Ferdl und Valentin gleichermaßen mit einem volkstümlichen Brunnen geehrt) entschärft die Komik, macht sie fügsam, verwischt die eigentlichen Intentionen des Komikers und hemmt die Entdekkerfreude, die im Fall Valentin mit markigen Tönen beargwöhnt wird.

Nun wird Valentins Werk und Sprache auch noch wissenschaftlich zerpflückt und analysiert, »unerträgliche Schwätzer zerdeuteln ihn mit intellektuellen Verrenkungen, faseln höchst gestelzt über ihn«, wie Karl Wanninger in der tz vom 3. 2. 1978 treffend feststellt.[4]

Dieser Regionalismus wird leicht verwechselt mit jenem, aus dem heraus das Werk selbst seine Kräfte bezieht, ohne den es nicht existieren könnte. Gerade aus der Bindung an Dialekt, Topographie, Gebräuche entwickelt sich eine spezifische Literatur, eine thematische Hinwendung zur unmittelbaren Nähe, die nicht von einem übergeordneten Weltentwurf ausgeht, sondern den ständigen Dialog mit der Umgebung nicht entbehren kann.

Valentins Protagonisten sind nicht die Herrschenden. Es sind die Kleinbürger, Handwerker, Berufsmusiker.

Wenn diese Protagonisten in ihren Interieurs mono- oder dialogisieren, wird die Region plastisch, vor allem auch durch die Mischung von Dialekt- und Hochsprache. Sie involviert das Sprachspiel, die Sprachkomik bis zur Destruktion und zum Schweigen. Dazu kommt der Realismus der Typengestaltung, der sich jedoch im Verlauf des Spiels auf dem Theater oder im Film ins Groteske verschiebt. Der Ausgangs-, ja Verharrungspunkt München verwandelt sich und wird mit dem eindringlichen Beobachten und Darstellen einer Lokalität überregional. Oskar Maria Graf:

Karl Valentin war sicher der münchnerischste (und das ist keineswegs das Bauern-Bayrische) aller Münchner. Er war es im Leben und auf der Bühne so ohnegleichen, daß er selbst Menschen, die ihn jahrzehntelang genau kannten, immer wieder irritierte, weil sie nie wußten, ob er spielte oder nicht. Etwas Unsterbliches an einem Menschen, einem Volk, einer Stadt oder einem Land so herauszukristallisieren geht weit, weit über das Provinzielle hinaus. Es bleibt gültig für immer.[5]

Individualismus, Realismus und Theoriefeindlichkeit verbinden nach Günther Lutz so unterschiedliche Autoren wie Marieluise Fleißer, Lena Christ, Oskar Maria Graf oder Karl Valentin miteinander[6]. Diese gemeinsamen Merkmale bayerischer Autoren lassen sich auch heute noch bei Herbert Achternbusch, Uwe Dick, Gerhard Polt oder Paul Wühr finden und stehen konträr zu einer Auffassung von Heimat, die das tradierte Zitat für das Ganze, die weiß-blauen Bierkrüge und Würstchen für Bayern nimmt. Aber gerade aus der Beobachtung der Zitate im Zusammenhang mit den Reden und Verhaltensweisen der Menschen im Alltag entsteht die oft große Genauigkeit und Detailfreudigkeit dieser Literatur. Ausgangspunkt der vorliegenden Arbeit ist daher die Untersuchung des konkreten Materials, und ihr Ziel ist es, aus den so gewonnenen Ergebnissen Strukturmerkmale zu erkennen, die Valentins unterschiedlichen Gebrauch der Künste erläutern. Im Vorfeld dieser Überlegungen lag die Einsicht, daß Valentin nicht allein auf seine Rolle als Komiker festzulegen ist, sondern daß er gleichermaßen Musiker, Schriftsteller, Künstler, Filmschauspieler und Sammler war.

Seinen »medienuniversalen Ansatz und Anspruch«[7] zum Hauptgegenstand der Untersuchung zu machen, ohne die regionalen Wurzeln zu übergehen, bringt überraschende Ergebnisse. Die Art der Benutzung der einzelnen Medien läßt ihre kalkulierte Anwendung durch Valentin erkennen und seine Gemeinsamkeiten mit einer Ästhetik der Moderne. Nicht ohne Grund wies schon 1925 Franz Blei auf die Nähe des Schauspielers zum Dadaismus hin.[8]

Das musikalische Werk Valentins erscheint in meiner Arbeit auf den ersten Blick überproportioniert. Aber Valentin begriff sich zunächst einmal als Musiker, den er auch immer wieder darstellte. Trotzdem ist diese Seite kaum beachtet worden, und es lag mir daran, sie wieder ins Bewußtsein zu bringen. Ich werde kein Bild der Gesamtpersönlichkeit Valentins entwerfen oder psychologische, komiktheoretische, textkritische Maßstäbe anlegen. Auch wird die Beziehung Brecht – Valentin nicht behandelt, so wie das obligate, verschämte Kapitel über Liesl Karlstadt fehlt.

Meine Absicht ist es, die vergessenen Teile des Gesamtwerks wieder ins Licht zu setzen, sie aus der Konfrontation mit einer modernen Künstlerpraxis zu begreifen und beizutragen zu einer neuen und offenen Diskussion, zu der, wie es mir scheint, ein Patchwork mehr Stoff liefern kann als ein gesichertes Ergebnis.

Zu meinem Glück ereignete sich während der Zeit an dieser Arbeit die von Wolfgang Till organisierte, großzügige Valentin-Ausstellung zum 100sten Geburtstag des Komikers im Münchner Stadtmuseum 1982. Hier wurde bisher unbekanntes Material ausgebreitet und verarbeitet, das meine Überlegungen bestätigte oder korrigierte. Ermöglicht wurde dieses Projekt durch das Entgegenkommen der verschiedenen Nachlaßverwalter und Sammler, die das Gedenkjahr zum Anlaß nahmen, ihre verborgenen Schätze der Öffentlichkeit für ein Valentin-Museum auf Zeit zu überlassen. Daher sind meine Untersuchungen zum großen Teil den dort nur kurz ausgestellten Objekten, Autographen, Fotos, Büchern und Rekonstruktionen in hohem Maß verpflichtet.

Mein Dank gilt den folgenden Institutionen, die mich bei meinen Recherchen großzügig unterstützten: dem Stadtarchiv München, dem Münchner Stadtmuseum, der Monacensia-Abteilung der Stadtbibliothek München, dem Theatermuseum Porz/Wahn bei Köln, dem Deutschen Literaturarchiv Marbach am Neckar und dem Theatermuseum München. Neben meinen Freunden, die mir hauptsächlich Literaturhinweise gaben, danke ich vor allem Wolfgang Schmidt, der das Manuskript gegenlas, Ulrich Kurowski, Gert Mattenklott, Wolfgang Till und meiner Frau, die an der Arbeit kontinuierlich mit Sympathie, Rat, Material, Kritik und Hilfe beteiligt waren.

Das lebende Orchestrion

Oh, Zeit, Kraft, Geld und Geduld!

Herman Melville

Nach Beendigung seiner Schreinerlehre (1899), nach verschiedenen glücklichen und unglücklichen Versuchen, als Komiker aufzutreten (u. a. 1899 als Vereinshumorist im Gasthaus »Zum scharfen Eck«, 1902 im »Varieté Zeughaus« in Nürnberg), und nach einem kurzen Besuch der Münchner Varietéschule (1902) trat Karl Valentin unter dem Pseudonym Charles Fey 1906 als »Lebendes Orchestrion« auf: in Leipzig, Bernburg, Halle an der Saale und im Wintergarten in Berlin. Bis auf das vier Monate dauernde Engagement in der Singspielhalle »Bratwurstglöckerl« wurde ihm überall nach dem ersten Auftritt gekündigt. Nachdem der sechs Zentner schwere Apparat auch in München keinen Erfolg hatte, berichtet Valentin: »In einem Anfall von Löwenbräubierriesenrausch zerstörte ich mit einem Holzhackel meinen ganzen komplizierten Musikapparat.«[1]

Im allgemeinen wird der Musikmaschine, deren Fertigstellung ermöglicht wurde durch den Verkauf der Firma Falk & Fey (1906), die nach dem Tode von Valentins Vater (1902) kaum noch Gewinn erwirtschaftete, keine große Bedeutung zugemessen. Sie wird als Nebenproduktion[2] oder als kurze biographische Anekdote abgehandelt[3], doch lassen sich schon zu diesem frühen Zeitpunkt wesentliche Merkmale des Valentinschen Werkes feststellen.

Auf einem Handzettel sehen wir den jungen Valentin Fey porträtiert als »Erfinder« (sorgfältig gekleidet, zukunftsträchtiger Blick) und als »Kapellmeister« (Künstlerschal, wirre Beethovenhaare, finsterer, in sich versunkener Blick). Angekündigt wird »Der Traum eines Kapellmeisters«[4]. Schon hier sind Mimik und Verkleidung genau getroffen und verraten die ausgeprägte Beobachtungsgabe des damals 24jährigen. Ebenfalls zeigt der Handzettel ein Foto des Musikapparats, eingerahmt von den Schlagworten: »Kein Automat! Kein Orchestrion! Liebliche Musik! Keine Lärmmusik! 27 Instrumente. Unkopierbar. Konkurrenzlos. Eigene Konzert-Muschel. Großes Potpourri mit Schlußeffekt und feenhafter Beleuchtung.«

Nach dieser Fotografie lassen sich die für das Orchestrion zusammengebastelten Instrumente im einzelnen nicht bestimmen. Die Basis bildete ein »orgelartiges Harmonium«[5], das umgeben war von verschiedenen Schlag- (z. B. Pauke, Schlagzeug, Triangel) und Blasinstrumenten, die Valentin alle selbst bediente »mit Ausnahme einiger, welche durch Elektrizität in Funktion gesetzt werden, ebenfalls aber von ihm zur bestimmten Zeit bedient werden müssen. Aus diesem Grund darf der Apparat nicht mit einem mechanischen Musikwerk verwechselt werden.«[6] Neben diesen Instrumenten konnten noch Spezialeffekte wie Kanonenschlag und Lichtspiele eingesetzt werden. Das Ganze krönte eine Konzertmuschel, die es ermöglichte, die einzelnen isolierten Klangelemente orchesterartig zusammenzufassen.

Karl Löffler berichtet von einem Besuch bei Valentin, der ihm dreitausend Mark anbot,

falls es mir (Löffler, d. Verf.) gelänge, dieses Instrument hier – oder nenne ich es besser Maschine? – dieses andeutungsweise also als Orchestrion einzuschätzende Ding oder Unding, das nicht nur flötete, trommelte, trompetete, paukte, klavierspielte, posaunte, sondern auch schoß – an musikalischen Höhepunkten sechsmal schoß – wenn ich dieses also in Gang setzen könnte.[7]

Der Musikmaschine vorausgegangen war Valentins Auftreten als »Musikal-Clown«. Max Ophüls, in dessen Film »Die verkaufte Braut« Valentin/Karlstadt den Part des Zirkusdirektors nebst Gattin einnahmen (1932), zitiert eine mündliche Aussage Valentins aus der Erinnerung:

Ang'fangen hab i als ein Einmann-Orchester. A Mundharmonika und a Trompeten und a Trommel und a Violine und a Schellenband... Dös hab i alles g'spielt, ganz allein. Und auf dem Bauch hab i a Plakat g'habt: »100 Mark demjenigen, der alle diese Instrumente gleichzeitig spielen kann!« – und dann, wann's einer versucht hat und er hat's beinah können, dann hab i in der Nacht g'sessen, und weil i an Angst g'habt hab, hundert Mark zu verlieren, hab i noch ein anderes Instrument dazu erfunden, und so ist sie immer größer geworden, die Maschin', immer größer... Und an einem Tag, in einem Wirtshaus, da hab i mir selber nimmer auskennt und hab einen Hammer g'nommen und hab alles kaputtg'schlagen. Und sehn S', so wird's auch amal g'schehen mit der Welt, eines Tags...[8]

Aus diesem Zitat, in der Steigerung vom Einfachen über das Komplizierte bis hin zur Destruktion, erschließt sich eine Methode, die auch den inneren Aufbau seiner späteren Stücke entscheidend prägt.

Das »Lebende Orchestrion« war kein Apparat, den Valentin von vornherein als solchen konzipiert hatte. Sein Vorläufer war das Einmann-Orchester, das »zwangsweise«[9] immer weiter ausgebaut und komplizierter wurde; denn es kam darauf an, zu verhindern, daß irgend jemand außer Valentin diese Instrumentenmenge allein beherrschen konnte. So entwuchs dem »Musikal-Clown« der »Kapellmeister« als Maschinenmeister.

Will man die Bedeutung der Musikmaschine Valentins erfassen, lohnt sich ein Umweg über die Geschichte der mechanischen Musikinstrumente, die vor allem seit dem 18. Jahrhundert entwickelt wurden.[10]

Schon vorhandene mechanische Musikinstrumente (Glockenspiele, Spieluhren, Orgeln etc.) wurden verfeinert und verkleinert, verloren ihre fürstliche Kunst- und Wunderkammerexklusivität und wurden schließlich serienmäßig hergestellt.[11] Es entstanden verschiedene musikspielende Androiden wie Vaucansons Flötenspieler (1738) oder die Orgelspielerin der Automatenbaufamilie Droz, die neben anderen Androiden auf Jahrmärkten und Fürstenhöfen in verschiedenen Städten zur Schau gestellt wurden und großes und zwiespältiges Aufsehen erregten. Ende des 18. Jahrhunderts bemühte man sich, den mechanischen Musikinstrumenten ihre Starrheit zu nehmen.

Die sozusagen mathematische Genauigkeit der Darbietung des Musikstücks, wie die Walze sie ermöglichte, und die Kühle des Tons ohne jegliche dynamische Abstufung kam dem Gefühl, dieser Grundquelle aller musikalischen Wirkung, nicht mehr genügend entgegen.[12]

Es entstand das Orchestrion, welches, gesteuert durch Stiftwalzen, verschiedene Instrumente in sich vereinigte oder imitierte, und als dessen Erfinder Johann Nepomuk Mälzel gilt.[13]

Mälzels Maschinen ermöglichten es, große musikalische Schlachtengemälde mechanisch aufzuführen. Von Beethovens »Auf Wellingtons Sieg/bei Vittoria 1813/...« existiert eine Partitur eigens für Mälzels Musikmaschine. Im Laufe des 19. Jahrhunderts wurden Orchestrions vor allen Dingen in Tanzsälen, Varietés und Gastwirtschaften eingesetzt, wo sie eine ähnliche Funktion wie die heutigen Schallplattenautomaten erfüllten. Die Erfindung des Radios und der Schallplatte machte das Orchestrion museumsreif.

Musikandroiden und Orchestrion: In beiden Fällen soll der Musiker durch die Maschine ersetzt werden. Der Android ist der Virtuose, der seine Mechanik zur Schau stellt, wie Ernst Bloch bemerkt[14]. Das Orchestrion versteckt ein 259 Mann starkes Ensemble[15] in einem kunstvollen, reich geschmückten Kasten, dirigiert von einer Walze.

Diese »Fälschung« des Menschen durch die Maschine wird nach Hugh Kenner dadurch ermöglicht, daß sich der Mensch in einer Tätigkeit definiert und spezialisiert.

Eine menschliche Spezialisierung, wird sie sorgfältig genug beobachtet, ist mechanisch reproduzierbar, und wenn ein Mensch ein Spezialist geworden ist, so ist dieser Mensch (...) selbst mechanisch reproduzierbar...[16]

Jetzt kann die Spinnmaschine den Spinner, die Guillotine den Scharfrichter,[17] der Automat den Musiker ersetzen. Diese Reduzierung der menschlichen Natur auf ihre arbeitsteilige Funktion feiert dann im 19. Jahrhundert auf den Weltausstellungen ihren Triumph.

Überall avanciert die Maschine zum Helden, sie tritt in Pose auf, personalisiert sich. Schreib- und Nähmaschinen sind allegorische Dienstgeister wie von Klapheck (deutscher Künstler, 1935*, d. Verf.). Kräne und Dampfwalzen transportieren und planieren noch auf den Stichen zur Freude einer Menschheit, die nichts unverändert oder unverrückt lassen kann. Man liebt das sprechende, dicht ans Auge gerückte Schaubild. Tauchen Menschen auf, so ist die Maschine in jedem Fall lebendiger und wird von ihnen bedient. In diesem Industriezirkus kommt dem beigegebenen Dompteur nur untergeordnete, fütternde Funktion zu. »Er wird ein bloßes Zubehör der Maschine«, schreibt Karl Marx von seinen »Industriesoldaten«.[18]

Aber schon den romantischen Schriftstellern wird dieser »falsche« Mensch unheimlich. Jean Pauls »Maschinenmann« ist der Leser selbst, der neben anderen automatischen Erfindungen dem Erzähler auch ein mechanisches Konzert vorführt.[19] Dieser Konflikt wird bei Jean Paul polemisch ausgetragen, während die Gestalten E. T. A. Hoffmanns an ihm verzweifeln oder zugrunde gehen. In Hoffmanns Erzählung »Die Automate« bekennt sein Held Ludwig nach einem Automatenkonzert:

Schon die Verbindung des Menschen mit toten, das Menschliche in Bildung und Bewegung nachäffenden Figuren zu gleichem Tun und Treiben hat für mich etwas Drückendes, Unheimliches, ja Entsetzliches.[20]

Der Selbstmord des verblendeten Nathanael im »Sandmann« ist die letzte Konsequenz seiner Liebe zu Olimpia, einem Sinnbild des feinen, anständigen Mädchens aus bürgerlichem Haus, mit dem Hoffmanns Künstlergestalten immer wieder in Konflikt kommen. Olimpia entpuppt sich als ein Automat, der allein auf reduzierte Muster bürgerlichen Wohlverhaltens programmiert ist.

Im »Lebenden Orchestrion Charles Fey« ist dieser Konflikt der Ununterscheidbarkeit von Mensch und Android personalisiert. In diese Richtung weist schon Valentins Auftreten als »Musikal-Clown«. Einen optischen und akustischen Eindruck erhält man 30 Jahre später in dem Spielfilm »Straßenmusik« (Regie: Hans Deppe, 1936), in dem Valentin einen Kürassier spielt, mürrisch, mit einem Schellenhelm auf dem Kopf, Pauke und Becken auf dem Rücken und umgeschnallter Quetschkommode. Er wird von seiner Frau (Liesl Karlstadt, Gesang und Gitarre) begleitet. Valentins ganzer Körper liefert sich den rhythmischen Bedingungen einer stupiden Musik aus, unterbrochen durch den mimischen und gestischen Kampf mit dem ständig verrutschenden Schellenhelm.

Es ist nicht mehr zu ermitteln, welche und wie viele Instrumente Valentin vor dem Orchestrion als »Musikal-Clown« spielte. Gelernt hatte er Zither und Mandoline. Autodidaktisch brachte er sich »Trompete, Posaune, Tuba, Waldhorn, Klarinette, Pikkoloflöte, Fagott, Ziehharmonika, Gitarre und Violine« bei.[21] Doch der Kürassier im Film gibt ein Bild von den mechanisierten Bewegungen eines

Körpers, der gleichzeitig verschiedene Instrumente spielt. Valentins musikalische Karriere war also von vornherein nicht auf ein Solistentum gerichtet, und bezeichnenderweise führt er in seinen Stükken immer wieder das Scheitern des Solisten vor (vgl. u. a. »Der Zithervirtuose«, »Ein verhängnisvolles Geigensolo«), sondern er definiert sich als Multiinstrumentalist. Vorherrschend waren nicht die brillante Interpretation, sondern handwerkliches Können und Geschicklichkeit. Genau das glaubte man, durch einen Automaten ersetzen zu können.

Mit dem von Ophüls beschriebenen selbst auferlegten Zwang, möglichst viele Instrumente an seinem Körper zu befestigen, war es nur ein kleiner Schritt zum »Lebenden Orchestrion«. Die Instrumente lösten sich vom Körper und bekamen einen festen Platz in einem Apparat. Damit wurde Valentin Teil der Maschine. Sein Körper ersetzte die Mechanik, die Walze. Seine Artistik lag nicht im spielerischen Überlisten und Besiegen der Maschinenwelt, wie es etwa Chaplin in »Modern Times« vorführt, sondern darin, selbst Maschinenmensch zu sein, also die Beherrschung der Maschine durch Auslieferung an sie. Hier zeigt sich schon der Bastler und Erfinder Valentin, der die Geschichte und Erfolge der Technik negiert und deshalb eigene Erfindungen und Verbesserungen anbietet, die aber entweder verrückt oder nicht zu realisieren sind. Und es wird die Besessenheit deutlich, eingeschlagene Wege konsequent weiterzuverfolgen.

Der in der Person Valentin ablesbare Konflikt der Romantiker findet sein Ende mit der Zerstörung der Musikmaschine, die Scheugl/Schmidt als eine Metapher für die vorläufige Selbstbefreiung von dem »repressiven Druck der Dinge« interpretieren.[22] Wesentlich jedoch ist die Wiederherstellung des Vertrauens in die eigene künstlerische Produktion, die mit der Preisgabe der Artistik an die Maschine verloren gegangen war. Denn Kunst kann nicht in der Unterwerfung an die Realität – in diesem Fall die der Maschinenwelt – bestehen, sondern nur in spielerischer Opposition, oder, wie es Adorno formuliert:

Kunst ist a priori, vor ihren Werken, Kritik des tierischen Ernstes, welchen die Realität über die Menschen verhängt. Indem sie das Verhängnis nennt, glaubt sie es zu lockern. Das ist ihr Heiteres; freilich ebenso, als Veränderung des jeweils bestehenden Bewußtseins, ihr Ernst.[23]

Erst wenn der Konflikt zur Sprache kommt und sich künstlerisch artikuliert, wenn der »Sonderling« mit seiner Partnerin die Bühne betritt und frei von ökonomischen Zwängen den Konflikt tragikomisch vorführt, vermag er den Zuschauer zu bannen, ihn lachen oder traurig zu machen. Er *ist* nicht mehr der Maschinenmensch, er stellt ihn dar.

Ein weiterer Grund, der zur Zerstörung der Musikmaschine führte, lag im Medium selbst. Fast jeder Amüsierbetrieb der damaligen Zeit besaß aus ökonomischen Gründen ein Orchestrion, um sich die teuren Tanz- und Unterhaltungsorchester zu ersparen. Gleichzeitig hatte das Orchestrion den Vorteil, daß es noch Gewinne einbrachte, da es durch Münzeinwurf in Gang gesetzt wurde, während die Artistik des »Musical-Fantasten Charles Fey« entlohnt werden mußte. Allerdings spielte Charles Fey keine Tanzmusik, sondern Militärmusik, wie die ursprünglichen Orchestrions an der Wende zum 19. Jahrhundert. Eine Zeitungskritik aus dem Jahr 1907 berichtet:

Den Hauptpunkt des Programms bildet das Auftreten des Herrn Charles Fay (!), des einzigen Regiments-Musik Imitators der Welt auf einem eigens von ihm konstruierten Apparat ... Herr Fay spielt stets mehrere Instrumente zur gleichen Zeit und entlockt seinem Apparat die herrlichsten Weisen. Sein Programm enthält Militärmärsche, Aufziehen der Wachparade, Instrumental-Solis, Schlachtenszenen mit Kanonen ...[24]

Allgemein führt man den Mißerfolg des »Lebenden Orchestrions« auf eine Überalterung des Orchestrions zurück.[25] Dabei wird jedoch übersehen, daß das Orchestrion in dieser Zeit keineswegs überholt war, sondern kurz vor dem Niedergang auf dem Höhepunkt seiner Popularität stand.[26] Es ist daher anzunehmen, daß Valentin nicht mit den auf den neuesten Stand gebrachten, bombastischen Orchestrions konkurrieren konnte. Gegen ihre musikalischen Möglichkeiten, ihre Lautstärke, die Anzahl der Instrumente und gegen ihre Größe konnte Valentin auch mit noch so großem physischen Aufwand nicht ankämpfen.

Auf einem der wenigen Fotos, die Charles Fey zeigen, sehen wir den »Musikal-Clown« in Siegerhaltung und im Clownskostüm neben seinem Musikapparat.[27] Die Pose des Siegers ähnelt häufig der des Verlierers. Sie kann nicht darüber hinwegtäuschen, daß Valentin mit diesem Apparat einen doppelten Verlust erlitten hat: einen ökonomischen und einen künstlerischen. Und als ob Valentin es geahnt hätte, sehen wir ihn auf einem weiteren Foto vor der gemalten Attrappe eines Orchestrions.[28] Er steht dort neben dem Geldeinwurfschlitz (»Einwurf 5 M«) im Clownsgewand, dem Betrachter den Rücken zugekehrt, kurz vor dem Moment, wo er durch Münzeinwurf das Orchestrion in Betrieb setzt. Oberhalb steht in kunstvollen Lettern: »Lebendes Orchestrion«. Es ist ein trauriges Bild. Es zeigt den Clown, der als Maschinenmensch nicht existieren konnte und gezwungen war, sich selbst zu finanzieren. Und es ist ein verheißungsvolles Bild. Vor der Attrappe seines eigenen, vergangenen Ichs stehend, verweist der Clown auf seine Zukunft: »Beruf: Komiker f. Film, Funk und Bühne und Fachschriftsteller seit 1910.«[29]

Der Volkssänger

Ich sehe, worauf es ankommt: es
muß jeder sein eigener Phantast
werden.

Ernst Kreuder

Die Auseinandersetzung mit Musik sollte weiterhin das Werk Karl
Valentins bestimmen, denn seine Entwicklung zum Schauspieler,
Stückeschreiber und Schriftsteller ist unmittelbar verknüpft mit den
Münchner Volkssängern. Auf ihren schmalen Wirtshausbühnen gaben sie Gesang und Instrumentalmusik neben Solovorträgen und
Szenen zum besten.[1]

Das Programm lief mehr oder weniger stereotyp ab. Die Typen
der Szenen und Solovorträge, wie beispielsweise der Gescheerte,
Luke, Kare oder der Schwere Reiter, waren fixiert,[2] und die Couplets und Instrumentalnummern waren zugeschnitten auf ein bierfreudiges Kleinbürgerpublikum. Rührselige Volksstücke, aufputschende Marschmusik und Couplets, die die Ängste und Sorgen der
»kleinen« Leute zum Inhalt hatten, schufen eine Atmosphäre von
Gemeinschaft und Klassenzugehörigkeit in Opposition zur offiziellen Kultur.[3]

Der Volkssänger Andreas Welsch schreibt:

Ich bin Volkssänger und in mancher Beziehung stolz darauf, nicht auf
meine Kunst, sondern auf meinen Beruf. Ich spreche zum Volk und sing
für's Volk. Wo fangt das Volk an? Der Mensch fängt beim Baron an, hat
einer einmal behauptet. Darum der Unterschied zwischen Opern- und
Volkssänger, der Opernsänger singt im Theater, der Volkssänger im Wirtshaus und in die Bräuhäuser. Im Theater singt und spricht man a bißl feiner.
Im Wirtshaus glatter, aber die Bedeutung ist die gleiche, im Theater geht's
durch die Blume und bei uns muß man's greifen.[4]

Die Texte der Couplets, die wir als spärliche Zeugnisse noch besitzen, sind zugleich reaktionär (Beschwörung der Gemütlichkeit, gegen Frauenemanzipation, Technik, Juden etc.), zotig oder politisch
und kritisch (Rüstungskritik, Mitläufertum, soziale Benachteiligungen)[5].

Die Volkssänger selbst kamen aus der gleichen sozialen Schicht wie ihre Zuschauer.[6] So verringerte sich der Abstand zwischen Publikum und Darsteller, nicht zuletzt auch durch den Auftrittsort, an dem gegessen, getrunken, geweint, gelacht und mitgesungen wurde.

Klaus Pemsel schreibt in seiner Entgegnung auf Ludwig M. Schneider vom regressiven Charakter dieser »Gegenkultur«.[7] Diese Wertung erscheint mir unangebracht. Sie orientiert sich an den Werten bürgerlicher Kunstkritik, ohne das Medium selbst zu berücksichtigen. Nicht eine mögliche inhaltliche Opposition der Volkssänger ist ausschlaggebend, sondern ihr Vorhandensein selbst ist Opposition genug, wie es auch die starke Überwachung durch die Polizei zeigt,[8] die ein Anlaß war, den »Verband zur Wahrung und Förderung der Interessen der Münchener Volkssänger« zu gründen (1908).[9]

Auf den Volkssängerbühnen stand nicht intellektuelles Begreifen im Vordergrund, das sich vielleicht in feinen Zwischentönen produzierte, sondern Vergnügen, Rührung und Bestätigung der Position des Handwerkers, des kleinen Gewerbetreibenden.

Die Entstehung der Volkssängerbühnen steht im Zusammenhang mit der gigantischen Bautätigkeit Königs Ludwig I. von Bayern, die die Landbevölkerung nach München zog und so ein gesteigertes Bedürfnis nach Unterhaltung mit sich brachte.[10]

1880/90 erreichte die Bewegung mit Volkssängern wie Papa Geis, Papa Kern, Andreas Welsch ihren Höhepunkt. Mit wachsender Popularität verließen die Volkssänger die Wirtshausbühnen und traten in den größeren Singspielhallen auf. Das Programm erweiterte sich.

Um 1910 bekamen die Volkssänger schließlich ihren festen Platz in den großstädtischen Varietés und wurden eingebunden in ein Programm zirzensischer Attraktionen, internationaler Tanzgruppen, Artisten und Freaks aller Art.[11] Die Volkssängerbewegung hatte ihren eigentlichen Ort verlassen und wurde Teil einer großstädtischen, allen zugänglichen Massenkultur. Als fester Programmpunkt der Münchner Varietés, in denen auch Filme gezeigt wurden, zögerte sich ihre endgültige Kapitulation vor den neuen Medien Film, Rundfunk, Schallplatte eine kurze Zeit hinaus.

Heutige Wiederbelebungen des Münchner Volkssängertums[12] besitzen oft nostalgischen Charakter. Es zeigt sich, wie sehr der

Volkssänger Ausdruck seiner gesellschaftlichen und historischen Situation war.

Allgemein wird Karl Valentin in die Tradition der Volkssänger gestellt, da er zu Beginn seiner Karriere auf Volkssängerbühnen auftrat und Couplets, Solovorträge und kleinere Szenen verfaßte. Doch im Gegensatz zu den Volkssängern ist er heute ein moderner Klassiker.

Die Forschung steht diesem Problem ziemlich hilflos gegenüber, zumal sich Valentin selbst als Volkssänger bezeichnete.[13] Helmut Schwimmer nennt ihn »durch und durch ein(en) Dadaist(en), ohne es zu wissen oder zu wollen«.[14] Diese These unterstützt Klaus Pemsel.[15] Johannes Friz schreibt:

Das normale Volkssänger-Publikum hätte um ihn nicht so viel Aufhebens gemacht. Aber auf Grund der Sonderstellung Valentins im Volkssängertum, der unbestreitbar kritischen Komponente in seinen Szenen und Stücken und seiner persönlichen und schauspielerischen Faszinationskraft war er prädestiniert dafür, das bei den Intellektuellen vorhandene Interesse an Volkstümlichkeit, Realismus und neuen aufklärerischen Theatermöglichkeiten zu decken und Bedürfnisse in dieser Richtung zu erfüllen.[16]

In diesen Aussagen wird Valentin mehr oder weniger als naiv charakterisiert und in diesen Chor stimmen ein – Kurt Tucholsky:

Das Geheimnis dieses primitiven Ensembles ist seine kräftige Naivität.[17]

Carl Zuckmayer:

Valentin ist und bleibt naiv.[18]

Scheugl/Schmidt:

Obwohl Valentin die Dinge in ihrer Funktion bloßlegt, bleibt sein Bewußtsein unreflektiert (seine Kunst naiv).[19]

Die überlieferte Aussage Valentins: »Ich weiß garnet, was die Kritiker da alles finden, in meine Sachen – i will doch bloß, daß die Leut' lachen!«[20] widerlegt diese These nicht, aber der Komiker bekannte auch: »Wenn die Leut' wüßten, wie ernst es mir is, wenn's lachen, es wär zum Weinen für mi, wenn's net lachen täten über mi!«[21]

Diese Ernsthaftigkeit, die sich in einer Detailbesessenheit äußert, macht das Werk Valentins so bedeutend. Er wußte genau, was er wollte, und aus seiner Bescheidenheit vor den Kritikern spricht wohl eher ein Trotz vor einer vorschnellen Vereinnahmung, wie wir ihn von vielen Künstlern kennen.[22]

Zudem wußte Valentin zu Beginn seiner Laufbahn wohl selbst nicht, welchen Weg er einschlagen sollte. 1902 besuchte er eine Varietéschule. Von 1897-1908 war er als Vereinshumorist tätig. 1906 tritt er mit seinem Orchestrion auf. 1909 bezeichnet er sich als »Instrumental-Karikatur-Komiker«, als »Blödsinnskönig Valentin« oder als »Humorist«.

In der Volkssängertradition verwurzelt ist Valentin mit seinen Couplets. Leider sind der Untersuchung dieser Liedform Grenzen gesetzt, da die wenigsten seiner Couplets bisher zur Veröffentlichung freigegeben worden sind. Sie befinden sich im Niessen-Nachlaß[23]. Außerdem ist allgemein das Couplet kaum wissenschaftlich erforscht. Hier spielen vielleicht die Berührungsängste vor der Simplizität ihrer Texte und ihrer musikalischen Untermalung sowie vor ihrer kleinbürgerlichen Ideologie eine Rolle.[24]

Der Form nach sind Couplets strophenartige Lieder mit einem Refrain. Ihre Besonderheit charakterisiert Friz:

Die Strophen besitzen kein durchgehendes Thema wie andere Liedformen, zum Beispiel Chanson und Bänkellied, sondern bei jeder Strophe wird ein neues Thema angeschnitten, und der Reiz des Couplets besteht darin, wie jede einzelne Strophe auf den Refrain zugeschnitten ist.[25]

Allerdings wurde diese Form von den Volkssängern nicht streng eingehalten, sondern Couplet galt allgemein als Oberbegriff einfacher Liedformen.

Die Couplets beschränkten sich auf wenige Themen.

Die Inhalte wurden dem lokalen, obrigkeitlichen oder fortschrittlichen Zeitkolorit entnommen, aber auch den unerschöpflichen Themen: Liebes- und Ehepaare – Schwiegermutter und Hausdrachen – Soldat/Offiziersbursche und Kocherl – dummer Bauer und G'scherter.[26]

Vielleicht waren die Volkssänger auf Grund dieses engen inhaltlichen Spielraums so ängstlich bemüht, ihre Couplets im Eigendruck zu veröffentlichen. Ein Plagiat sollte ausgeschlossen werden. Natürlich wurden die Texte auch veröffentlicht, um dem Publikum das Mitsingen zu ermöglichen und die eigenen schmalen Finanzen aufzustocken.

Liest man die Coupletsammlung von Alfred Förg[27], lassen sich Parallelen zum Schlager herstellen, der ebenfalls einer Publikumserwartung Rechnung trägt und mechanisch die immer gleichen Inhalte transportiert. Adorno spricht in diesem Zusammenhang von den »Schemata der Identifikation«[28]. In der Wiederholung des ewig Gleichen verschwinden die Inhalte, nivellieren sich in bloßer Permutation einer Beschwörung der Gemütlichkeit.

Diesen Mechanismus durchschaute Valentin. Schon 1902 erregte er sich in einem Brief an die Eltern über die schlechte Qualität eines Couplets[29]. Er wurde »Fälscher«, doch nicht in der Unterwerfung, wie es im »Lebenden Orchestrion« der Fall war, sondern als Veränderer. Er paßte sich dem Rahmen und den Ausdrucksformen der Volkssänger an und entwickelte daraus seine eigene Kunst.

Dienlich war ihm dabei seine Gestalt. Ihre Dürrheit und Feingliedrigkeit war einmalig unter den dicklichen, gemütlichen Volkssängern. Es war ein Verdienst seines langjährigen Freundes und Mitarbeiters, des Wirts Ludwig Greiner, ihn auf die Möglichkeiten seines Körpers aufmerksam gemacht zu haben.

Sein magerer Körper wurde von da an bedeutungsvolles Element seiner schauspielerischen Komik.[30]

Abgesehen von diesem Körper kann man schon frühzeitig die einmalige Sprachbehandlung Valentins, die sich in den Couplettexten niederschlägt, erkennen.

Pessimistische oder resignative Töne waren bei den Volkssängern kaum zu hören. Es wurde höchstens lamentiert über die durch Bautätigkeit und Tourismus verlorengegangene Gemütlichkeit. Die Struktur der Texte war eindeutig, die Verse nach dem Motto »Reim dich, oder ich freß dich« aufgebaut und das Sprachspiel war einleuchtend, ohne sonderliche Verwirrung zu erzeugen, wie beispielsweise in »Klarinett-Verse III« von Alois Hönle:

> Was für ein Laster ist sehr groß?
> Nicht leicht wird man es wieder los,
> kein andres Laster hält so sehr,
> als das gemeine Heftpf – laster.[31]

Bei Valentin bestimmt das Sprachspiel die innere Struktur des Couplets. Der Radfahrer rädert sich selbst.[32] Paris entsteht aus »a paar Riss« (AvKV S. 168/69). Einer der hinaufschaut ist ein »Aufseher« (AvKV S. 169). Besonders deutlich wird das durchgehende Sprachspiel in der Parodie »Still ruht der See«. Ich zitiere die sechste und siebente Strophe:

> Das Kanapee, das steht im Zimmer,
> es sitzt darauf ein kleines Kind;
> das Kind, das spielte mit dem Kissen,
> wie harmlos ich die Sache find',
> denn »küssen« ist doch keine Sünd'.

> Wenn sich ein Herr ein Zimmer mietet,
> ist es ein Zimmerherr sodann,
> Doch wenn ein Mann ein Zimmer mietet,
> so ist das dann ein »Zimmermann«;
> das geht doch Ihnen gar nichts an![33]

Auffallend an den letzten vier Strophen der Parodie ist die jeweilige Schlußzeile, die mit dem Inhalt der Strophe nichts zu tun hat. Dort werden Sprachfundstücke aus dem Alltag in das Reimsystem einmontiert. Der Unsinn der Strophen verschwistert sich mit dem Gemeinplatz, führt so den Gemeinplatz dem Unsinn zu. Der Witz ist nicht mehr, wie bei den Volkssängern, inhaltlich motiviert, sondern durch die Sprache selbst.

Von dieser Position aus ist es nur noch ein kleiner Schritt zur völligen Preisgabe herkömmlicher Inhalte. Im Couplet »Die Versteigerung«[34] werden nach einer erklärenden Einleitungsstrophe 105 Gegenstände von der Unterhose über Schiffskanonen bis zur Flugmaschine ohne Vermittlung zueinander aufgezählt. Die Auflistung der banalen, monströsen und kriegerischen Dinge muß schnell gesungen werden. In einem atemlosen Tempo kommt die gesamte Dingwelt unter den Hammer.

Ähnlich verfährt Valentin in dem »Rezept zum komischen Salat«. Hier werden die Dinge zu einem gigantischen Mahl zusammengerührt. Sie sollen einverleibt werden. Relativ harmlos fängt das Lied mit »Drei Pfund Rindfleisch« (AvKV S. 174) an, aber schon nach kurzer Zeit wird die Sache ungenießbar durch »Naphthalin und Wagenschmier« (AvKV S. 175). Der Schluß rundet den Eintopf ab mit »Briketts und Anthrazit, Platzpatronen, Dynamit« (AvKV S. 176).

Auf rein sprachlicher Ebene bewegt sich das »Chinesische Couplet«[35]. In das Pseudochinesisch mischt sich bayerischer Dialekt, der in dem ganzen »Mantsche Mantsche« als Versatzstück des Verstehens aufleuchtet. Karl Riha:

... mit der Abfolge von »Kim i, kummi« (Komme ich, so komme ich) in der ersten, »Da legst di nieder.../ Tutti tutti grossi« (Da legst du dich lang hin.../ Alle Brüste so groß) in der zweiten und »gibidani busi« (küsse ich dich) in der dritten Strophe ergibt sich sogar so etwas wie eine spezifischbayerische Folklore-Assoziation. Der Zuhörer will aber gar nicht das Maskerade-Chinesisch bis ins letzte zurückübersetzt haben ins Heimatidiom, sondern läßt es sich mit Andeutungen genug sein und gibt sich im übrigen spielerisch dem abstrackten Sing-Sang hin, erheitert gerade dadurch, daß sich hier Buchstaben in Noten ummünzen und Worte in Musik verwandeln.[36]

Auffallend an allen drei Liedern ist ihre Länge. Valentin begnügt sich nicht mit einer Andeutung. Er exekutiert seine Ideen. Das vom Inhalt befreite Lied ordnet sich allein dem Reim und der musikalischen Form unter.

Allgemein bestimmt der Text den Anfang und das Ende eines Gesangs. Wird diese sprachliche Ebene verlassen zugunsten der Wortkette oder Wortneuschöpfung, nähert sich der Gesang serieller Unendlichkeit. Es kann immer so weitergehen, wäre nicht der Stimme eine physische Grenze gesetzt:

Und i hör' jetzt auf und gehe, denn jetzt tut mir's Maul scho' wehe.[37]

Die unendliche Vielfalt von Ding- und Lautkombinationen bringt die drei Gesänge in die Nähe des Rituals. Der Vortrag wird zur zungenbrecherischen Demonstration des Klangmaterials. Auf der Grundlage traditioneller Liedformen findet eine Komposition von Sprache statt. Im Gegensatz zur vergleichbaren »Ursonate« von Kurt Schwitters[38] wird jedoch die Semantik zugunsten der reinen Lautgestaltung nicht negiert, vielmehr ordnet Valentin das sprachliche Material einfachen Reimformen und Verdopplungen wie »Magi, Magi, Magi, Magi, Magi, Magi, mag i net...« (AvKV S. 174) oder dem Endreim unter.

In diesen Gesängen dominiert kein Gegenstand, kein Laut. Sie sind gleichberechtigt vom Rhythmus beherrscht. Reimzwang, inhaltliche Austauschbarkeit und simple musikalische Formen der Volkssängercouplets werden nicht als Parodie untergraben. Indem Valentin sich genau an ihren Grundmustern orientiert und diese allein auf der phonetischen Basis demontiert, besitzen die Couplets nun die befreiende und poetische Kraft des Unsinns, über den Klaus Reichert in seiner Untersuchung zu Lewis Carroll schreibt:

> Es gibt nur das Einzelne, das nie zum Ganzen wird, dessen Aufhebung zum und im Ganzen erpreßt ist. Der Unsinn »hört auf«, er könnte genauso gut weitergehen. Überall läßt er sich verlängern oder verkürzen, wie Schwitters Merzbau. Gleichgültig, welche Seite man aufschlägt – der Leser ist sofort mitten drin.[39]

Valentin läßt sich mit seinen Couplets nicht einordnen. Er ist nicht politisch wie Wedekind oder Tucholsky, und er ist nicht dadaistisch, d. h. er produziert keine reine Lautdichtung wie etwa Hugo Ball oder Raoul Hausmann.[40] Valentin zerstört Musik und Sprache nicht vollends. Immer ist ein Wiedererkennen möglich. Selbst mit seinem »Chinesischen Couplet« bleibt er »verständlich«, da der bayerische Dialekt leitmotivisch durchschimmert.

Folgt man der von Carl Dahlhaus angenommenen Dichotomie von »Musik als Kunst« und »Mittlerer Musik« (Trivialmusik),[41] lassen sich die Volkssängercouplets dem letzteren Typus zuordnen. Aus der genauen Kenntnis ihrer Strukturen und »simplen Texte«[42] entwickelt Valentin seine unverwechselbare Kunst. Das Bewußtsein gebiert den »Fälscher«, der »nicht Objekte imitiert, sondern Situationen«.[43] Das verbindet Valentin mit den zeitgenössischen Künstlern, über die Werner Hofmann schreibt:

Spätestens seit Duchamp und den Dadaisten gehört die Verfremdung (man könnte auch von einem verfremdeten Zitieren sprechen) trivialer oder zum Klischee abgesunkener Bewußtseinsinhalte (Fahrrad, Flaschentrockner, Klosettmuschel, Mona Lisa) zu den legitimen künstlerischen Verfahren. Seit mehr als einem halben Jahrhundert also sind die Grenzen zwischen Kunst, Anti-Kunst und Kunstlosigkeit unsicher geworden...[44]

Solch ein Umgang mit der Kunst schlägt sich bei Valentin allerdings nicht in Theorien oder Manifesten nieder, sondern im Werk selbst. Es reicht also nicht, formale Analogien festzustellen: Valentin – Joyce (Schwimmer)[45], Valentin – Nestroy (Karasek)[46], Valentin – Lewis Carroll (Schulte)[47], Valentin – Don Quijote (Hausenstein)[48], Valentin – Wilhelm Busch (Kracauer)[49], Valentin – Raimund (Kuh)[50]. Vielmehr läßt sich die Reflexion Valentins in seinem Werk selbst ablesen.

1911 hat im Hotel Frankfurter Hof das »Alpensängerterzett« Premiere. Das Familienunternehmen »Alpensängertruppe Gebirgsveilchen« bestehend aus Vater, Sohn (Valentin) und Tochter (Karlstadt) singt zu Beginn des Einakters in schöner Einigkeit:

Grüß Gott, grüß Gott mit hellem Klang,
Heil deutschem Lied und Sang. (AvKV S. 279)

Doch dann folgt Schlag auf Schlag die Demaskierung dieses Mottos, das für das Volkssängertum steht. Die Bande, die dort auf der Bühne steht, produziert alles andere als Gemütlichkeit. Das Motto wirkt im Verlauf des Stückes wie ein Hohn. Der Einakter ist weniger eine Parodie[51] im Sinn einer »verspottende(n) Nachahmung«,[52] sondern eine zersetzende Demontage aller Elemente des Volkssängertums.

Nach dem schönen Motto singen die drei in wechselnden Formationen sämtliche Alpenthemen durch. Jeweils eine Strophe ist einem typischen Thema wie Schatzerl, Berge, Almrausch, Nachtigall, Jägertum gewidmet. Die Strophen sind nicht miteinander verbunden, besitzen kein einheitliches Gerüst, statt dessen wechselt die Liedform mit dem Inhalt: Jodler, Couplet, Ländler etc. In den einzelnen Strophen wird »Volkstümlichkeit« nur in begrifflichen Versatzstücken präsentiert. Das Lied selbst ist Unsinn – »Mei Schatzerl hoaßt

Nannerl,...« (AvKV S. 279), »Was hör i die ganze Nacht schrein (Kikeriki),...« (AvKV S. 280), »Und der Vater hat neulich der Dirn...« (AvKV S. 280). Kommentierung und Vortragsstil geben der Alpentümelei vollends den Rest. Der Vater singt vom »himmelblauen See«. Der Sohn kommentiert:»Der Vater is allaweil no verschleimt!« (AvKV S. 279).

DER SOHN: I bin a Steirer Bua,
                I hab a Kernnatur –
DER VATER: A Hundsbua bist, daß da's woaßt! (AvKV S. 280)

Daraufhin zieht der Sohn das Messer gegen den Vater.

Das Lied »Im schönen Isartal« bleibt schlußlos, und die Zeile »Ja, ja, ja, ja, des is a Freud, a Freud, a Freud, a Freud!...« (AvKV S. 281) könnte unendlich wiederholt werden, würde sie nicht willkürlich abgebrochen.

Die Montage von Banalitäten trifft genau die inhaltliche und musikalische Austauschbarkeit und Stereotypisierung der Volkssängercouplets. Ihre simplen Texte werden so weit simplifiziert, bis nur noch das evokatorische Gerippe übrig bleibt.

Völlig konträr zur »heilen Alpenwelt« steht auch das Verhalten der drei Ensemblemitglieder, die sich übel beschimpfen und ihre Familienschwierigkeiten offen auf der Bühne austragen. Die Verwechslung von Requisite (Blume) und Tonlage des Liedes »Edelweiß« (AvKV S. 281 f.), der daraus entstehende Familienkrach, das schließliche Vergessen des Textes nehmen dem Lied jeden sentimentalen Schein. Die das Lied bestimmende falsche »Innerlichkeit« verwandelt sich durch die Vortragenden in einen destruktiven Akt.

Der Einakter handelt weniger von sich selbstüberschätzenden Musikern, die unter dem Zwang stehen, »sich produzieren zu müssen«[53]. Sein Thema ist die Produktion selbst. Valentins Erkenntnis der »Sentimentalität« und »Mechanisierung«, also des Trivialen[54], findet in diesem Stück ihren Ausdruck. Das Triviale wird zur Kunst, da es sich mit dem Bewußtsein über seine Bedingungen verschwistert. Bösartigkeit demaskiert die Sentimentalität, Inhaltslosigkeit und Montage die Mechanisierung.

Die Reflexion über die Produktion macht auch vor dem eigenen Werk nicht halt. Unter dem unverfänglichen Titel »Die bayerischen

Seen« versammelt Valentin einige seiner Couplets. Doch bittet der Vortragende, über die einzelnen Strophen nicht zu lachen.

Ich ersuche Sie, bei diesem Couplet nicht zu lachen, weil ich da selber lach. (AvKV S. 167)

Das Lachen über das Unsinns-Couplet soll dem Publikum abgenommen werden. Der Sänger lacht allein und kommentiert zusätzlich noch seine Lacher. Damit ist vollends jeder Anlaß zur Heiterkeit aus dem Couplet vertrieben.

Ein politischer Vers.
In Rußland und in Großbritannien,
In Frankreich und in der Türkei,
In Serbien, Dänemark und Schweden,
In China und der Mongolei,
In Saloniki und Hawaii.
Das hab ich mir gedacht, daß Sie den nicht verstehn, den versteh ich nämlich selber nicht – aber lachen muaß ich, ha-ha-ha-ha. (AvKV S. 168)

Valentin folgt auch hier seinem Hang zur einfachen Auflistung unter den Gesetzen des Reims. Das »Politische« an diesem 1911 entstandenen Vers[55] bleibt fraglich. Die ersten Zeilen könnten noch – wenn auch nur abstrakt – einen politischen Zusammenhang widerspiegeln (Balkankrise). Doch Valentin läßt in zunehmendem Maße diesen Zusammenhang hinter sich und landet schließlich auf »Hawaii«.

Glücklicherweise hat sich eine Funkaufnahme erhalten, die eine stark veränderte Fassung unter dem Titel »Karl Valentin singt und lacht selbst dazu« wiedergibt[56]. Konnte Valentin in der ersten Fassung noch lachen, ist ihm jetzt aufgrund der »Inflation« das Lachen völlig vergangen. Er kann höchstens noch »gezwungen« lachen. Zudem zitiert Valentin sich selbst mit einigen Strophen aus dem Couplet »Still ruht der See«[57], die 10 Jahre früher im Druck erschienen waren, und bezeichnet sie als »ganz mieses Couplet«. Auch findet sich hier wieder eine Namensauflistung, diesmal fast ausschließlich die Namen deutscher Städte.

In einer späteren Fassung läßt er diese Bestimmung (»Ein politischer Vers«, d. Verf.) weg und reiht jetzt nur noch scheinbar wahllos Städtenamen aneinander – unter ihnen Leipzig, wo 1923 die letzten Arbeiteraufstände niedergeschlagen wurden; Berchtesgaden, wo Hitler seine Zweitresidenz hatte, und Berlin, die Reichshauptstadt. Anschließend heißt es: »Dieser Vers g'fällt mir gar nicht. Über den könnt' ich auch nicht lachen, höchstens einmal, haha.«[58]

Ob Valentin diese Städtenamen bewußt gewählt hat, um der Zensur zu entgehen[59], scheint mir fraglich. Wesentlicher scheint mir der Vortrag selbst. Durch ihn spricht Politik. Die Stimme Valentins ist schleppend und weinerlich. Am Schluß der dritten Strophe kippt die Stimme vollends um, als ob Valentin seinem eigenen Unsinn die Stimme verweigern will. Das Lachen selbst ist peinigend für den Zuhörer, ist quälend und »entsetzlich«. Das kommentierte Couplet endet mit einem »zweimal-kurz-gelacht«.

Aus dem bitteren, resignativen Vortrag spricht eine Skepsis, die als Resultat politischer Erfahrung die Möglichkeiten des Volkssängertums und der eigenen Rolle in seinem Rahmen negiert. Das Couplet besitzt jene Kraft des »vernichtenden Humors«, der nach Jean Paul entsteht,

wenn der Geist sein Auge über die fürchterliche Menge kriegerischer Meinungen um sich her hinbewegt; gleichsam ein Seelen-Schwindel, welcher unsere schnelle Bewegung plötzlich in die fremde der ganzen stehenden Welt umwandelt.[60]

In Valentins 1939 eröffneter »Ritterspelunke« wurde im Vorprogramm zum »Ritter Unkenstein« zeitweilig die Szene »Die alten Volkssänger« aufgeführt, um »das Publikum in Stimmung zu bringen«[61]. In der schriftlich überlieferten zweiten Fassung dieser Improvisation »Die alten Volkssänger II« kommt es zu einer Auseinandersetzung über das bekannte Couplet »Die alten Rittersleut«, dessen einprägsamer Refrain »Ja so warn s', ja so warn s', die alten Rittersleut« besonders das Mitsingen fördert. Dieses wohl populärste Couplet Valentins wird von ihm selbst zersetzt. Die einzelnen Strophen bezeichnet Valentin als »mau«, »handwerklich«, »schleimig« (AvKV S. 598 f.). Die Kritik ist gekoppelt an den jeweiligen Inhalt.

Um etwas Erotik und Qualität in die schalen Ritterwitze zu bringen, trägt Valentin einen »eigenen« Vers vor, der von den Musikern nicht gerade mit Begeisterung aufgenommen wird, da er alles andere als erotisch, ritterlich oder qualitätsvoll ist.

So ein frühres Ritter-Wei'
War dem Manne niemals treu,
Dem Manne war das einerlei,
Er war auch nur halbedrei! (AvKV S. 598)

Doch Valentin läßt sich von den Einwänden des ersten Musikers: »Das soll erotisch sein?« (AvKV S. 599) nicht beirren:

Der Vers war gut, der war prima! Über den Vers könnt i mich selber zschnulln, so gut war der. (AvKV S. 599)

Er singt ihn noch einmal und will ihn noch ein drittes Mal zu Gehör bringen.

Dieses ist ein weiteres Beispiel für die Kunst Valentins, die Stereotypisierung und die inhaltliche Beliebigkeit der Volkssängercouplets in etwas Neues zu verwandeln. Der Inhalt wird Unsinn; die Stereotypen nähern sich einer potentiellen Unendlichkeit. Valentins genaue Kenntnis der Strukturen des Volkssängertums, gepaart mit schonungsloser Selbstkritik, machen den Wechsel vom Volkssänger zum Künstler eigener Prägung möglich.

Er ist kein Volkssänger, er zitiert ihn und montiert das vorgefundene Material, zerstört es und führt es dem reinen Unsinn zu. Die Gemütlichkeit ist vertrieben durch den Biß des vernichtenden Humors.

Was zulang dauert, wird ei'm oft zuwider,
drum wer ich schließen jetzt mit dem Gesang,
ich hör jetzt auf und werde Abschied nehmen,
denn wenn ich weitersinge, dauerts z'lang.
Aus diesem Grund will ich mein Lied beenden,
weil es vielleicht Sie noch langweilen tät,
obwohl Gesang, wenn er sehr schön gesungen,
fast allen Menschen stets zu Herzen geht.
Ja, wer nicht singen kann, der laß es bleiben,
schlechter Gesang der bringt die Menschen um,
ich möchte nicht zum Massenmörder werden,
drum lebe wohl mein teures Publikum.[62]

Der Moritatensänger

> ... es ist eigenartig, welche Kleinig-
> keiten einen Gefangenen interessie-
> ren und belustigen können.
>
> *Bram Stoker*

Valentin benutzte immer wieder die populären Medien. Neben dem
Orchestrion und der Volkssängerkultur regte ihn auch der Bänkelsang zu eigenen Produktionen an.

Seit seinem Entstehen im 17. Jahrhundert inspirierte dieses Jahr-
marktvergnügen Dichter wie Goethe, Gleim, Bürger, Wedekind,
Brecht zu eigenen Gedanken und Texten.[1] Clemens Brentano und
Achim v. Arnim planten aus volkspädagogischen Gründen eine
»Schule für Bänkelsänger«.

In einer Rezension in den ›Frankfurter gelehrten Anzeigen‹ (1772) bemän-
gelt Goethe bei einem Verfasser gereimter Volksmärchen, ihm fehle »der
Bänkelsängerblick, der in der Welt nichts als Abenteuer, Strafgericht, Liebe,
Mord und Totschlag sieht, just wie alles in den Quadraten seiner gemalten
Leinwand steht.«[2]

Goethe nennt hier die Motive für das starke Interesse der Dichter
am Bänkelsang. Die Welt auf dem Bänkel war roh und bunt; eine
skizzenhafte Kolportage wurde geboten, gespeist aus Sensation und
Schrecken, Mord und Nachricht. Eine abschließende, moraldurch-
setzte Belehrung entließ den Zuhörer wieder in den Alltag.

Das Holzschnitthafte und Grelle des Genres entsteht aus der Verbindung von Sprache, Musik und Bild, die die Erzählung von schauerlichen Einzelschicksalen oder Katastrophen vorwärtstrieben und
unterstützten. Zusätzlich wurden die Moritaten in Heftform an das
Publikum verkauft. Im Gegensatz zum Märchenerzähler überwo-
gen der kommerzielle Aspekt und die Konkurrenz zum gesamten
Jahrmarkt mit seinen einzelnen Attraktionen. Die Moritaten wurden laut und deklamatorisch vorgetragen, unterstützt von einem
Leierkasten, der den Rhythmus des einfachen Reims unterstrich.
Die Moritatentafeln lösten die Geschichte in wenige dramatische

Sequenzen auf. Sie waren groß, bunt und naiv und können mit den Bildergeschichten und -bogen als Vorläufer des Films verstanden werden.[3] Insbesondere das Werk des Filmers »des neunzehnten Jahrhunderts«[4], Max Ophüls, weist Affinitäten zum Bänkelsang auf. Seine streng aufgebauten Filme besitzen einen balladenhaften Charakter. Ihre Erzählweise und Atmosphäre wird getragen durch einfache Gesänge, Volksmusik und die Stimme des Erzählers im Off. Valentin setzte sich frühzeitig mit dem Bänkelsang auseinander. 1915 sang er die Moritat von »Margarethe«. Bis in die Zeit der Ritterspelunke verfolgte ihn das Genre. Seinem Naturell kamen die Inhalte des tradierten Bänkelsangs entgegen. Seine Liebe zu Jahrmarktsvergnügungen aller Art war immer verbunden mit einem forschenden Blick für Monströsität, Greuel und Katastrophe. In seiner »Selbstbiographie« schreibt er:

Karl Valentin erlernte aus Gesundheitsrücksichten im Alter von zwölf Jahren die Abnormität...[5]

Leider ist auch Valentins Bänkelsangproduktion nur spärlich überliefert. Jedoch kann aus dem vorhandenen Fotomaterial geschlossen werden, daß der Bänkelsang nicht einer Nebenproduktion zugeordnet werden darf. Es müssen mindestens 7 Moritatentafeln existiert haben.[6] Sie wurden wahrscheinlich von seinem Freund und Mitarbeiter Ludwig Greiner angefertigt.

Zu fast allen Tafeln sind bis heute die Texte unveröffentlicht. Aber die Betrachtung der Fotos läßt die Themen erahnen: verschiedene Formen des Selbstmordversuchs, wie sie Valentin auch in dem Film »Der Sonderling« vorgeführt hat; München, Guillotine, Taucher, Mord; eine Tafel präsentiert nur abstrakte Zeichen, die sich der experimentellen Filmsprache Walther Ruttmanns annähern.[7]

Die drei textlich überlieferten Moritaten drehen sich alle um den Tod, nicht um einen heroischen oder exemplarischen, sondern um den normalen. In »Das Automobil-Unglück. (Eine wahre Begebenheit)«[8] kauft ein junges Ehepaar ein »Volksauto« und rast bei der ersten Fahrt gegen einen Baum. Der Mann verliert den Kopf, die Frau kommt ins Witwenheim und das Auto auf den Autofriedhof. Die Geschichte ist so alltäglich, daß der Untertitel »Eine wahre

Begebenheit« auf jeden Fall angemessen ist. Die teilnahmslose Schilderung des Ehepaarschicksals wird konfrontiert mit der gefühlvollen des Autoschicksals.

> Zum Autofriedhof, wie Sie sehn,
> fuhr man das Auto naus –
> Es hauchte, kaum geboren –
> sein Dasein aus![9]

»Der Mord in der Eisdiele«[10] schildert die ergebnislosen Versuche eines jungen Mannes (20), seine Frau (50) umzubringen. Die erwägten Anwendungen von Gift, Revolver und Beil scheitern an der Sensibilität des jungen Manns. Seine Idee:

> Er führte dann sein Opferlamm
> in eine Eisdiele!
> Dort hat sie sich vergessen –
> hat so viel Eis gefressen,
> daß sie daran erfroren ist –
> das war des Mörders List![11]

Dem in allen Variationen durchgespielten Taucherberuf[12] widmet Valentin ebenfalls eine Moritat: »Das Taucherlied«[13]. Sie hat das traurige Schicksal einer Taucherfamilie zum Thema. Die dem Bänkelsang eigentümliche Schlußmoral ist ins Groteske übersteigert:

> Drum, o Wandrer, wenn du tauchest,
> weil du dringend Geld gebrauchest,
> denk daran und bleib nicht drunt,
> denn Morgenstund hat Geld im Mund![14]

Alle drei Moritaten travestieren die Tradition. Sentimentalität ist nicht dem Menschen zugedacht, sondern dem Auto. Der »grausige« Mörder ist ein Schwächling, der Mord ein Selbstmord aus Schlecksucht. Die Moral des Taucherberufsrisikos gilt für den umherziehenden Wanderer.

Das Pathos des traditionellen Bänkelsangs verwandelt sich mit dem Eindringen des kleinbürgerlichen Alltags in einen schwarzen Humor, dem gerade das Fehlen jeglicher Sentimentalität und Moral eigen ist und der auch die Moritaten Wedekinds bestimmt.[15]

Im Gegensatz zu Valentins Couplets tritt das Sprachspiel in seinen Moritaten fast völlig in den Hintergrund. Er hält sich an den Erzählton der Ballade. Demontiert werden nicht ihre Form und ihr Inhalt, der vornehmlich Tod und Katastrophe ist. Bläht die traditionelle Moritat Einzelschicksale zu Sensationen auf, um sie in den Dienst gesellschaftlicher Belehrung zu stellen, erzählt Valentin gewöhnliche, kleinbürgerliche Schicksale. Der Tod wird nachbarlich, eine Belehrung unmöglich. Es fehlt das Pathos.

Wenn Valentin seine Moritaten vortrug, trat er auch als Bänkelsänger auf.[16] Valentin war als älterer, bärtiger Vagabund mit Mantel und Hut bekleidet, seine Partnerin mit Kopftuch, Stola und Kittelkleid. In der einen Hand hielt sie den Zeigestock, in der anderen den Sammelteller. Zwischen den beiden Partnern hängt die Moritatentafel. Das Ensemble macht einen schmerzhaft heruntergekommenen Eindruck, der verstärkt wird durch das Requisit einer Mülltonne, die als Stütze des Leierkastens dient. Der Glanz des Jahrmarkts ist verschwunden. Das Tableau verkörperte die Agonie der Bänkelsänger in der tristen Atmosphäre eines großstädtischen Hinterhauses.

Die Szene »Der Moritatensänger« (1939) aktualisiert diese Agonie. Der stilisierte Bänkelsang Wedekinds oder Brechts hatte als literarische Form längst seinen festen Platz im Kabarett oder Theater. Valentin bringt mit dieser Szene wieder den leibhaftigen Bänkelsänger ins Spiel. Das Tableau dieses Typus zeigt ihn am Rande seiner Existenz, als Hinterhofmusikanten. Auf der Bühne stehen der Moritatensänger und seine Tochter. Sie wollen die Moritat »Das Volksauto« vortragen. Die Drehorgel versagt.

VATER: Sing's ohne Musi!

TOCHTER: Ah! Ohne Musi klingt's doch so lätschert.

VATER: Sing's nur ohne Musi – des is doch dene Leut ganz Wurscht.

TOCHTER: Des woaßt ja da net.

Sie schaut verlegen ins Publikum, entdeckt den Klavierspieler und sagt zu ihm: Könna net vielleicht Sie spielen?

KLAVIERSPIELER: Was denn?
TOCHTER: »Das Volksauto.«

(AvKV S. 545)

Doch mit dem Verstummen der Drehorgel klimpert das Klavier des Kabaretts. Der Medienwechsel findet auf der Bühne statt. Die Massenmedien machten dem Bänkelsang den Garaus. Ein volkstümliches, unmittelbares Medium verschwand und lebt gelegentlich in den höheren Regionen der Kunst als Zitat und Reminiszenz weiter.

Der Liedparodist

Das 19. Jahrhundert kann als Zeitalter einer Trivialisierung bezeichnet werden, die alle Bereiche künstlerischer Produktion umfaßt. Der Gegensatz von hoher Kunst und Volkskunst verschärfte
sich in zunehmendem Maße: das einsame Genie, die große Masse.
Die Trivialisierung interpretiert Walter Wiora als Ergebnis der Mechanisierung, die eine starke Verbreitung und damit Vermassung
künstlerischer Produkte auslöste. Wiora findet für diesen Prozeß ein
anschauliches Bild:

Ein Muster für Trivialisierung durch Mechanisierung war der Leierkasten.
Dieser, die Drehorgel, ist nicht mit der alten Drehleier zu verwechseln, die
in den Industrieländern um 1800 ausstarb. Auf dem Leierkasten wurden
zwar auch manche Melodien, die als edel galten, besonders aus Opern,
popularisiert, doch die Stücke wurden »abgeleiert«, sie klangen plärrend
und leirig, und zudem spielte ein Leiermann schon wegen der Kosten für die
Walzen nur wenige Stücke immer wieder und leierte sie auch in diesem
Sinne ab. Allerdings hat sein Spiel auf Hinterhöfen auch idyllische Züge;
Verständnis ist hier wie oft sachgemäßer als Verachtung.[1]

Besonders die Ideen der Romantik verloren mit der Flut kulturindu-
strieller Produkte. Die progressiven und kreativen Kräfte des Volkes, die beispielsweise Achim v. Arnim oder Clemens Brentano in
den Märchen und Volksliedern entdeckten, wurden geschliffen und
im Dienst einer Fortschrittsideologie dem Volk als ornamentales
Sentiment und Pädagogik zurückgegeben. Chopins Werke, Opern-
und Operettenmelodien wurden auf die Walze gepreßt. Ein »Bild-
hunger« mußte gesättigt werden.[2] Die Aura der Kunstwerke verfiel
mit der massenhaften Reproduktion, wie es Walter Benjamin darge-

stellt hat.[3] Von nun an kann jedes Kunstwerk Konsumartikel werden. Paul Valéry:

Schließlich sind dann fast alle Träume, die die Menschheit geträumt hatte und die in unseren Märchen verschiedenster Ordnung ihren Niederschlag gefunden haben, nunmehr aus dem Gehege des Unmöglichen und des Gedachten herausgetreten. Die Märchenwirklichkeit ist Handelsware geworden. Von der Herstellung der Wunderwelt-Fabriken leben Tausende und Abertausende von Menschen. Der Künstler jedoch hat an dieser Herstellung von Wunderdingen keinerlei Anteil genommen. Sie ist Tochter der Wissenschaft und des Kapitals. Der Bürger hat sein Geld in Traumfabriken angelegt und spekuliert auf den Untergang des gesunden Menschenverstandes.[4]

Die mit der Vermassung eintretende Nivellierung künstlerischer Formen und Inhalte ist aber nicht nur negativ zu bewerten. Sie kann ebenso Motor neuer künstlerischer Produktionen sein.

So kann das Allzubekannte parodiert und mit neuen Inhalten gefüllt werden. Goethes Mignon-Ballade »Kennst Du das Land«, die von Heine bis Glaßbrenner parodistisch verfremdet wurde, ist ein Beispiel dafür.[5]

Vom Bänkelsang bis zur Operette, vom klassischen Theater bis zum Rührstück: alles konnte im 19. Jahrhundert Parodie werden, aber nicht nur durch die Literaten. Der Wechsel vom Kunstlied zum Volkslied versteht sich in diesem Jahrhundert nicht mehr ausschließlich als eine Übernahme von Kunstdichtung in das Volkslied.[6] Die großstädtischen »Volkslieder« der nachromantischen Ära waren die Gassenhauer, zu denen insbesonders gehörten:

erstens Lieder aus Lokalposse, Singspiel, Oper und Operette in originaler, simplifizierter und parodierter Form; zweitens umtextierte Kirchen-, Vereins- und Volkslieder; und drittens Textierungen von Märschen, Modetänzen und Salonstücken.[7]

Die Lust des Volkes an der Parodie des verschriebenen Kulturgutes, die von den frühen Formen des Karnevals[8] bis zum heutigen Schlager reicht, ist ein wesentlich politisches Element. Trotzdem hat sich die Meinung gehalten, sie habe einen »konservativen, traditionskonservierenden Charakter«[9]. Progressivität und Engagement scheint allein dem literaturwissenschaftlich Geprüften zuzukommen. Peter Rühmkorf hat hier mit seiner Studie »Über das Volksvermögen« einen neuen Akzent gesetzt. Er schreibt:

... die Leistung des Volksmundes reduziert sich mitnichten auf bloße Transportverluste, Abschleifschäden und Randkorrekturen, sondern gipfelt in der Lust an Denkmalsschändung und Majestätsbeleidigung. Volkspoesie ist mithin nicht eine taprige Imitation von Kunstpoesie, sondern, unter anderem, eine lustig-zynische, munter-bissige, rabiat unromantische, kraß antiidealistische Antwort auf die falsche Poetisierung der Welt durch die Poesie. Hier zersingt es die anempfohlenen Hymnen und Lieder so wie Oskar Matzerath Glas zersang: mutwillig, absichtsvoll.[10]

Karl Valentin, der wie kaum ein anderer dem Volk aufs Maul geschaut und aus dieser Position die Kunst desavouiert hat, trifft sich in seiner parodistischen Lust mit der des Volkes. Nicht Klassenkampf oder politische Stellungnahme war sein Ziel[11], sondern die Zerstörung und Aufhebung des Vor-gedachten mit den Mitteln seiner Kunst, wie es u. a. seine Auffassung der »Loreley« zeigt.

Die Loreley-Sage war ein Thema der Romantik. Sie inspirierte Dichter wie Brentano, Heine, Eichendorff, von Loeben und Mörike.[12] Aber keine Dichtung erreichte die Popularität der »Loreley« Heinrich Heines mit der Textvertonung Silchers.[13]

In ihr verwirklichte sich das Prinzip der »Sangbarkeit« des im »Volkston« Komponierten.

Das Ziel sind eingängige Melodien. An Themen wählt man altbekannte Modelle oder gewinnt neue aus dem, was einfachste harmonische Funktionen und Muster gleichtaktigen oder gleichperiodischen Tanzes zulassen. Alles Neue, bislang Ungehörte und somit Überraschende ist verpönt.[14]

Die Eingängigkeit der Vertonung Silchers, ihre bewußte Anlehnung an eine Volksliedmelodik, ihre nur angedeutete, nicht auskomponierte Melancholie überlagern die Dissonanzen und Ironie von Heines Text, im Gegensatz zu den Liedkompositionen Schuberts, in denen Text und Vertonung sich wechselseitig durchdringen, die Dissonanzen auf der sprachlichen Seite in der Musik ihren Ausdruck finden. Heines »Loreley« mag der Kompositionsweise Silchers eher entgegengekommen sein als die Verse Brentanos. Sicher ist, daß ohne Silcher der Text nicht die Verbreitung gefunden hätte, die bis heute andauert und die politische und ketzerische Haltung Heines in den Hintergrund manövriert. Unzählige Male illustriert, auf Kitschpostkarten verbreitet[15], noch heute in den Schulen und auf dem Rhein »gesungen«, wurde er im deutschsprachigen Raum kulturindustrielles Objekt wie in der bildenden Kunst international die Mona Lisa[16] und als »zersungenes« Lied Gegenstand der Parodie[17].

Valentins »Loreley« ist auch eine Parodie, aber nicht allein auf der textlichen Ebene. Valentin erweckt sie wieder zum Leben, vermittelt durch Heine/Silcher. Sein Thema ist die Unsterblichkeit der Loreley in doppelter Hinsicht: als sagenhafte Person und als trivialisiertes Genre.

Die Einleitung des Rundfunkreportes (»Folgen Sie mir im Geiste, wenn Ihnen das möglich ist,...« [AvKV S. 181]) gibt im wesentlichen Situation und Stimmung des Heine-Textes wieder. Doch nun singt sie wirklich und erhebt ihre Stimme, um über den Rundfunk der Welt ihr Klagelied zu singen.[18] Das romantisch Verklärte, das zum Kitsch Verkommene zeigt sich in der Realität.

Auch das Sagenhafte, Zeitlose altert, wenn ein eigentlicher Sinn dem Mythos nicht mehr abgewonnen werden kann, wenn er nur noch Ausdruck eines falschen Gefühls ist.

So sitzt die Loreley »vieltausend Jahr« auf ihrem Felsen mit Rückenschmerzen und Bronchitis. Ihre Schönheit ist vergangen wie ihr Kapital, das »goldene« Haar. Ihre Jungfräulichkeit, das ewige Leierschlagen werden Martyrium. Das Sirenenhafte, Betörende ihrer Stimme ist gebrochen. Sie singt gegen das schlechte Wetter an, das ihrer Stimme über Jahrtausende hin das Rauhe und Kränkelnde gegeben hat.

In Valentins Panoptikum präsentiert sich die Loreley in ihrer ganzen Häßlichkeit (Kat.-Nr. 64). Ihr Kamm ist überdimensioniert, um die »goldene Pracht« ihres Haares zu meistern. Valentin, der der Loreley ihre Stimme verlieh, stellt sich auch selbst als Loreley dar.[19] Wir sehen sie auf einem mittelalterlichen Piedestal. Sie spielt die Leier. Ein weißer, langer Schleier bedeckt den Oberkörper. Die dürren Beine sind in der Haltung Walthers von der Vogelweide wirksam zur Schau gestellt. Eine Lamettaperücke umrahmt das Gesicht, dessen Physiognomie das Groteske des Körpers auf die Spitze treibt. Die heruntergezogenen Mundwinkel, die rotgetupfte Nase, der schielende Blick und die hochgezogene Stirn spiegeln Dummheit, Hoffnungslosigkeit, Krankheit und Zerfall: ein meisterliches Gegenstück bürgerlicher Sehnsucht.[20]

Diese Loreley verklärt nicht. Der Gesang des lebenden Denkmals treibt das Spiel noch weiter. Die Maske beginnt zu tönen. Die Stimme ist nicht sphärisch. Sie ist körperlich, selbst Maske, zitternde Verzerrung altgewordener Unsterblichkeit.

Valentin verleiht seinem Gesang keine Expressivität, keine Steigerung. Sein Kunstmittel ist die »Rauheit« der Stimme, wie sie Roland Barthes definiert:

Die »Rauheit« ist der Körper in der singenden Stimme, in der schreibenden Hand, im ausführenden Körperteil.[21]

Valentin spielt nicht mit seinem Thema. Er verhärtet es. Die »Rauheit« verstärkt den Effekt der Gegenwärtigkeit und der Anteilnahme. Das sprachlich Vorfabrizierte, Sagenhafte wird in die Realität zurückgeholt.

Heines Gedicht, ein Spottlied über den tumben Schiffersmann, der in seiner Verblendung im Abgrund versäuft (was ein interpretatorischer Jahrhundertirrtum als national preist), enthält pikanterweise noch die Blödsinnsfrage »Ich weiß nicht, was soll es bedeuten?«; dies ist der einzige Satz, den Valentin direkt übernimmt, sonst ist alles auf die Realität dieses »Märchens« gemünzt: mit dem erhofften Gold ist nichts, das gibt man her für Eisen, dann beschimpft Valentin-Loreley den verliebten Träumer, schließlich wird's »Finster und immer finsterer« und damit dann endlich der letzte merkt, »daß aus is, dreh ma das Mikrophon zu«.[22]

Mit dem letzten Ton der Rundfunkübertragung ist es wirklich aus, das »Zersungene« nochmals zersungen. Valentin als Loreley-Transvestit zeigt einen grantigen, sauertöpfischen Star der Mythenwelt, der den Rummel um seine Person und seine Aufgabe, harmlose Fischer in den Tod zu treiben, leid ist. »Denkmalsschändung und Majestätsbeleidigung« (Rühmkorf) konkretisieren sich in der Person der Loreley, zielen aber darüber hinaus auf eine Nation, in der

falsche Romantik und Nationalsozialismus eine Ehe auf Zeit einge-
hen konnten.[23] Valentins Loreley hat die Dummheit dieser deutschen Rheinschiffer satt, die leider nicht die Listigkeit eines Odys-
seus besitzen.

> Ein Schiffer, ein bildschöner Jüngling,
> fährt oft mit dem Kahn hier vorbei,
> er liebt nur ein einziges Wesen,
> er liebt nur mich, die Loreley.
> Da kommt er schon wieder gefahren,
> was willst denn, du närrischer Tropf,
> wenn du dich net glei aus dem Staub machst,
> dann wirf i dir d' Musik an Kopf!
>
> (AvKV S. 182)

Valentins Ansätze, das Kunstlied parodistisch zu untergraben, sind
vielfältig und dem jeweiligen Stoff angemessen. Es ist aufregend zu
beobachten, daß Valentin kein Ausrutscher in banales Lächerlich-
machen unterläuft. Mit aufwendigem Ernst treibt er sein Spiel. Er
steht als Parodist nicht außerhalb, nimmt die Bürde des »Zersunge-
nen« durch Mimikry auf sich. Mittels körperlicher, stimmlicher
Interpretation setzt er sich dem Lied bedingungslos aus, das er nicht
durch äußere Gags zerstört, wie es beispielsweise in der Music Hall
zu beobachten ist, also durch überdrehte Stimmen, hysterische Ar-
rangements, platzende Kleidung etc. Valentin fehlt der Sinn für
diese Äußerlichkeiten. Die Stärke seiner Komik ist das Einswerden
mit dem Gegenstand. Neben dem Loreley-Transvestismus finden
sich in seinem Werk häufig Personalisierungen von Sängern un-
terschiedlichster Ausprägung, vornehmlich Kammersängern, alle
verschieden intoniert.

Ein Sänger bringt mit getragenem Ton und rollendem Kunstlied-
»r« das Lied »Die vier Jahreszeiten«[24]. Jede Strophe ist ein text-
identisches Loblied auf die jeweilige Jahreszeit, deren Name einfach
ausgewechselt wird. Der Ansager verspricht eine »allgemeine Überraschung«. Die Erwartungshaltung des Publikums wird durch das
bedeutende Räuspern des Sängers zu Beginn des Liedes erhöht.
Doch der Kunstgenuß bleibt aus. Die Stimme des Sängers interessiert sich nur für das prononcierte »r«. Das ist seine Auffassung von

Kunst im Gesang. Wird dann auch noch die letzte, die Winterstrophe angestimmt, kommt es zu Tumulten im Saal, die aber den Glauben des Sängers an seine Botschaft nicht erschüttern: »Und gerade der Winter wäre so interessant gewesen.«

Valentin parodiert die Strophenform des Liedes, indem er das Prinzip der musikalischen Wiederholung[25] im Text aufnimmt und das Pathos des Kunstgesangs karikaturhaft auf das »r« zuspitzt. Das mechanische Element des Trivialen desavouiert er als Mechanik.

Aber hinter dieser formalen Lösung verbirgt sich die List des »Fälschers«. Die vier Jahreszeiten, in der bildenden Kunst oft liebevoll, detailreich, allegorisch dargestellt, sind hier zu austauschbaren Versatzstücken der Zeit erstarrt, die ihr eigenes Gesicht verloren haben. Nach dem »interessanten« Winter folgt der Frühling, ein geschichtsloser Reigen, funktionierend wie eine Maschine, die im Zeitalter der Industrialisierung der Natur[26] ihren Sinn eingebüßt hat. Sie wird nicht mehr erlebt, sondern hingenommen. »Der Mann, dem die Erfahrung abhanden kommt, fühlt sich aus dem Kalender herausgesetzt«[27], heißt es an einer Stelle bei Walter Benjamin.

In dieser Transformation der Zeit ist auch die Erfahrung der Jahreszeiten beliebig. Eine frühe Abbildung zeigt Valentin mit zwei Kollegen als »Drei Jahreszeiten« (KVVD S. 318).

Jetzt ist auch die ablehnende Reaktion des Publikums zu verstehen. Die inszenierte Erwartung auf einen Kunstgesang wird hintergangen, die Aufgabe der Kunst, Erfahrung zu vermitteln, allerdings nicht. Sie verleugnet hier die Erfahrung allgemeiner Erfahrungslosigkeit und strapaziert so die Nerven des Publikums.

Also hören Sie doch auf, das ist ja lächerlich, das mit dem Winter das wollen wir gar nicht mehr hören, das ist ja lächerlich![28]

Was bleibt ist die Geste. Valentin bedient sich hier einer Form, die seit und mit George, Satie, Joyce, Brecht, Berio ästhetisches Mittel und Programm ist.[29]

Die Geste setzt die Konvention voraus, das unbefragt Hingenommene, den Mythos, wie ihn Roland Barthes analysiert hat.

Die Mythen sind nichts anderes als das unaufhörliche, unermüdliche Ersuchen, die hinterlistige und unbeugsame Forderung, die verlangt, daß alle Menschen sich in dem ewigen – und doch datierten – Bild erkennen, das man eines Tages von ihnen gemacht hat, als ob es für alle Zeiten sein müßte.[30]

Der Künstler operiert mit den Mitteln dieser »Pseudo-Natur« (Barthes). Überdeutlich wird dieses Verfahren mit der Komposition 4'33 von John Cage.[31]

Die Aufführung eines musikalischen Kunstwerks ist an ein striktes Muster gebunden, das sich im Lauf der Zeit gefestigt hat und zur zweiten Natur jeder Komposition geworden ist. Man benötigt einen Raum, Zeit, mindestens einen Musiker, ein Instrument und ein Publikum. 4'33 ist die Reduktion auf diesen Mythos. Cage erfüllt alle diese Bedingungen, bietet aber nicht mehr. Denn das Wesentliche des Konzerts, die Musik, schweigt. Der Pianist setzt an, spielt aber nicht.[32] Innerhalb der vier Minuten und dreiunddreißig Sekunden setzt er sogar dreimal an, um »Sätze« zu artikulieren. Die Musik ist jetzt woanders zu suchen: im Raum, in den Geräuschen der Zuhörer, außerhalb des Raums, in den Gedanken.

Diese Theatralisierung der Musik erschließt eine neue ästhetische Erfahrung: da es keine Stille gibt, wird das Geräusch Musik. Die Anweisung und die Ausführung sind die Komposition, Geräusch und Zufall die Musik. Hier findet sich radikalisiert, was von Norbert Dreßen anläßlich des Begriffs der Geste bei Luciano Berio beschrieben wird:

Es ist ein Verfahren, das den Mythos mit seinen eigenen Mitteln aufdeckt, indem er selbst mythisiert wird. Der Mythos als Instrument der Entfremdung wird verfremdet dargeboten.[33]

Die Reduktionen auf die »Pseudo-Natur« und ihre Theatralisierungen verweigern sich also nicht einer künstlerischen Aussage und Erfahrung, sondern erweitern sie. Die Aufführung der Geste wird Instrument.[34]

Valentin schweigt nicht. Er singt mit der Rauheit seiner Stimme und dem begleitenden Klang des Pianos. Die Geste ist nicht auf sich selbst zurückverwiesen, nicht »Null-Information«. Erst in der durch die Aufführung bestimmten Zeit entwickelt sich die »Null-Information« als Reaktion auf einen trivialisierten verbürgerlichten Kunstgesang. Valentin ist zunächst nicht »unpersönlich« wie Cage.[35] Er ist Sänger in Auftritt und Habitus. Deshalb schwingt beim Anhören seiner Aufnahmen Trauer mit, Trauer über die »Pseudo-Natur«, über die Entfremdung, die mit der Wiederholung auf der Stelle tritt.

Einen anderen traurigen Fall bietet »Das Lied vom Sonntag«[36]. Auch hier die Geste des Kunstgesangs, die Raum und Zeit füllt. Auch hier der Vortragende, das begleitende Piano und das Publikum. Die Funktion des Protestes gegen die Unsinnigkeit der beiden Strophen übernimmt allerdings ein Hund.

Doch bleibt das Ganze (die zwei Strophen, d. Verf.) in seiner gedanklichen und poetischen Qualität so gestört, daß das Hundegebell in eine echte Protestfunktion hineinwachsen kann. Dabei ist die Beobachtung wichtig, daß Valentin die Störungen nicht dem Zufall überlassen, sondern sehr genau konstruiert und eingesetzt hat: niemals bellt der Hund quer in eine Verszeile hinein, er meldet sich nur an den Versenden und damit jeweils am Ende eines ›Gedankengangs‹ zu Wort; beim verfehlten Tremolo schweigt das Tier. Man darf deshalb fast von einer Art Duett zwischen beiden sprechen.[37]

Das komponierte Hundejaulen während des Liedvortrags löst den Unwillen des Sängers aus, der sich in Beschimpfungen ergeht (»furchtbar – entsetzlich – Sauhund!«) und schon vor dem ersten Ton die folgende Katastrophe erahnen läßt: »Tun's den Hund 'naus! Net, daß er mir da was drein macht! Wär' schad' um das schöne Lied!«[38]

Der Sänger kündigt den Störenfried mit an. Daher ist es erlaubt, von den beiden als Partnern zu sprechen, zumal im Verlauf des Lieds auch der Name des Hundes zur Sprache kommt: Bobsi.

Dieser Hund war der langjährige Gefährte Valentins und alles andere als ein »lärmendes Ungeheuer«[39], sondern ein »kurzhaariger Foxl mit unkupierten Ohren und Ringelschwanz«[40]. Bobsi flitzt manchmal durch die Filme Valentins, und eine der wenigen Fotografien, die Valentin selbst gefertigt hat, zeigt ihn mit einem verbundenen Vorderfuß (KVVD S. 159).

Leider ist über Bobsi nur wenig bekannt. Er hält sich im Reich der Anekdoten auf. Es wäre aber aufschlußreich, etwas über das Zustandekommen der Funkaufnahme »Das Lied vom Sonntag« (1937) zu erfahren. Akrobatisch oder künstlerisch war dieser Hund sicherlich nicht, aber vielleicht musikalisch. Technische Mittel oder Anwendung von Gewalt, um den Hund zum Jaulen zu bringen, können bei der Perfektion der Aufnahme und der Liebe des Herrn zu seinem Hund ausgeschlossen werden.

Der »Dialog« von Herr und Hund macht die Aufführung des Lieds mehrdeutig. Die Diskrepanz zwischen dem Beruf des Sängers, als Herold des Gefühls, und der Privatheit jenseits seiner Künstlernatur wird durch die Hundebeschimpfung überdeutlich. Dem Hund als verstehendem Zuhörer ist dieser Gesang, der vorgibt, Kunst zu sein und letztendlich nichts als Unsinn ist, unerträglich.

Der junge Hund hört Klavierspielen und winselt, weil ihm die Temperatur des Instrumentes weh tut, der Mensch aber hört im gleichen Fall »zurecht«, weil er apperzipiert, was intendiert ist. Sein Gehör korrigiert ihm den Eindruck, den sein Ohr hat![41]

Bobsi hört die Stimme seines Herrn, ganz Ohr und so der gestrengere Kunstrichter.

Die kalkulierte Störung entlarvt aber nicht allein die dilettantische Bemühung um einen Kunstgesang[42], sondern auch den Liedtext als reinen Blödsinn. Denn die Beschimpfung des Hundes ist nicht nur unmittelbare Reaktion auf das Jaulen. Sie setzt sich im Gesang fort.

> »Es geht eim wirklich durchs Gemüt... Der Sauhund!«
> und:
> »Der Wagen, der da hängt daran... Der Sauhund!«

Die Beschimpfung bezieht sich auf den Text selbst, auf das gemütvolle »Zersingen« des Sonntags, der mit dem Abend unsichtbar wird, und auf die »ergreifende« Logik von der Straßenbahn mit ihrem Anhängerwagen.

> An der elektrischen Straßenbahn,
> Da hängt oft hint ein Wagen dran,

Der Wagen, der da hängt daran,
Anhängewagen heißt er dann.
Er hängt daran nur dann und wann
An der elektrischen Straßenbahn.
Doch hängt er einmal nicht daran,
Was auch sehr oft stattfinden kann,
Dann kann es doch nicht anders sein,
Dann fährt der vordre Wagen allein.
                                    (AvKV S. 165)

Der Schluß der Rundfunkaufnahme bleibt unklar. Man hört einen
kurzen Tumult und das sich langsam entfernende Jaulen und Win-
seln des Hundes. Es ist, als ob vereinter Kunstverstand sich auf das
Tier gestürzt hätte, um es umzubringen.

Der Sieg des Kleinbürgers über den Störer scheint perfekt, der
Mythos wiederhergestellt. Doch Bobsi behält mit dem Jaulen der
gequälten Kreatur das letzte Wort. Erik Satie schreibt über »Intelligenz & Musikalität bei den Tieren«:

Die Intelligenz der Tiere ist über jeden Zweifel erhaben. Was aber tut der
Mensch, um den Geisteszustand dieser ergebenen Mitbürger zu verbessern?
Er bietet ihnen eine mittelmäßige, lückenhafte, unvollständige Unterwei-
sung an, welche ein Kind für sich nicht haben möchte: und es hätte recht,
das liebe, kleine Wesen. Diese Unterweisung besteht vor allem darin, den
Instinkt der Grausamkeit und des Lasters, der jedem Individuum von den
Vorfahren vererbt ist, zu entwickeln.[43]

Bobsis Rebellion gegen den kleinbürgerlichen Kunstverstand hätte
erst dann ein Ende, wenn er, durch Erziehung geadelt, sein Hunde-
dasein und seine ursprüngliche Musikalität aufgegeben, wenn er
»apperzipierend« die »Pseudo-Natur« des Mythos akzeptiert hätte.

Im Verfahren der Reduktion auf die Geste des Kunstgesangs wird
der Text nebensächlich, d.h. er tendiert zur »Nullinformation«,
zum reinen Unsinn. Diese Vorsätzlichkeit ermöglicht es Karl Valentin, einer kleinbürgerlichen Sentimentalität den Garaus zu machen,
ohne nach außerhalb liegenden Mitteln greifen zu müssen, wie beispielsweise die slapstickhafte Übertreibung des Körpers oder die
Verfremdung des Gesangs durch das Begleitinstrument.

Valentin stellt die Gesangssituation zumeist mit den Worten her: »Ich gestatte mir, Ihnen ein Lied zum Vortrag zu bringen.« Er singt und er singt nichts. Er erfüllt zwar die Aufgabe eines jeden Sängers, die Zeit und den Raum mit Klang und Sprache zu füllen. Doch heraus kommt nicht Erhabenheit, sondern Nichtigkeit. Der sinnentleerte Kunstgesang Valentins, der die Mechanik des Trivialen ins Bodenlose treibt, wird präzisiert durch die Rauheit der Stimme, die sich um das Pathos eines Kammersängers bemüht, aber wiederum nur in der Reduktion auf seine Gestenhaftigkeit, auf das künstliche »r« oder auf die verzweifelte Anstrengung, die richtige Tonlage einzuhalten. »Schön« gesungen wären diese Unsinnigkeiten banal. Erst mit dem Zusammentreffen von Text, Musik, Gesang und Sänger im Ensemble der Konzertsituation bildet sich jene Qualität des Humors aus, die Jean Paul als das »umgekehrte Erhabene« definiert.

...; er hebt – ungleich dem gemeinen Spaßmacher mit seinen Seitenhieben – keine einzelne Narrheit heraus, sondern er erniedrigt das Große, aber – ungleich der Parodie – um ihm das Kleine, und erhöhet das Kleine, aber – ungleich der Ironie – um ihm das Große an die Seite zu setzen und so beide zu vernichten, weil vor der Unendlichkeit alles gleich ist und nichts.[44]

Wo der Text unwesentlich ist[45], machen Stimme, Körper und Theatralisierung den eigentlichen Wert des Werkes aus. Die Frage, ob hier noch von Parodie gesprochen werden kann, bleibt – auch angesichts der verschiedenen ästhetischen, philosophischen und literaturwissenschaftlichen Definitionen – offen. Im Zusammenhang mit der »Vereinsrede« schreibt Dolf Sternberger:

Eigentlich ist der Begriff der Parodie viel zu harmlos, die Kunst zu bezeichnen, mit der in solchen Stücken, in solchen Anhäufungen üblichen Sprachgerümpels aller Gegenstand, Sinn und Inhalt desavouiert wird.[46]

Die Parodie muß zumindest ihren Gegenstand, eine Distanz erkennen lassen. Bei Valentins »Kunstgesang« ist jedoch die Distanz aufgehoben. Er wird eins mit seinem Gegenstand. Er benutzt das vorgefundene Material aus dem Bereich des trivialisierten Mythos, reduziert es auf die Mechanik der Geste und produziert mittels

Körperlichkeit eine Innovation, die das Zitierte aufhebt und das Material mit sparsamen Mitteln bloßstellt.

Valentins gestische Kunst wendet sich gegen die »Dummheit in der Musik«, die Hanns Eisler vor allem in der »volksnahen«, »dekadenten« Musik findet.

Sie drückt einen verlogenen Optimismus aus, der völlig unberechtigt ist, eine platte Pseudo-Humanität wie etwa: »Menschen, Menschen sind wir alle«, eine muffige, spießbürgerliche Erotik – zum Abgewöhnen. Gefühl wird ersetzt durch Sentimentalität, Kraft durch Bombast, Spaß durch das, was ich als neckisch bezeichnen möchte. Sie ist dumm im höchstem Maße.[47]

Valentin setzt dieser »Dummheit« keine Aufklärung entgegen. Er unterwirft sich ihrer Gesetzmäßigkeit, falsifiziert sie körperlich und prononciert Sentimentalität, Bombast und das Neckische in der ihm zur Verfügung stehenden Zeit gestisch. Es entstehen Kunstwerke, die an die körperliche Präsenz gebunden sind und in ihrer formalen Strenge und Kürze Bagatellen gleichen, die immer wieder neu ansetzen, um mit »vernichtendem Humor« die Dummheit durch Dummheit zu schlagen.

Erst Zeit und Raum ermöglichen die Sprache der Geste als künstlerische Artikulation. Ihr Einsatz ist dort am wirkungsvollsten, wo die offizielle Kultur ihr den Rahmen gibt, im Konzertsaal, Museum, Theater etc. An diesen Orten kann sie mit der Erwartungshaltung eines interessierten Publikums rechnen, das eine gewisse Zeit für den Konsum oder Genuß eines Kunstwerks aufzubringen bereit ist. Und diese Zeit gilt es gestisch zu füllen, reduktionistisch in Besitz zu nehmen.

Karl Valentins Publikum ist sich bewußt, Komik in irgendeiner Form zu erleben. Diese Bereitschaft zum Lächerlichen, das Bewußtsein angewandter Zeit macht es Valentin möglich, in der Rolle des Kammersängers »verschwendete« Zeit vorzuführen. Dafür ist die »Uhr von Loewe« ein meisterliches Beispiel.

Hier ist es nun ganz aus mit dem Kunstgesang. Der Kammersänger hebt zwar immer wieder an, doch nur um sich gleich wieder zu unterbrechen, Erklärungen abzugeben und Geschichten zu erzählen. Die Zeitdauer der Ballade wird transformiert. Es beginnt ein

Diskurs über Uhren, immer wieder unterbrochen durch das kurze Ansingen der Ballade. Die Zeit des versprochenen Kunstgesangs wird durch die Reflexion über sie ersetzt.

Diese Technik kann als Digression aufgefaßt werden, wie sie in Laurence Sterne's »Tristram Shandy« früh entwickelt wurde.[48]

Dieser Roman thematisiert die Zeit: die Schreib-, Lese- und Realzeit. Das ästhetische Verfahren der Digression ist Resultat der unterschiedlichen Dauer dieser einzelnen Zeiten, die nicht in Einklang gebracht werden kann, da sie von der persönlichen Disposition des Einzelnen wie von der Möglichkeit der Unendlichkeit abhängig ist.[49]

Norbert Miller nennt »Tristram Shandy« einen »Anfang ohne Roman«[50]. Vergleichend kann »Die Uhr von Loewe« als ein »Anfang ohne Lied« bezeichnet werden. Wie der Roman aufgrund seiner Anlage[51] auf der Stelle tritt und der Leser eigentlich nur über die ersten Kleinkindjahre des Helden etwas erfährt, tritt auch die Ballade auf der Stelle[52]. Die erzählerischen Einschübe verhindern das eigentliche Singen.

Valentins Einfällen zum Thema »Uhr« sind schlechthin keine Grenzen gesetzt. Er könnte stundenlang monologisieren von den Bedingungen des Auftritts, des Instruments, des Komponisten, Kalauer, kleine, witzige und fruchtbare Einfälle zum besten geben (vgl. AvKV S. 25 f.).

Doch jeder Auftritt muß ein Ende haben. In der Buchfassung schließt »Die Uhr von Loewe« mit einem Kalauer, auf der Platte beendet die zeitliche Begrenzung des Mediums die digressive Unendlichkeit[53].

Wie Sterne führt Valentin einen Kampf mit der meßbaren, gesellschaftlich sanktionierten Zeit – hier symbolisiert durch die Uhr –, die Anlaß schmerzhafter Erfahrungen wird.

– Die Uhr von Loewe. Und über den Uhrmacher, sehn S', da hab ich heut noch eine Wut, weil er mir das nicht gsagt hat mit dem Sprungdeckel. Dann hab ich mir aus Rache bei ihm eine wirkliche Wanduhr gekauft, so a altmodische mit Ketten und Perpendikel, hab mir mit einem Hammer einen kleinen Nagel in die Brust geschlagen und die Uhr hingehängt. Ich sag Ihnen, da wär ich bald wahnsinnig geworden. Wie ich erstemal mit dieser

Wanduhr spazierengegangen bin, sind mir immer die Gewichte zwischen d'Füß neinkommen – und der Nagel hat mir weh getan.

(AvKV S. 26)

Der masochistische Versuch, die Exaktheit der Zeit am eigenen Leib zu tragen, ist in doppelter Hinsicht grausam. Die überdimensionierte Uhr schmerzt nicht nur und schränkt die Bewegungsfreiheit ein, sondern ist auch für den Benutzer unbrauchbar. Die Zeit könnte nur im Spiegel oder von anderen abgelesen werden. Die Hingabe an die bürgerliche Zeit vergewaltigt Körper und Geist, ohne Rücksicht auf die Person, die sich ihr unterwirft, wie es Clemens Brentano und Joseph Görres in »BOGS, der Uhrmacher« satirisch veranschaulichen.[54] Im Dienst einer »bürgerlichen Schützengesellschaft« (Brentano) drückt die Zeit allem Tun und Denken ihren Stempel auf. Die »verschwendete« Zeit ist gefährliche, künstlerische Zeit.

Die Geste des Kammersängers und die Digression transformieren die ästhetische Zeit des Kunstgenusses in eine Reflexion über die Zeit. Hinter der scheinbaren Absichtslosigkeit verbirgt sich eine Kalkulation wie bei Sterne. Denn nur in der zugestandenen Zeit ästhetischer Erfahrung läßt sich über sie handeln. In ihr kann ein Diskurs beginnen, der die bürgerliche Zeit ästhetischen Genusses neu besetzt, und mit der Verweigerung des Erwarteten jenen anderen Diskurs entwickelt, in dem Schmerz, Traurigkeit, Unsinn, Albernheit zur Sprache kommen und in dem die Dummheit keinen Platz hat.

Der Sänger wird zum Sprecher, dem sein Lied angesichts seiner eigenen Erfahrung unbrauchbar geworden ist. Er benutzt die Zeitdauer seines Auftritts, um über die Zeit und die Uhr zu berichten.

Der Instrumentalmusiker

Der gesunde Menschenverstand
ist der kleine Mann im grauen
Anzug, der sich beim Addieren
nie verrechnet. Aber das Geld,
das er addiert, gehört immer wem
anders.

Raymond Chandler

Das Orchestrion ist zerschmettert. Seine innere Maschine, Karl Valentin, steht mit der Axt in der Hand über dem Trümmerhaufen, erhebt die Stimme, beginnt stotternd eine neue Art der Kunst. Zum Gaudi und Schenkelklatschen des Publikums präsentiert er sich in ständig wechselnder Verkleidung auf der Bühne, setzt immer wieder unberührt an, um doch nur das Gegenteil von dem zu bringen, was die Verkleidung verspricht: als Volkssänger Onomatopöie, als Bänkelsänger Alltägliches und als Kammersänger gestische Bagatellen.

Doch auch die vormals zusammenmontierten Instrumente des Orchestrions kommen wieder einzeln zu ihrem Recht. Und wie Valentin seine Gesangstimme in ständigen Variationen durchspielt, so wechselt er laufend sein Instrument, um doch nur seine Unmöglichkeit vorzuführen.

Valentin setzt dem schon von den Romantikern artikulierten Horror vor der Musikmaschine keine musikalische Kennerschaft oder Virtuosität entgegen. Vielmehr scheint ihn seine frühe Erfahrung mit dem Orchestrion selbst angeknackst zu haben.

Wie der Sänger Valentin die Geste des Auftritts nutzt, um etwas anderes oder nichts zu bringen, verweigert sich auch der Multiinstrumentalist dem angekündigten Musikgenuß.

Dies mag eine clowneske Praxis sein.[1] Doch im Gegensatz zu Grock oder Charlie Rivel, die ebenfalls das Scheitern des Virtuosen thematisieren, läßt Valentin kaum erkennen, ob er überhaupt ein Instrument spielen kann. Die Situation wird durch die Verkleidung getragen, die nicht clownesk, sondern dem Virtuosen angemessen ist. Die Perfektion dieser Verkleidung macht die eigentliche Tragik dieser Berufsmusiker aus. In ihrer ärmlichen Abgerissenheit sind sie Realität und nicht clowneske, zeitlose Poesie.[2]

Die Auseinandersetzung mit dem Musikinstrument verfolgt der geniale Dilettant bis an den Anfang zurück, den Musikunterricht. Die Sprache der Tonkunst zu vermitteln, ist seine Aufgabe, die Bereitwilligkeit des Lehrers und des Schülers seine Voraussetzung, die Ideologisierung im Sinne eines bürgerlichen Erziehungsprogramms seine Realität. Diese Säulen des Musikunterrichts bringt Valentin mit einigen kleinen, aber wirksamen Schlägen zu Fall – wenn es überhaupt zu einem Unterricht kommt.

Valentins häufig verwendeter Trick, mit einem Titel eine Sache anzukündigen, die nicht stattfindet, bildet den Ausgangspunkt der »Zitherstunde«. Sie beginnt mit den üblichen Schülerentschuldigungen des Zu-spät-kommens, des Nicht-üben-könnens. Die offensichtlich aus der Luft gegriffenen Entschuldigungen sind kalkuliert eingesetzt. Die scheinbare Naivität des Schülers entpuppt sich als Raffinement. Er kennt die Gutherzigkeit des Lehrers, der sich auf die Entschuldigungen einläßt, anstatt sie barsch vom Tisch zu wischen und sie der Faulheit des Schülers anzurechnen.

An eine Zitherstunde ist nicht mehr zu denken. Der verständnisvolle Lehrer fragt nach, und es beginnt ein Dialog, der die kleinbürgerlichen Familienverhältnisse des Schülers offenherzig preisgibt, ein Dialog über das Heizen und seine Verhinderung in der Familie des Heizers.

LEHRER: Ist denn das möglich, daß in einer Familie niemand einheizen kann? Es muß doch bei euch zu Hause ein Mensch sein –

MAXL: Ja, höchstens mei Schwester, d'Lina – aber de hoazt nia ein, . . .

LEHRER: Na also, wenn deine Schwester zu nobel ist zum Einheizen, dann muß sich doch um Himmels willen irgend jemand finden, der bei euch einheizen kann.

MAXL: Ja, höchstens der Vater.

LEHRER: Ach was, der Vater heizen – Heizen ist doch kein Geschäft für den Vater!

MAXL: Ja, ja – mei Vater ist doch Heizer.

(AvKV S. 243)

Die Zitherstunde ist der Anlaß des Dialoges. Die Zeit der Unterrichtsstunde läuft leer. Schüler und Lehrer vergessen ihre Pflicht.

Schon der Titel vieler seiner Stücke ist eine Umkehrung, verspricht etwas Positives, wo etwas Negatives dargestellt wird: ...[3]

Das von Zeyringer negativ bestimmte Verhältnis Titel – Szene kann umgekehrt interpretiert werden. Es findet etwas anderes statt. Für dieses Andere braucht es einen äußerlichen Anlaß, der die innere Struktur trägt und zu vermitteln vermag.

Überhaupt scheint es mir typisch für die Moderne zu sein, daß Werktitel nicht halten, was sie versprechen. Die Odyssee des Leopold Bloom dauert einen Tag.[4] John Cage redet in »Silence« unaufhörlich.[5] Bei Duchamp wiederholt der Titel nicht das ausgestellte Objekt.[6]

Der Einbruch des Unerwarteten, das potentiell unendliche Wuchern eines Anlasses, der damit im Verlauf der Zeit liquidiert wird: das sind die Gemeinsamkeiten Valentins mit der Moderne. Die Welt bietet sich gleichsam als ein labyrinthisches Netz dar, in dem jeder Punkt Anlaß einer künstlerischen Auseinandersetzung werden kann und neue Labyrinthe erzeugt.

Aus dieser Perspektive läßt sich fragen, ob es überhaupt je eine Zitherstunde im Sinne eines Unterrichts gegeben hat oder geben wird, bzw. ob Valentins »Zitherstunde« nicht immer so oder so ähnlich verläuft, daß die Digression die eigentliche Unterrichtszeit bestimmt und die Musik auf der Strecke bleibt? Es sei denn, der Lehrer hat ein Wunderkind vor sich, wie in der Szene »Der Klarinettenunterricht«[7]. Diesem Kind braucht nichts mehr beigebracht zu werden. Ihm ist alles »kinderleicht«. Schon in der ersten Stunde übertrifft es seinen verwunderten Lehrer, der alles andere als autoritär und so bescheiden ist, daß seine Konsequenz, bei dem Schüler Unterricht zu nehmen, für ihn kein Problem darstellt.

Oder aber der Schüler kapiert nichts. In den beiden ähnlich aufgebauten Szenen »Der Trompetenunterricht«[8] und »Bum-Bum«[9] scheitern die erwachsenen Schüler schon an den einfachsten musikalischen Grundvoraussetzungen und erzeugen furchtbare Töne, die den Hausbesitzer veranlassen, sich zu beschweren. Zum Ärger des Lehrers solidarisieren sich die Schüler mit dem Hausbesitzer und zeigen Verständnis für seine Beschwerden, obwohl ihr Unvermögen der eigentliche Anlaß ist. Auch ist ihnen die Wahl des Instrumentes gleichgültig, und man weiß eigentlich nicht so richtig, was sie in den Unterricht getrieben hat. Zum Schluß des katastrophalen »Trompetenunterrichts« fordert der Schüler:

Lernen Sie mir lieber das Dirigieren!

In allen diesen vier Unterrichtsstücken siegt eigentlich immer der Schüler über den Lehrer, sei es durch List, Frechheit oder Genialität. Die Umkehr des Machtverhältnisses führt zur Auflösung des Musikunterrichts überhaupt.

Die Instrumente, die die Schüler in diesen Fällen lernen wollen oder müssen, sollen nicht als Soloinstrumente gebraucht werden, sondern als Instrumente des gemeinsamen Musizierens. Es geht hier nicht um das Verstehen und Erlernen klassischer Musik, sondern um die Spielbarkeit des Instruments im Sinne einer volkstümlichen Gebrauchsmusik, zu der Adorno anmerkt:

Die vorindustriellen Momente der Volksmusik haben gerade im Deutschland des Faschismus der postindividuellen Organisation eifrig sich geliehen. Ihre Naivität wirft sich in die Brust, Prototyp dessen, was als Ideologie von Blut und Boden obenauf kam. Nicht fixiert man sich gern an Instrumente, welche über eine der wesentlichsten Errungenschaften des gesamten neueren Rationalisierungsprozesses der Musik, die chromatische Skala, nicht verfügen. Die Volksmusik ist längst nicht mehr einfach, was sie ist, sondern bespiegelt sich und negiert dadurch die Unmittelbarkeit, auf die sie stolz ist, ähnlich wie zahllose Texte volkstümlicher, schließlich abgefeimt ausgeheckter Lieder. Unrettbar ist sie zu falschem Bewußtsein geworden.[10]

Diese Ideologisierung der Volksmusik hat im Werk Valentins keinen Platz. Auf das Gemeinsame reagiert er mit der Beliebigkeit der Wahl des Instrumentes, auf die Pädagogik mit beharrlicher Ignoranz, auf das pädagogische Ziel mit Stupidität.

Zum Mozartjahr 1941 schrieb Valentin die Szene »Mozart«. Subtil seziert er das Problem bürgerlicher Kunst in seiner Zeit. Ein nervöser Professor unterrichtet die Klavierschülerin Lieselotte, ein schüchternes Mädchen. Zwischen beiden herrscht eine gereizte Stimmung. Die Entschuldigungen des Mädchens betrachtet der Lehrer als Lüge.

PROFESSOR: Ich sehe zwar an Ihren Händen, daß Sie spielen, aber hören tue ich nichts! Darf ich um mehr forte bitten! Auf deutsch – mehr Lauterkeit.
LIESELOTTE: Ich trau mich nicht lauter spielen.
PROFESSOR: Warum nicht, mein liebes Kind?
LIESELOTTE: Weil Sie sonst eventuell auch die Fehler hören würden, Herr Professor.
PROFESSOR: Das Wort eventuell hasse ich genauso wie einen bereits bestehenden Fehler – aber ich erkenne schon an Ihrer ängstlichen Tasterei, daß Sie nicht geübt haben – das Lügen fällt Ihnen leichter als das Üben –...

(AvKV S. 246)

Nachdem das Mädchen anfangs zu leise gespielt hat, spielt es, dem Votum des Lehrers entgegen, das folgende Mozartstück zu laut. Es begreift den Sarkasmus des Lehrers nicht (»Noch lauter, Fräulein – können Sie denn nicht noch lauter spielen?« [AvKV S. 247]), spielt immer lauter, bis dieser in das Spiel eingreift und schließlich das Klavier zertrümmert.

Des Professors Rechtfertigung vor seiner Frau:

Das bin ich Mozart schuldig! (AvKV S. 248)

Diese Szene fällt in die Zeit, in der Valentin bis auf wenige Ausnahmen nicht mehr auftrat (1941-1947).[11] Aber er schrieb noch,[12] und »Mozart« kann als ein Glanzstück der beginnenden »resignativen« Lebensperiode seines Autors verstanden werden.[13]

Wie in fast allen seinen Stücken ist die Politik zwischen den Zeilen zu suchen. Auffallend vermeidet Valentin in »Mozart« die Digression. Die Szene ist fast klassisch aufgebaut: Introduktion, Variation, Tat, Rechtfertigung, Schluß. Valentin bleibt konsequent bei seinem Thema.

Nationalsozialistische Kulturpolitik funktionalisierte die Klassiker: Mozart als Germane.[14] Der Professor, der die Idee der Klassiker zu vermitteln versucht, nervös, weil er überall Lüge sieht, zertrümmert das Piano, um die Idee vor der Lüge zu retten. Die duckmäuserische, nichts begreifende Schülerin verläßt fluchtartig das Haus. Im Unterschied zu den vorher genannten Schüler-Lehrer-

Szenen siegt hier der Professor. Doch der Sieg der musikalischen Idee vor dem Nichtbegreifen und der ängstlichen Folgsamkeit ist scheinbar und kurz, an ihn gekoppelt der Verlust des Klaviers und des Schülers, der ökonomischen Grundlage. Der Kampf um die Fortführung der eigenen Arbeit und um Finanzen, wie er sich in den Briefen seit 1940 widerspiegelt[15], findet in Valentins »Mozart« seinen künstlerischen Ausdruck, ebenso wie die allgemeine Lage des Künstlers, der nicht emigrierte. Die nervöse Hoffnungslosigkeit aus dem Gefühl der Machtlosigkeit vor der Lüge bringt ihn in eine Anspannung, die sich entweder im Schrei entlädt, oder er verstummt. Beides ist resignative Sprachlosigkeit, verschlüsselt artikuliert in »Mozart« oder geheim, wie in den Tagebüchern des Schriftstellers Horst Lange, in denen es 1941 heißt:

Man glaubt noch, seine Freiheit zu haben und unterliegt einem Zwang, dem man nicht mehr entgehen kann.[16]

Komisch ist »Mozart« nicht, eher Ausdruck einer existenziellen Bedrohung. Die Wahl des Objekts der Zerstörung verstärkt den Effekt beachtlich. Das Klavier ist nicht allein das großbürgerliche Hausinstrument par excellence[17]; es kostet auch aufgrund seiner Größe und Stabilität einige Kraft, es zu zerstören. Zudem ist es eines der wenigen Instrumente, das während der Destruktion ungeachtet des Zerstörungslärms weiterhin Töne erzeugt. Wäre »Mozart« zur Aufführung gelangt, hätte sich die Szene sicherlich einige Kritik der Kulturverantwortlichen eingehandelt.

Zwanzig Jahre später wurde aus der Klavierzerstörung im September 1962 im Rahmen des Wiesbadener Fluxusfestivals künstlerische Realität.[18] Die Tabuverletzung war hier allerdings nicht exaltierte Machtlosigkeit, sondern ritualisierte, postdadaistische Schockbehandlung gegen einen selbstgefälligen Kulturbetrieb um die Mitte des »Dreißigjährigen Friedens«, an der Karl Valentin bestimmt viel Freude gehabt hätte. Neben der Zertrümmerung des Orchestrions ist noch eine weitere Destruktion überliefert.[19]

Doch sind einer Analogie Fluxus-Valentin Grenzen gesetzt, obwohl in neuerer Zeit Valentin stillschweigend als Ahnherr dieser Bewegung akzeptiert ist.[20] Fluxus-Aktionen können als Ritual zur Erfahrung »grundloser Handlungen« verstanden werden;[27] Valentins

Bühnenaktionen jedoch sind eingebettet in den konkreten Ablauf einer Szene. Sie besitzen Signalwirkung nicht in der »Absichtslosigkeit« einer reinen künstlerischen Handlung, sondern sind Funktionsträger innerhalb eines übergeordneten Ganzen. Erst mit ihrer Befreiung aus dem Zusammenhang einer Szene könnte man von Fluxus oder Happening reden.[22] Erst dann würden sich bestimmte Bühnenelemente Valentins ritualisieren, wie die oben genannte Klavierszene, die stumme Introduktion im »Firmling« oder der bruitistische Schluß der »Orchesterprobe«.

Trotzdem erscheint mir der Hinweis auf Fluxus wichtig. Denn es bestehen – abgesehen von diesem fundamentalen Unterschied – überzeitliche Berührungspunkte. Als Verwandtschaftsmerkmale können gelten: Unsinnsproduktion, Gestenhaftigkeit, Sprachspiel, Kalauern und das Bewußtsein des musikalischen Materials.

Im nachhinein erscheint die Fluxusbewegung – auch sie ist inzwischen Geschichte – als vornehmlich musikalische. Ihre innovativen Schockmomente sind fast immer im Bereich des Klangs zu suchen, ungeachtet des Mediums, in dem sie stattfinden, seien es Objekte (Joe Jones, Dick Higgins u. a.), Events (George Brecht, Guiseppe Chiari, Joseph Beuys u. a.), Video und Film (Nam June Paik) oder Partituren (Cage, La Monte Young).[23] In Fluxus finden wir die pathetischen Manifestationen des Futuristen Russolo zur Geräuschmusik in immer neuen Ansätzen durchgespielt wieder, allerdings ohne den tragischen Glauben an eine technische Utopie.[24] Fluxus kommt lockerer daher, spielerischer und angriffslustiger, ohne Gigantomanie.

Fluxus benutzt Dinge des täglichen Gebrauchs als Musikinstrumente (u. a. Higgins). Tonträger wie Schallplattenapparate (Nam June Paik), oder Radios (Cage) werden konzertant, Musikinstrumente als Objekte benutzt: Klaviere beispielsweise werden präpariert (Cage, Nam June Paik), funktionslos gemacht (George Maciunas) oder einer neuen Funktion zugeführt.

Diese stark verkürzt dargestellten Methoden faßt Karl-Heinz Zarius zusammen:

Der Tendenz, Außermusikalisches – Naturvorlagen, Materialien, Gegenstände des Alltags – durch Akzentuierung seiner Klangmöglichkeit oder durch die Betonung eines hörenden Sehens zu musikalisieren, entspricht umgekehrt die Befreiung traditionell musikalischer Stereotypen aus ihrer eindimensionalen Funktionszugehörigkeit.[25]

Die Erweiterung des musikalischen Klangmaterials bindet sich an den optischen Vollzug, an die Theatralisierung. Hierin begründet sich auch die Schwierigkeit des »reinen« Hörens einer Schallplatten- oder Rundfunkaufzeichnung eines Konzerts des Fluxus oder von John Cage. Es fehlt, was Inge Baecker als »akustische Aktionen« bezeichnet[26], die integraler Teil des musikalischen Werkes sind. Es läßt sich auch von einer Musik sprechen, die sich nur im Augenblick realisiert und mit dem Verlust der auratischen Zeit und des Raums in der Reproduktion als Relikt einer Idee erscheint.

Seit die Komponisten sich immer mehr ans Material selber herangearbeitet haben und nun vielfach statt Tonfigurationen Klänge selbst, ja jüngst noch die Erzeugung der Klänge kompositorisch vorschreiben, erfordert Apperzipation solcher Kunst ebenfalls, möglichst nahe am Material zu bleiben; teilzunehmen an der Hervorbringung des Getöns und also die Spielvorgänge genauestens zu beachten.[27]

Karl Valentins Szene »Der Antennendraht« oder »Im Senderaum« bezieht seinen Impetus im zweiten Teil hauptsächlich aus der Erzeugung von Geräuschen. Eigentlich werden hier zwei Szenen miteinander gekoppelt, wie es die Titelunsicherheit schon andeutet.

Valentin gerät bei dem Versuch, einen Antennendraht zu kaufen, in ein Rundfunkaufnahmestudio. Dort ist der Inspizient ausgefallen, und Valentin wird kurzfristig eingestellt, um Schillers »Glocke« mit Geräuschen zu untermalen. Die Szene wurde 1929 auf einer Veranstaltung des Münchner Rotary Clubs gespielt[28] und 1937 verfilmt[29].

Die Aktion des Geräuschemachers beginnt mit dem Auftritt des Staatsschauspielers Heperdepernepi. Diesem beleibten, großen, von Terminen geplagten Herrn (anschließend spielt er den Marquis Posa) kontrastieren sehr wirkungsvoll die kleine Organisatorin und Ansagerin (Liesl Karlstadt) und der dünne, flinke Karl Valentin. Dieser Bund der Drei macht nun aus einer betulichen Literatursendung ein grandioses Spektakel, das Hans Günther Pflaum nach dem Film wie folgt beschreibt:

Mit der Sicherheit eines Schlafwandlers produziert er (Valentin, d. Verf.) souverän die haarscharf falsche Untermalung und hat am unweigerlichen Mißbrauch der ausgebauten Geräusch-Geräte (die ohnehin hier keine sinnvolle Anwendung finden können) seinen diebisch geheimgehaltenen Spaß. Zum Auftakt schlägt er gleich einmal die Glocke an, murmelt auf das Stichwort »volksbelebt« »Rhabarberrhabarber...« in Richtung Mikro, schüttet zu »Regen« Wasser aus einem Maßkrug in einen Eimer, läßt Vögel pfeifen, kleine und große Winde heulen, Holz knacken, Fenster klirren, schreit im Falsett »Mammaa, Mammaa« zur Textstelle »Kinder jammern«, wirft Blecheimer über die Bühne, während der Rezitator von der Karlstadt längst mit vorgehaltener Pistole zum Weitersprechen gezwungen werden muß. Schließlich hat Valentin eine Sirene so heftig in Gang gebracht, daß vom Text der »Glocke« kein Wort mehr zu verstehen ist und die Sendung abgebrochen wird – »Weil der Inspizient verrückt geworden ist«, wie die Karlstadt den Hörern mitteilt.[30]

Es ist wie in einem Stadion, in dem der Kampf eine festgesetzte Dauer beanspruchen muß, selbst wenn die Regeln durch einen Teilnehmer absurd geworden sind.

Die Auswahl der »Glocke« als Basis geräuschvoller Reaktionen besitzt einen doppelten Reiz. Zum einen ist das Gedicht als gymnasiale Pflichtlektüre allgemein bekannt, zum anderen verführen das Pathos der Sprache Schillers und sein inhaltlicher Aktionsreichtum zu einem solchen Umgang mit ihm.[31]

In dieser eigenwilligen musikalischen Gedichtinterpretation, die mit dem Oratorium »Das Lied von der Glocke« von Andreas Jakob Romberg (1767-1821) nichts gemein hat, nimmt Valentin nicht nur die Sprache Schillers wörtlich, sondern auch seine Aufgabe. Er überprüft jede sprachliche Aussage auf eine mögliche Umsetzung in Klang und verläßt so die inhaltliche Ebene, im Gegensatz zur klassischen Textvertonung à la Romberg, die den Text musikalisch wiederholt und dem Inhalt und der Sprache mit adäquaten musikalischen Formen interpretatorisch gerecht werden will. Für Valentin haben die Worte keine kontextuelle Bedeutung. Sie sind Assoziationsträger, die allein zur direkten Umsetzung taugen. Auf dem Boden der Klassik und zum Leidwesen ihrer selbstgefälligen Verwalter erhebt sich eine fröhliche Anarchie.

Im Unterschied zum Geräuschmanifest des Futuristen Russolo

sind Valentins Geräusche nicht durchweg mechanisch hergestellt oder Imitationen. Aber mit Cage und Fluxus haben sich die Geräusche als musikalische Aussage inzwischen soweit emanzipiert, daß Valentins Szene durchaus als eine musikalisch-theatralische Aussage begriffen werden muß.[32] Im Sinne von Fluxus kann Schillers »Glocke« als Partitur verstanden werden, die mit der jeweiligen Aufführung eine andere Interpretation erfährt.[33]

Bemerkenswert erscheint mir die Visualisierung des Akustischen im Kontext gerade des Mediums, welches das Optische der Musik oder des Geräuschklangs zum Verschwinden bringt. Daß eine Rundfunkaufnahme der Szene nicht überliefert ist, obwohl »Im Senderaum« zu den erfolgreichsten und meist gespielten Szenen Valentins gehörte[34], spricht für die konsequente Haltung Valentins in der Wahl seines Mediums. Denn ohne seine Bedienung der Geräuschmaschine, seine Pantomime und Mimik, die Schnelligkeit und Ratlosigkeit, den sichtbaren Kampf mit den Dingen und das triumphale Hocken auf dem Sirenentrichter am Schluß wäre diese Gedichtexekution nur ein schaler, unverständlicher Witz: eigenartige Geräusche zu einem bekannten Text. Wie bei Fluxus würde eine akustische Aufnahme den Geist der künstlerischen Anarchie zum Fragment dessen verkümmern lassen, was einmal intendiert war. Der Biß würde zahnlos, das Dokument Relikt.[35]

Die mit Fluxus beschriebene Erweiterung des musikalischen Materials macht Geräusch und Stille neben den Instrumenten als musikalischen Ausdruck geltend. Klang realisiert sich nicht mehr ausschließlich auf dem dafür vorgesehenen Klangerzeuger. Jedem Ding wohnt die Möglichkeit inne, Klangerzeuger zu sein, wie jedes Musikinstrument umfunktioniertes Ding sein kann. Man muß sie nur aus ihrem festgefügten Zusammenhang lösen und mittels Theatralisierung auf diese Möglichkeiten aufmerksam machen, wie es Valentin auch privat tat.

Das uns so vertraute Beziehungssystem dieser äußeren Welt ist für Karl Valentin nirgends dicht genug, um nicht einem Zweifel Raum zu geben, ob nicht vielleicht doch noch andere Verbindungen zwischen den Dingen möglich sind, als die, die uns geläufig geworden sind. Einmal besuchte er mich, schlug am Klavier das a an und vergewisserte sich dann durch Niederdrükken einer Schreibmaschinentaste, ob diese Instrumente die gleiche »Stimmung« hatten.[36]

Hier werden zwei Automaten zur mechanischen Umsetzung jeweils verschiedener Alphabete miteinander verglichen und angespielt. In diesem Zusammenhang sei auf die häufige Verwendung von Schreibmaschinen in der modernen Musik hingewiesen.[37]

In dem Film »Die Orchesterprobe«[38] geht es am sinnreichsten durcheinander. Valentin benutzt eine Gabel als Stimmgabel, eine Trompete als Sprach-Nuschelrohr. In der Fechtszene zwischen Dirigentenstock und Geigenbogen steigert sich Valentin immer mehr in die Rolle des Fechtenden und wischt sich mit gespreizten Fingern in militärischer Duellhaltung schließlich das imaginäre Blut vom Geigenbogen.[39]

Der Höhepunkt des digressiv aufgebauten Films, in dem sich verschiedene Sketche (Eingangsszene, Der Zufall z. B.) miteinander verbinden und immer neue Musikstücke nur angespielt und wieder aufgegeben werden, ist das grandiose Schlußspektakel. Valentin bedient hier, das Orchester begleitend, Schlagzeuge, jene vielfältige Instrumentengruppe, die am ehesten dazu neigt, Geräusch zu sein, weil sie das instrumentale Ganze nur rhythmisch akzentuiert.

Aber in diesem Finale (»Die Dichter und Bauer Overtüre«) bleibt der Rhythmus, über den schon vorher diskutiert wurde[40], auf der Strecke. Den sichtlich überforderten Musiker treibt ein diebisches Verlangen, die Musik zu boykottieren. Er unterlegt sie mit einem Geräuschteppich, gegen den der Dirigent (Liesl Karlstadt) zusätzlich anschreit, ohne jedoch das gesamte Ensemble im Spiel zu unterbrechen. Valentin arbeitet mit einer unglaublichen Geschwindigkeit. Er verheddert sich am Notenständer und baut ihn verrückt wieder auf, weist immer wieder auf die verschobene Krawatte des Dirigenten hin, schaut auf die Uhr, versucht Bier zu trinken. Zwischen diesen »stummen« Aktionen haut er immer wieder auf ein Instrument, legt eine Nummer als Flamencotänzer ein, kippt die Pauke um und so weiter. Das Ganze dauert knapp 2½ Minuten. Der Alltag mit seinen banalen Gesten verbindet sich in rhapsodischer Geschwindigkeit mit einer verhauenen Musik vor den kulissenhaften Orchestertönen des Ensembles. Alltag, Zitat und Musikerleben mixen sich zu einem anarchistischen Spektakel, über das am Schluß Valentin erschöpft aber siegessicher seinen Bierkrug hebt.

Die bisherigen Untersuchungen zu Valentins Auftritten als Berufsmusiker erfaßten diesen Typus vor allen Dingen unter einem soziologischen Aspekt. Axel Hauffs zur Szene »Tingeltangel«:

Das Desinteresse der Musiker an dem zu vollbringenden Kunstwerk ist offensichtlich, überrascht aber nicht, wenn man sich der Äußerung Brechts erinnert: Sie spielen für Geld und trachten danach, ihren Lohn mit minimalem Aufwand zu bekommen.[41]

Ähnliches schreibt früh schon Tucholsky:

Er ist eine kleine Seele, dieser Bläser, mit Verbandsorgan, Tarif, Stammtisch und Kollegenklatsch. Er ist ängstlich auf seinen vereinbarten Verdienst und ein bißchen darüber hinaus auf seinen Vorteil bedacht.[42]

Das ist sicher richtig. Valentin selbst gibt immer wieder Hinweise, die eine soziologische Betrachtung nahelegen. Doch gerät auf diese Weise der musikalische Aspekt der Szenen zu sehr in den Hintergrund. Denn im Gegensatz zu der »Orchesterprobe« Fellinis, die zu einer soziologischen, politischen Interpretation geradezu verführt, welche aber von Fellini abgelehnt wird[43], ist in Valentins »Orchesterprobe« die sonderbare Einmütigkeit der Agierenden irritierend. Die sozialen Gegner handeln miteinander: Valentin hält nach dem Stimmen der Pauke dem Dirigenten den Schlägel an das Ohr. Dieser nickt nach kurzem Hören. Der Ton stimmt.

Einig sind sich auch die Protagonisten des Films »So ein Theater«[44]. Valentin ist Musiker in einem Varieté. Vor und während des Auftritts der beleibten Sängerin gibt es Schwierigkeiten mit dem Bühnenvorhang. Ist der Schaden scheinbar behoben, beginnt die Sängerin, begleitet vom Orchester, ihr Lied. Doch der Vorhang rutscht immer wieder herunter und bedeckt teilweise den Leib der Sängerin. Schließlich kommen die Handwerker und beginnen den Vorhang während der Vorstellung zu reparieren. Doch stellt das keinen Bruch dar. Die Sängerin singt unbeirrt weiter, das Orchester begleitet, der Dirigent dirigiert, die Handwerker klopfen, hämmern und laufen auf der Bühne umher, der neugierige Valentin geigend hinterher: alles ganz selbstverständlich, ohne Übertreibung. Die Zeit der musikalischen Aufführung vermischt sich mit der Zeit einer handwerklichen Reparatur und ihren spezifischen Geräuschen. Der Unterschied von Kunst und Handwerk hebt sich in einer musikalischen Szenerie auf. Alles Theater.

Der Einbruch des Alltags in die Musik löst bei Valentin keine Konfrontation aus. Der Alltag wird integraler, voraussetzungsloser Bestandteil, wird Musik selbst in der theatralischen Aktion, was indes nicht bedeutet, daß Alltag und Kunst ein versöhnliches Fest feiern. Die Annäherung kommt im Gewand der Komik und des Lachens daher und geht auf Kosten der Musik und des Alltags. Ähnliche Beobachtungen macht Dieter Schnebel bei Aufführungen »dadaistischer« Musik.

Der Witz beruht auf dem Unerwarteten, das da plötzlich begegnet, und nicht so sehr auf dem Spaß, den diese Musik zuweilen auch macht. Sie klingt selten so heiter, wie sich's ansieht – wo's optisch zum Lachen hat man akustisch nichts zu lachen... Daß es jedoch bei Aufführungen neuer Musik öfter lustig zugeht, ihr Ernst also überhört wird, läßt auf ein Mißverständnis schließen. Der Witz, der in ihr entsteht, wird ernst genommen – nämlich als Spaß, als der er höchstens in zweiter Linie gemeint war. Immerhin notiert die da ausbrechende Heiterkeit ein Unverhofftes, Neues, das wirklich komponiert ward.[45]

Karl Valentin hat es im Unterschied zu den Dadaisten auf das Lachen angelegt. Doch ist es ein Lachen, das häufig im Hals stecken bleibt. Denn in der Einmütigkeit der Agierenden liegt das Manische, etwas einmal akzeptiertes unerbittlich zuende bringen zu müssen.

Die Aufhebung der Bannmeile zwischen Alltag und Kunst, die Valentin auf der Bühne praktiziert – also im Bereich von Kunst –, wird besonders evident in seinen Soloauftritten. Es ist die Geste des Musikers, die hier wiederum etwas Unerwartetes bringt.

Habitus und Kleidung dieser Solisten besitzen etwas von den musikalischen Karikaturen Wilhelm Buschs oder Gerard Hoffnungs[46]. Aber es ist auch eine spürbare Gemeinsamkeit mit den musikalischen »Sonderlingen« der Literatur zu finden. So etwa kann man sich E. T. A. Hoffmanns Rat Krespel und Ritter Gluck oder Grillparzers »armen Spielmann« vorstellen, die die Kluft zwischen Musik und Alltag, Kunst und Gesellschaft nicht überwanden, sondern an ihr zugrunde gingen, sei es an der Dämonie der Musik bei Hoffmann, sei es an der Trösterin Musik bei Grillparzer[47]. Valentin macht diesen Konflikt bühnenwirksam. Er benutzt ihn für sich als einer, dem der Glaube an die Kraft der Musik verloren gegangen ist. Das ist vielleicht schmerzender, als die Tragik jener »Sonderlinge«. »Nur« Berufsmusiker, will er sich seinen Lohn einspielen. Aber noch nicht einmal das funktioniert.

In dem Film »Ein verhängnisvolles Geigensolo« versucht Valentin als Virtuose »Das Meer von Schuckert« zu spielen.[48] Hausenstein beschreibt den Bühnenauftritt:

Valentin kam, sich auf die eigenen Füße tretend – kam und wartete, wartete. Er hatte den Schlüssel zum Geigenkasten vergessen. Stand und stand...[49]

Nach meisterlichen Verlegenheitsgesten[50] wird endlich ein zu großer Schlüssel gebracht. Es stellt sich aber heraus, daß der Geigenkasten nicht abgeschlossen war. Hausenstein fährt fort:

Nun aber begannen erst die eigentlichen Schwierigkeiten. Das Notenpult war nicht in Ordnung, wurde mit einem Hammerschlag zertrümmert, der es hätte reparieren sollen, und mit dem Notenpult war der Daumen zerquetscht. Es kam die endloseste aller Mullbinden, der Daumen wurde zusammen mit dem Geigenbogen eingewickelt – und so fort: es ist nicht auszumalen, was alles sich nun noch ineinander verheddterte, mit welcher höllischen Geschwindigkeit es geschah, mit welcher teuflischen Genauigkeit die scheinbar unwillkürlichste Komplikation sich zusammenzog. Endlich entwirrten sich die Verschlingungen so weit, daß der Unselige ›Das Meer‹ von ›Schuckert‹ hätte beginnen können – da trat der Gerichtsvollzieher über die Schwelle, die Geige zu pfänden.[51]

Das Scheitern des Kunstmachens führt zu einer neuen Kunst, in der jenes Scheitern selbst zum Thema wird. Die Musiklosigkeit läßt im Kampf mit den Dingen eine neue Musik entstehen, die Geräusche, Schweigen und Stimmen zum Sprechen bringt.

»Musik interpretieren (heißt): Musik machen« lautet ein geflügeltes Wort Adornos.[52] Im Konzert des Alltags könnte es heißen: Alltag interpretieren heißt: Alltag machen.

Einmal macht Valentin wirklich Musik:

Dann will er »Liebesperlen« spielen, kramt zerknüllte Notenfetzen aus der Tasche, mißt mit dem Meterstab Noten und Instrumente nach, als die ersten Akkorde ziemlich schräg klingen und beginnt erneut zu spielen. Nun kommt er ziemlich souverän durch das Stück, dann geschieht die Katastrophe: er verfängt sich offensichtlich zwischen den Wiederholungszeichen der letzten Notenzeile, spielt bis kurz vor dem Schlußakkord und setzt erneut mit der Coda an, immer wieder und wieder, er findet kein Ende mehr. Der Vorhang senkt sich und hebt sich wieder: da sieht man den armen Zithervirtuosen mit inzwischen wallendem grauen Bart noch immer spielend; noch immer in den Wiederholungszeichen der Coda gefangen findet er kein Ende mehr.[53]

Die Verzweiflung an der Musik in der Musik wird lebenslänglich. Es bleibt die Wiederholung des immer Gleichen, die uns Nachgeborenen als Radiohörer, im Supermarkt, auf dem Flughafen zum musikalischen Alltag geworden ist und deren bloße Tautologie lautet: Musik ist Musik ist Musik...

Der Sammler

> ... und unter der Täucherglocke
> einer heftigen Idee — sei es eine
> fixe oder eine leidenschaftliche
> oder eine wissenschaftliche —
> stecken wir beschirmt vor dem
> ganzen äußern Ozean.
>
> *Jean Paul*

Karl Valentins Welt ist ebenso vielschichtig wie vieldeutig. Sein Lebenswerk erschöpft sich nicht in seiner Rolle als Komiker. Er hinterließ Dokumente eines reichen und intensiven Lebens, die mit der nahezu ausschließlichen Rezeption des Schauspielers Valentin in Vergessenheit geraten sind: das Orchestrion, das Panoptikum und die Objekte seiner Bastel- und Sammelleidenschaft.

Diese letzte Passion hatte sicherlich ihren Ursprung in seinem Interesse an der eigenen Person.[1] Familienchronik, Plakate, Fotografien, Ankündigungen, Zeitungsausschnitte bildeten den Grundstock seiner Sammlung. Dies ist nicht ungewöhnlich und allgemeiner Usus bei Künstlern, insbesondere bei Theaterleuten, die auf diese Weise die Einmaligkeit einer Aufführung vor dem Verschwinden bewahren wollen.

Doch Valentins Sammlung expandierte. Er stellte sich und sein Werk in den Kontext der immer stärker bedrohten Alltagskultur, in der er aufgewachsen war. Ein Verzeichnis aus dem Jahr 1939 gibt einen Einblick in die Sammlung seit 1905.

1. Das Münchner Volkssängertum (ca. 1225 Originalphotos) von verstorbenen und heute noch lebenden Volkssängern und Volkssängergesellschaften.
2. Sämtliche Münchner Vergnügungsstätten wie Theater, Varietés, Kabaretts, Zirkusse, Panoramas etc. seit ungefähr 1600.
3. Die alte Stadt München um 1860 mit noch nie gezeigten Originalphotographien.
4. Die alte Stadt München um 1860 in 200 farbigen Glas-Diapositiven für Lichtbildervorträge.

5. 150 Steroskopbilder Alt-München von 1850-1900, welche in einem automatischen Guckkasten besichtigt werden können.

6. Münchner originelle Persönlichkeiten, sogenannte Stadtoriginale, vom 17. Jahrhundert bis heute, in Photos und Zeichnungen und in farbigen Diapositiven mit Text zu Lichtbildervorträgen.

7. Sammlung sämtlicher in Hammers Panoptikum, Neuhauserstraße, von 1893-1908 ausgestellten Gegenstände und Abnormitäten.

8. Ansichtspostkarten-Sammlung von 1880-1910 (Extra Kitsch-Postkarten, Ausstellungszwecke).

9. Ein Kitschpostkarten-Album über König Ludwig II.[2]

Die komplette Sammlung war innerhalb der Schwerpunktgebiete in einzelne Themenbereiche untergliedert, die in Alben zusammengefaßt waren: Hofbräuhaus, Schichtl, Hochwasserkatastrophen, Volksgarten, Nymphenburg, Apollotheater, Schäfflertanz usw.[3] Daneben existierte noch eine Briefmarkensammlung[4] und eine Erotika-Sammlung.

Seine Pornobilder-Sammlung war sehr amüsant, weil sie zugleich ein Stück Sitten- und Kulturgeschichte verkörperte. Es waren ja Fotos aus allen Jahrzehnten, »Damen« in den verschiedensten erotischen Stellungen und Situationen...[5]

Es ist heute leider unmöglich, sich einen Überblick über die vollständige Sammlung zu verschaffen. Auseinandergerissen befindet sie sich an verschiedenen Orten: in Paris, Berlin, im Stadtarchiv München[6], im Valentin-Musäum München und im Theater-Museum der Stadt Köln. Den wohl größten Fundus besitzt das Stadtarchiv München. Valentin hatte ihm unter Querelen einen bedeutenden Teil seiner Sammlung verkauft. Doch leider wurde dieser mit dem Archivbestand vermischt, so daß heute nur unter Schwierigkeiten eine Rückschau vorgenommen werden kann.[7]

Richard Bauers Publikation, die ausdrücklich auf die Sammlung Valentins zurückgeht, stehen zahlreiche Veröffentlichungen gegenüber, die das Bildmaterial ohne Quellenangabe verwerten: über Gastronomie, Panoptiken, Münchener Originale, Volkssänger, Städtebilder auf Postkarten.[8] Das Valentin-Musäum veranstaltet laufend thematische Ausstellungen aus seinem Besitz.[9]

Erst wenn es gelänge, alle Teile zusammenzuführen, wäre es möglich, die Sammlung angemessen zu würdigen. Dann könnte sich der Effekt der Einmaligkeit einstellen, den ein Zeitgenosse Valentins beschreibt.

Sein Heim nämlich gleicht mehr einem Museum als einer Wohnung. Kisten und Kasten, alle Ecken und Winkel sind vollgepfropft mit Sammlungen von Karl Valentin. Was ungeordnet scheint, ist in Wirklichkeit in eine mustergültige Ordnung gebracht, alles nach großen Gesichtspunkten geordnet. Und jeder Kasten enthält ein Stück Münchener Geschichte. Man kann in diese Sammlungen hineingreifen wo man will, sie sind überall interessant.[10]

Damit die Sammlung nicht ausufert, legt sich Valentin Beschränkungen auf. Diese mindern ihren Wert allerdings nicht, sondern erhöhen ihn.

Valentin konzentriert sich thematisch auf die Stadt München und ihre Umgebung. Innerhalb dieses Schwerpunktes nimmt er eine weitere Eingrenzung vor. Nicht die offizielle Hochkultur, wie sie sich in den Museen, Repräsentationsbauten und künstlerischen Produkten manifestiert, interessiert ihn. Er sammelt Dokumente einer Kultur, die ihn unmittelbar berührt, aus der er seine Kraft schöpft. Sein Ziel ist es, eine Vergangenheit aufzuspüren und zu dokumentieren, die mit der Explosion des Neuen und der ständigen Verfeinerung der Medien in Vergessenheit zu geraten droht. Valentins für die Veränderung der äußeren Welt wache Augen registrieren nicht nur den Verlust der unterschiedlichen Formen des Brauchtums wie Jahrmarkt, Volkssängerbühnen, Panoptiken usw., sondern auch die Wandlungen in der Stadtlandschaft, mit denen alte und gewachsene Bausubstanz dem Straßenverkehr und den zeitgemäßen architektonischen Ideen der Neuen Sachlichkeit oder des nationalsozialistischen Bauens weichen mußte.

Valentins Aufarbeitungen der Alltagskultur begegnen wir mit großer Sympathie, da sie heute sowohl von den Wissenschaftlern wie von den Künsten betrieben werden. Die wissenschaftlichen und essayistischen Untersuchungen von Benjamin, Kracauer, Sternberger, Lefèbvre, Heller u. a.[11], das verstärkte Interesse an Kulturanthropologie und europäischer Ethnologie,[12] die Aufarbeitung der »Volkskunst« – ein Begriff, der Mißverständnissen ausgesetzt ist –

wie sie sich in Ausstellungen und Zeitschriften manifestiert,[13] lassen sich subsumieren unter dem Schlagwort »Spurensicherung«, das zunächst eine künstlerische Methode seit dem Anfang der 70er Jahre bezeichnet, die kunstwissenschaftlich, anthropologisch und gattungsübergreifend sich dem Alltag nähert.

Es soll etwas über den Menschen ermittelt werden, das die Wissenschaft wegen ihrer Spezialisierung und beweisabhängigen Rationalität nicht erarbeiten kann: eine Schärfung des Sinnes für die Zusammenhänge von Leben, Zusammenleben, Zeit und Imagination.[14]

Die Methoden dieser künstlerischen Richtung sind dem Gegenstand des Forschens angemessen.[15] Der Bogen spannt sich von der archäologischen Rekonstruktion (Poirier) über die fotografische Dokumentation (Didier Bay, Le Gac) bis hin zu Ausstellungen von Nachlässen (Boltanski) und zur Gründung eigener Museen (Costa). Wohlgemerkt handelt es sich bei diesen Arbeiten nicht um Wissenschaften, Völkerkunde, Ethnologie. Sie sind im wesentlichen fiktiv, Kunstwerke und werden auch dementsprechend präsentiert. Ihr fiktiver Charakter wird nicht selten durch einen begleitenden Text bestätigt, der sich die narrativen Elemente eines Objekts zueigen macht.

Ausgangspunkt dieser Arbeiten ist die Erweiterung des Museumsbegriffs, der sich einerseits im revolutionären Werk Duchamps[16], andererseits in den verschiedenen »stillen« Museen[17] – Heimat-, Kriminal- und Spezialmuseen – finden läßt. Das Museum rekapituliert nicht mehr vornehmlich Meisterwerke des kulturellen Erbes oder Exotisches aus fernen Ländern. Es wird zum Ort der visuellen Erfahrung des Alltags, sei es durch Dokumente, sei es durch künstlerische Aktivität.

Einige Spurensicherer gehen in ihrer Kunst-wissenschaftlichkeit noch weiter. Sie werden Sammler und gründen mit ihrem Fundus eigene Museen.

Es sind lauter persönliche Museen, die zusammengenommen ein neues »Musée de l'Homme« ergeben, allerdings ein Museum ohne Geschichte. Denn unter der soziologischen, ethnographischen und archäologischen Mimikry gilt es die Unterschiede zum wissenschaftlichen Denken ins Auge zu fassen, die wissenschaftliche Fiktion zu entlarven bzw. als operativ einzustufen. Der Künstler ist nicht an historischer Genauigkeit und schon gar nicht an objektiver Wiederherstellung oder Wiedergabe interessiert. Er geht allein von sich aus, wählt den Ausschnitt und die Technik. Er zieht sich hinter die Anonymität des Forschers zurück, um seinen persönlichen Ansatz desto ungestörter und präziser auszuarbeiten.[18]

Diese Künstlermuseen[19] haben zwar formal einiges mit den offiziellen gemein, sind aber keine »Erdbegräbnisse von Kunstwerken«, wie es Adorno formuliert,[20] sondern gehen über sie hinaus. Sie widersetzen sich der von Paul Valéry beschriebenen, automatisch einsetzenden oberflächlichen Betrachtung durch den Besucher.

Was alles diese Tausende von Stunden hervorgelockt haben, die so viele Meister aufbrachten, um zu zeichnen und zu malen, wirkt in einigen wenigen Augenblicken auf unsere Sinne und auf unseren Geist – und diese Stunden waren doch eine jede selbst bis zum Rande voll mit Jahren des Suchens, des Erfahrens, des Wachseins, des Genies befrachtete Stunden!... Da müssen wir notwendig erliegen. Was tun? Wir werden oberflächlich.[21]

Künstlermuseen dagegen geben den Objekten ihre Veranlagung zur Narration zurück, sie poetisieren sie. Ihre Methode ist nicht die Häufung der Objekte, sondern die Reihung unter einem thematischen Gesichtspunkt. Visuellen Essays vergleichbar, bewegen auch sie sich auf dem schmalen Pfad zwischen Wissenschaft und Kunst.

Dieser Überblick heutiger Formen musealen Denkens soll neben dem Interesse am dokumentarischen Wert der Sammlung Valentins den künstlerischen Aspekt vermitteln, den ich für wichtig halte, gerade weil Valentin keine Gegenstände der Alltagswelt gesammelt hat, die ein Heimatmuseum bereichern könnten, sondern fotografische Abbildungen.

Die Ausschließlichkeit der Fotografie prägt die Sammlung. In einem Aufruf aus dem Jahr 1934 heißt es:

Also nochmal: keine Ölgemälde, Zeichnungen, Aquarelle, Kupferstiche usw., sondern nur Photografien und Ansichtskarten von Altmünchen.[22]

Valentins Rekurs auf die volkstümlichen Medien des 19. Jahrhunderts, der schon in seinem musikalischen Schaffen immer wieder beobachtet werden konnte, bekommt mit seiner Sammeltätigkeit eine neue Dimension. Hier geht es ihm nicht mehr um Zerstörung oder Veränderung, sondern um Bewahren und Horten. Valentin:

Wenn man die städtischen historischen Sammlungen, wie im Stadtmuseum am Jakobsplatz und das Stadtarchiv in der Winzerstraße, so genau durchwühlt wie ich, so bemerkt man, daß zwar aus den früheren Jahrhunderten viel mehr Material an Bildern vorhanden ist, als gerade aus der Zeit von 1850-1900. Diese obengenannte Zeitspanne 1850-1900 ist noch dazu die Zeit der Photographie und trotzdem hat man es leider versäumt, viele alte, der Neuzeit zum Opfer gefallene Stadtmauern, Türme, Gebäude etc. vor dem Abbruch im Bilde festzuhalten. Man könnte solche Menschen, die ein altes ehrwürdiges Haus abreißen lassen oder den Auftrag dazu erteilen, nur Idioten nennen, wenn sie es unterlassen, von einem solchen Immobil vorher noch ein Bild anzufertigen. Gerade München hat in dieser Weise von allen deutschen Städten am meisten gesündigt. Die einzige Entschuldigung, die es dafür gibt, ist vielleicht ›das Bier‹, für welches die damaligen Stadträte mehr Interesse hegten, als für die alten Häuser dieser Stadt. Meine Aufgabe ist es nun, die noch im Privatbesitz befindlichen Photos zu gewinnen und zu einer Sammlung zu vereinigen, in welcher ich die Stadt München wieder aufbaue, aber nicht in Stein, sondern in Papier, um dadurch unseren Kindern und Kindeskindern zeigen zu können, wie es vom 18. bis zum 19. Jahrhundert in München ausgesehen hat. Mit Unterstützung von einigen Münchner Historikern hoffe ich, mein Vorhaben zu verwirklichen, der Anfang ist gemacht.[23]

Dies ist die wohl wichtigste überlieferte Äußerung Valentins zu seiner Sammlung. Die Vehemenz, mit der sie vorgetragen wird, verdeutlicht neben der Besessenheit des Sammlers auch sein historisches Bewußtsein, denn in der genannten Zeitspanne erfolgten »die spürbarsten Eingriffe in die gotische und barocke Bausubstanz Münchens«.[24]

Auf der Suche nach einer verlorenen Realität war Valentin die Fotografie das unmittelbare Medium, wobei es ihm gleichgültig war, ob es sich um ein Meister- oder Laienfoto handelte.[25] Was zählte, war das Dokument, nicht ein künstlerischer Wert.

Siegfried Kracauer siedelt historische und fotografische Realität in einem »Vorraum« der »letzten Wahrheiten« an, wie sie von der Philosophie oder der »eigentlichen Kunst« angestrebt werden.[26] Er schreibt:

Ich habe in der »Theorie des Films« ausgeführt, daß die photographischen Medien uns helfen, unsere Abstraktheit dadurch zu überwinden, daß sie uns tatsächlich zum ersten Mal mit »dieser Erde, die unsere Wohnstätte ist« (Gabriel Marcel) vertraut machen; sie helfen uns, durch die Dinge zu denken, anstatt über ihnen. Anders gesagt, die photographischen Medien erleichtern es uns, die vergänglichen Phänomene der äußeren Welt einzuverleiben und sie derart der Vergessenheit zu entreißen. Ähnliches wäre auch über die Geschichte zu sagen.[27]

In diesem Vorraum befindet sich Valentins Sammlung. Sein Desinteresse gegenüber dem künstlerischen Material und der professionellen Qualität der Fotos macht sie zu einer historiographischen Dokumentation. Der Streit, ob Fotografie Kunst sei, ob sich durch eine außergewöhnliche Optik die Sicht auf den Alltag verfeinern oder überhöhen läßt, eine Realismusdebatte berührt Valentin nicht.[28] Er ist zunächst ausschließlich Sammler, der keine Kosten und Mühen scheut, sein Material zu vervollständigen. Diese Tätigkeit involviert Besessenheit, ein Jagdfieber, das sich erst mit dem gesicherten, angeeigneten Fundstück beruhigt. Valentin gab Suchinserate auf, kreuzte mit dem Taxi durch die Stadt und zahlte nicht unerhebliche Summen.

Ob er wieder glücklich zurück ist von seinem Eroberungszug? Wir brauchen die Frage nicht zu stellen. Ein Blick auf den Tisch, an dem er mit seiner großen Lupe in der Hand vor ausgebreiteten Lichtbilder-Reihen sitzt, gibt uns die Antwort. So ganz und so glücklich in seinem lieben München ist zur Stunde kein zweiter Münchner. Sein mit dem Vergrößerungsglas bewaffnetes Auge sucht die einzelnen Bilder nach Einzelheiten ab, die ihm bisher entgangen sein könnten. Und schon sitzen wir daneben und dürfen mitsuchen.[29]

Der Sammler befindet sich in einem Wechselbad von Unruhe und Ruhe, Gier und Befriedigung. Daraus entsteht bei Valentin ein »imaginäres Museum« der Alltagskultur.

André Malraux, der diesen Begriff prägte, sah in diesem Museum die Chance der Vereinigung der Kunstwerke aller Länder mittels fotografischer Reproduktionen, die es erlauben, Studien zu betreiben ohne großen Reiseaufwand, das Entlegene mit dem Nahen zu konfrontieren und so gleichsam die Kunst zu demokratisieren[30], wie es Adolphe Braun in Frankreich schon seit 1862 praktizierte.[31] Die Möglichkeit eines imaginären Museums der Alltagskultur stand bei Malraux noch nicht zur Debatte.

Begreift man die Fotografie nicht nur als Medium der Reproduktion, sondern auch der Dokumentation, »als Beweisstücke im historischen Prozeß«, wie Benjamin zu den Fotografien Atgets bemerkt[32], läßt sich das imaginäre Museum auf den gesamten Bereich der Fotografie ausdehnen.

Die Fotografie hat mit dem Museum die innere Tendenz zur Serie gemein. Atget, Zille, Bloßfeldt, Sander, Zola und andere[33] dokumentieren Ausschnitte der Welt als Serie, ermöglichen innerhalb der Serien Vergleichungen – wie in einem Museum – und produzieren »Taschenmuseen« der Plätze und Orte, der Pflanzen, der Menschen und ihrer privaten Geschichte.

Kein Medium ist der Absicht des Sammlers fügsamer als die Fotografie... Dieser Spielraum von Möglichkeiten, den die Fotografie im Hinblick auf die Zusammenstellung von Sammlungen bietet, hat der Fotoserie eine unübersehbare Beliebtheit unter den Fotokünstlern eingebracht. Damit meine ich nicht die traditionelle Fotoserie, die ihren Seriencharakter durch die Wahl des Aufnahmeortes, des dokumentierten Geschehens oder des Bucheinbandes erhielt, auch nicht die Sequenz, die eine der seriellen Fotografie vergleichbare experimentelle Aneignung der Fotografie für künstlerische Zwecke darstellt. Serielle Fotografie entsteht durch eine Festlegung des Motivs, wobei die Ergebnisse der daraus entstehenden Sammlung nicht abzusehen sind.[34]

Karl Valentin selbst hat kaum fotografiert.[35] Er war Sammler; und als Sammler ordnete er seine Fundsachen zu fotografischen Serien in Alben. Mit jedem Album, jeder Serie betrat man einen neuen Raum des imaginären Museums, wurde ein bestimmter Aspekt des Generalthemas München im Abbild einsehbar, das sich hypothetisch mit den anderen imaginären Museen verknüpfen ließe und so wiederum als Serienteil eines gigantischen Museums der Welt in Abbildungen denkbar wäre.

Als Abbild noch nicht »letzte Wahrheit«, hält sich die Fotografie in ihrem »Vorraum« auf und kann sich von dort in zwei Richtungen bewegen: Historiographie und Kunst. Beide waren Valentin vertraut, wie es die oben zitierte Äußerung belegt.

Seine Historiographie erfolgt durch das Sehen mit dem bewaffneten Auge, mit der Lupe. Er sucht seine Fundstücke nach den Resten verschwundener Alltagskultur und Architektur ab. Wie der Insektenforscher Fabre entziffert er das Kleine, scheinbar Unbedeutende.[36] Durch diese Tätigkeit kann er das Material in größere Zusammenhänge bringen und in Serien ordnen. Die restlose Aufarbeitung der Serien wollte er jedoch den Historikern und Archivaren überlassen. Er vermied es, auf diesem Gebiet zu dilettieren und seine Freude an der Spurensicherung mit Spezialistentum zu verquicken. So blieb er ein moderner Abenteurer, der sich nicht in der Ferne bewährt, sondern in der Nähe; ein doppelter Flaneur der Großstadt, der tagsüber auf der Bildersuche unbekannte Orte seiner Heimat durchforstete und abends allein mit seinen Freunden ihre verschwiegenen Botschaften zu enträtseln suchte. Valentin ist in erster Linie Bilderleser. Das mit seiner Sammlung verbundene wissenschaftliche Forschen möchte er den Fachleuten überlassen. Ihn fasziniert die Physiognomie der Dinge in ihrer erstarrten fotografischen Repräsentation. Sein Ausgangspunkt ist jedoch nicht allein die historische Faktizität; er liegt auch im narrativen Moment des Dokuments: in der Erzählung des Findens und in der Erzählung des Fundstücks selbst: »Da, schau'n S' her!«[37]

Also nicht allein die abstrakte Faktizität zieht Valentin an. Es ist die Poesie der Bilder als fixierte Repräsentation ohne Anspruch auf ästhetische Qualität, wie sie Movens ist für die Erzählungen des Xavier de Maistre, in dessen zu Unrecht vergessenen »Zwei Reisen um mein Zimmer« Bilder und Dinge die Basis für Digressionen, Erinnerung und Reflexionen aller Art bilden.[38] Die Dinge im Innenraum des Zimmers sind Ausgangspunkte für eine Betrachtung der äußeren Welt. Der Sehende entläßt die Dinge aus ihrem Funktionszusammenhang und begibt sich auf die Reise der Imagination. Dinge und Bilder von Dingen beginnen zu reden. Diese Magie, die in allen Dingen und Abbildungen von Dingen steckt, kann durch Aneignung erfahren werden, durch das Sehen und Berühren. In der Konfrontation mit der eigenen, persönlichen Geschichte des Künstlers/Sammlers verlieren Dinge ihre Anonymität, werden sie Anlaß von Diskursen.

Das Bild der Welt als Bilderwelt, wie es die Fotografie vermittelt, besitzt den Vorteil der Starre. Es verändert sich nicht ständig, wie die wirkliche Welt oder der Film. Es ist immer schon gefrorene Geschichte, die mit nach Hause getragen werden kann.

In der »Poetik des Raumes« von Gaston Bachelard steht folgende Bemerkung:

Der Mann mit der Lupe streicht ganz einfach die vertraute Welt aus. Er ist ein frischer Blick vor einem neuen Objekt... Die Miniatur ist ein Fundort der Größe.[39]

In Valentins »Museum ohne Mauern« lagern sich die fotografischen Miniaturen. Der Mann mit der Lupe liest in ihren Details. Sei erzählen ihm von der Vergangenheit, die ihm mit jedem Bild neu erscheint. Die Erzählung des einen Bilds trifft sich mit den Erzählungen der anderen. Die Vergangenheit wird in der Erinnerung und in der Serie lebendig. Die Besessenheit des Sammlers treibt zur Vervollständigung der Serie, mit der Utopie, das alte verlorengegangene München wieder aufzubauen, »aber nicht in Stein, sondern in Papier«.

Verweist die fotografische Miniatur auf das Ganze, so ergeben alle Miniaturen zusammen die Welt en miniature.

Valentin ist der Künstler-Sammler, der sich durch das Mittel der Spurensicherung die Vergangenheit in die Gegenwart holt. Er ist nicht Künstler als Fotograf, wie Atget, der fotografische Archäologe von Paris, sondern Künstler als Sammler.

Sammler sind Wanderer, die Blick haben für die Geschöpfe unserer Kultur, die etwas verloren am Wege liegen. Ihre »Verhältnisse« verraten eine durchaus »praktische Natur«; sie lassen sich nicht leicht von etwas abbringen. Dadurch gestaltet sich der »Individualismus« des Sammelns zu einer Vorführung von Können, – und Können-Können ist der Witz von Kunst.[40]

In ähnlicher Weise wie Valentin sammelte der Schriftsteller Peter Altenberg. Auch ihm ging es um Fotografien, allerdings nur als Ansichtskarten, von denen er 1500 in zwei japanischen Lackkassetten hortete[41]. Er nannte sie seine »herrliche Bildergalerie«[42].

Es sind ausschließlich photographische Aufnahmen von Landschaften, Frauen, Kindern und Tieren.[43]

Der Fixpunkt seiner Sammlung lag jedoch nicht in der Dokumentation. Seine Leidenschaft nährte sich aus dem Medium Postkarte und der Faszination, die von dieser Welt en miniature ausging. Bei ihm stand das narrative, poetische Element der Ansichtskarte im Vordergrund. Er kommentierte seine literarischen Einfälle zu den einzelnen Motiven auf der Vorder- oder Rückseite. Zudem waren sie Inspirationsquelle für seine Dichtungen, wie es Gert Mattenklott kürzlich am Beispiel der Texte für die Orchesterlieder Alban Bergs beschrieb.[44]

Auch für den Komiker Valentin hatte das Sammeln eine praktische Bedeutung. Das sollte nicht übersehen werden. Er konnte aus seinem Bildmaterial Anregungen für Maske und Requisite beziehen.

So sammelte er auch alles, was ihm als Bildvorlage und Idee für künftige Szenen und Filme geeignet erschien. Er besaß eine Kartei mit Postkarten und Ausschnitten aus den »Fliegenden Blättern« oder den »Meggendorfer Blättern«, die er auf Karton aufgezogen hatte. Jede Karteikarte besaß ein Thema: Bartträger, Clowns, groteske Physiognomien, Rückenansichten, Disputierende in einer Mischung aus Karikatur und Fotografie.[45]

Die Systematik der Tafeln erinnert an den »Bildatlas« Aby Warburgs.[46] Dieses unvollendete »work in progress«[47] collagiert auf großen Tafeln Abbildungen von Kunstwerken, Stichen und Fotografien, deren Zusammengehörigkeit durch die formalen Gemeinsamkeiten der einzelnen dargestellten Gebärden, Haltungen, »Pathosformeln« motiviert ist: ein »Archiv« der »sozialen Erinnerung«[48] von der Antike bis heute. Das »Aussprechen sprachlos gewordener Leidenschaften«[49] ist aber nicht allein der klassischen Kunst vorbehalten.

In den Kleinwelten des Bildatlas tritt das Periphere, Subkulturelle, Abgelagerte, Ge- und Verbrauchte mit vollem Mitspracherecht auf.[50]

Warburgs Collageverfahren, das ihn gewissermaßen in die Nähe des Dadaismus rückt[51], läßt seinen Bildatlas zu einem kunst-wissenschaftlichen Produkt werden, ähnlich der Vorlagenkartei Valentins. Beide collagieren das unterschiedliche Bildmaterial aufgrund einer inneren Logik, und beiden dienen die Tafeln dem Studium: dem einen zur ikonographischen Untersuchung abendländischer Bildtraditionen, dem anderen zur Darstellung des grotesken, verzerrten Menschenbilds auf der Bühne und im Film.

Valentins Vorlagenkartei zeigt seine Liebe zum Detail, zur Aufarbeitung möglichst vieler und genauer Beobachtungen, die den Realismus seiner Szenen und Stücke bestimmen. Zwei seiner ersten Filme sind bewegte Nachstellungen Münchener Bilderbogen von Reinicke aus dem Jahr 1891.[52] Eine genaue ikonographische Untersuchung seiner Vorbilder und Vorlagen steht noch aus, dürfte aber interessante Einblicke in die Werkstatt des Komikers verschaffen.

Ein weiteres künstlerisches, dadaistisches Verfahren wendet der Sammler Valentin an, wenn er schon früh beginnt, eigenmächtig mit Hilfe seines Mitarbeiters Ludwig Greiner, die Fotos mittels Montage zu verfälschen.

Wenn »unvollkommene« Aufnahmen – gemeint sind hier insbesondere öde Biergärten und leere Wirtshäuser – hinter der persönlichen Erinnerung zurückstehen und zu wenig Atmosphäre vermitteln, wird das Ideal-Milieu manchmal durch geschicktes Überkleben mit anderen Bildausschnitten und durch Retuschen herbeigezaubert. Derartige Montagen sind für ihn nicht reduzierte, sondern vielmehr gesteigerte Wirklichkeit.[53]

Die Vergangenheit wird aufgefrischt, der Erinnerungswert strategisch manipuliert. Daß hier zumeist Volk hineinmontiert wird, zeugt von einem Horror vacui, dem ein Biergarten nichts gilt ohne seine Protagonisten, die Trinker. Das imaginäre Papiermünchen sollte auch seine vergangene Atmosphäre miterzählen. Es beschränkt sich nicht auf architektonische Monumente. Es zeigt seine Bewohner mit, die diese Steine mit Leben füllen: das Volk, die Volkssänger, die Sonderlinge und Originale.

Der Valentin-Biograph Michael Schulte spricht von der ablehnenden Haltung Valentins gegenüber der zeitgenössischen Avantgarde und zitiert seinen Beitrag in der Zeitschrift »Der Zwiebelfisch« aus dem Jahr 1926 zu einer Umfrage zur »geistigen Gestaltung Münchens«, die Valentin bitterböse beantwortet hatte.

Ob alte bayrische Volkssitten und Gebräuche noch bestehen oder abgeschafft werden, läßt sie (die Jugend, d. Verf.) kalt. Im Theater wird bis zum Ekel Expressionismus gespielt. Moderne amerikanische Radaumusik lockt zu perversen Tänzen – die deutschen Nationaltänze dienen nur mehr dem Spottgelächter. Die Bildhauerkunst scheint verboten zu sein – heute ladet man an irgendeinem Platz schwere Steine ab – und nennt sie dann – Denkmäler. Eingerahmte Farbenpatzen nennt man Gemälde, und zu (Franz von) Defregger und (Eduard) Grützner sagt man Kitsch.

Und wer heute behauptet, ›München sei noch Kunststadt‹, der ist auch schuld daran – daß es keine mehr ist. Motto:
Wie die Alten sungen,
so zwitschern – nicht mehr – die Jungen.[54]

Diese Worte mögen Valentin vielleicht als einen »stockkonservativen Kleinbürger« (Schulte) zu erkennen geben, der sich angesichts der modernen Welt an das »Trugbild der ›guten alten Zeit‹« (Schulte) klammert. Aber spricht aus ihnen nicht eher die Wut des Sammlers über eine Zeit, die die Vergangenheit mit wechselnden Moden, schnelleren Medien in immer größerem Tempo hinter sich läßt, jene Vergangenheit, in der er aufgewachsen war, die der Nährboden für seine Kunst war und der er spurensichernd nachging? Die »gute alte Zeit« war für Valentin sinnliche Realität, nicht »Trugbild«. Es ging ihm auch nicht um verlogene Nostalgie, um den Pathos der Kaiser, um einen vergangenen Prunk, sondern um die Alltagskultur, wie seine Sammlung zeigt. Dieses Bewußtsein belegt das Goethezitat, das er seiner Alt-Münchner-Photosammlung als Motto voranstellte:

Eine Chronik schreibt nur derjenige, dem die Gegenwart wichtig ist.

Der Ernsthaftigkeit dieses Mottos, das sich in einer seiner Sammlungskisten fand, entsprachen seine Versuche, aus der Einsamkeit des Sammlers auszubrechen und das imaginäre Museum der Öffentlichkeit zugänglich zu machen.

Dabei ist ihm das Sammeln und Bewahren niemals Selbstzweck, unermüdlich sinniert er auch über den volksbildenden Inhalt seiner Mappen und Kartons nach. So verfolgt er u. a. den Einfall, an besonderen Baudenkmälern und wichtigen Plätzen der Stadt Abzüge seiner Bilder anbringen zu lassen, um Wandel und Veränderung an Ort und Stelle vor Augen führen zu können.[55]

Valentin organisierte kleinere Ausstellungen, forderte eine Kartei aller Bestände Alt-Münchner-Photographien, quasi einen Verbund der imaginären Museen, und verkaufte Teile seiner Sammlung an eine öffentliche Institution, an das Stadtarchiv München.[56]

Die Sammlung schreibt eine Subhistoriographie im doppelten Sinn. Zunächst gebunden an die private Ordnung des Sammlers, wirkt sie, entlassen in die Welt der Archive, irritierend, da sie teilweise manipuliert ist und zudem den Alltag in die offizielle Kultur eindringen läßt. Das ist ihre subversive Politik.

Mit ihr hinterließ Valentin einen Schatz, dessen Wert erst heute in ihrer ganzen Dimension erfaßt wird. Des Abenteuers in der Ferne überdrüssig, beginnen wir, den Blick auf das Nahe, die Umgebung wieder zu schärfen. Provinz begreifen wir nicht mehr als negativ. Wir stellen fest, wie der Krieg und die nachfolgende Bautätigkeit in die Umwelt eingegriffen haben und klammern uns an die spärlichen Reste historischer Bauten. Aus Nostalgie wird mit Bürgerinitiativen und Denkmalschutz Politik. Es besteht daher um so mehr die Verpflichtung, Valentins Sammlung wieder der Öffentlichkeit zugänglich zu machen, wie es der Sammler selbst immer wieder angestrebt hatte. Es bleibt zu hoffen, daß Wolfgang Bauers Schritt in diese Richtung nicht nur eine einmalige Angelegenheit war.

... denn inzwischen beginnen auch die Archivare zu begreifen, daß es eben nicht genügt, Dokumenten- und Bilderschätze zu horten, sondern daß gerade die Vermittlung der Inhalte duch Publikationen und Ausstellungen ein unverzichtbarer Bestandteil ihres beruflichen Auftrags ist.[57]

1947 verfaßte Valentin eine »Zeitgemäße Betrachtung« unter dem Titel »Architekt ›Sachlich‹ will München neu aufbauen«, die bis heute leider noch nicht veröffentlicht ist, aber in der Valentin-Ausstellung 1982 gezeigt wurde. Sie besteht aus 22 Tafeln, die im zeichnerischen Vor- und Nachher mit einem Begleittext das alte München mit der negativen Utopie einer Fortsetzung der Bauweise der Neuen Sachlichkeit konfrontieren, personifiziert durch den Architekten »Sachlich«. Hier erweist sich Valentin als Prophet, der in den Trümmern des zerstörten München, die Bedrohung eines allzu leichtfertigen Gebrauchs des funktionalistischen Bauens erahnte. Dieses neue München, das wahrscheinlich sein Mitarbeiter Ludwig

Greiner zeichnete, steht unter dem Primat der Geometrie. Alles ist eckig und kantig: der Englische Garten, der Marienplatz, das Oktoberfest, der Friedensengel usw., selbst der Käse und die »Leberknedel«, und der Architekt »Sachlich« sieht aus wie ein Roboter.

Wo einst ein Gebäude stand, herrlich und schön
da sehn Sie heut' steinerne Kisten dort steh'n,
unförmig, geschmacklos, öde und tot
o schöne Stadt München – pfüat di Gott!

Die gezeichnete negative Utopie ist zur bundesrepublikanischen Realität geworden. Für München hat diese »zweite Zerstörung« Erwin Schleich dokumentiert.[58] Mit der Schnelligkeit und Notwendigkeit des Bauens in den 50er Jahren verwandelte sich der Architekt in einen Roboter, der mit kaum wahrnehmbaren Unterschieden immer den gleichen Typus eines mißverstandenen Funktionalismus auf dem Reißbrett plante und in Architektur umsetzte, die noch heute den schaurigen Teil unserer Städte ausmacht.

Aus diesem Grund forderte Bazon Brock Anfang der 60er Jahre in einem Manifest die zweite Zerstörung Deutschlands, allerdings nicht durch Abriß: »Krieg den Hütten – Friede den Palästen. Bitte um glückliche Bomben auf die deutsche Pissoirlandschaft!«[59] Valentin starb 1948. Man hat seine Mahnung nicht gehört. Wir leben weiter in den Städten, und ob der Postmodernismus ein Ausweg ist, diese Frage ist noch nicht ausbaldowert.[60]

Der Schauspieler

> Daß ein Mensch, der bereits das
> Diesseits verlassen hat, nicht nur
> im Jenseits, sondern auch im
> Diesseits und nicht nur seelisch,
> sondern genau wie er gelebt hat,
> weiterlebt, habe ich erst im Kino
> in einem älteren Film gesehen, in
> welchem ein vor Jahren verstor-
> bener Filmschauspieler seine Rol-
> le heute noch spielt. Es gibt also in
> unserer Gegenwart zwei Weiter-
> leben nach dem Tode: eines im
> Jenseits, und eines im Kino.
> *Karl Valentin*

Das Bild, das Valentin von sich und seiner Welt hinterlassen hat,
wird heute primär im Film vermittelt. Ausverkaufte Retrospektiven,
Wiederaufführungen und Fernsehausstrahlungen feiern ihn überregional als ein seltenes komisches Talent. Die Filmkritik rezensiert
seine Werke positiv, und in den Feuilletons findet sich immer häufiger neben »kafkaesk« das Kürzel »valentinesk« für Querdenken,
Sprach- und Situationskomik. Doch wird man – bei blinder Bewun-
derung – häufig nicht der Tatsache gerecht, daß Valentins Filmarbeit von vornherein unter einem schlechten Stern stand und daß
hier nur ein Fragment zu besichtigen ist.

In den vierunddreißig Filmen und Filmstücken, die das Filmmuseum (München, d. Verf.) bisher zusammengetragen hat, ist kein filmisches Gesamtwerk zu besichtigen, nicht einmal ein Torso eines solchen, sondern eher sein
Embryo, die abgetriebene Hoffnung auf ein Stück deutscher Filmge-
schichte.[1]

Schon sehr früh experimentierte Valentin mit dem Film. 1912 rich-
tete er sich ein Filmatelier ein, dem aber aufgrund einer technischen
Panne nur eine kurze Lebensdauer beschieden war. In seiner Autobiographie bezeichnet er sich als »der erste Filmunternehmer

Bayerns» (AvKV S. 155). Sein wahrscheinlich erster Film war das Fragment »Der Kuß« (1913)[2], dem nach und nach kleine slapstickartige Grotesken folgten, die zu den besten gehören, die in diesem Genre in Deutschland gedreht wurden. Bedenkt man, daß der erste Groteskfilm wahrscheinlich 1906 in Frankreich entstand[3] und daß der Meister dieses Fachs, Charlie Chaplin, 1914 bei Mack Sennett debütierte, ist diese frühe Begeisterung auf den ersten Blick ungewöhnlich, zumal dem Komiker Konservativismus und Naivität nachgesagt werden, und seine Sammlung zur Alltagskultur eher retrospektiven Charakter hatte. Geht man jedoch den Anfängen des Films, insbesondere des Groteskfilms nach, wird Valentins Faszination verständlich. Die ersten Vorführungen seit 1895 hatten noch keinen besonderen Ort. Sie fanden auf Jahrmärkten, in Varietés statt. Erst nach dieser Pionierzeit vollzog sich der Wandel zum heutigen Kinobau, beschleunigt durch das wachsende Interesse an diesem neuen Medium und durch die Erfindung des Tonfilms.[4]

Den größten Teil der ersten zappeligen Filme machten kurze Grotesken aus, in denen mit rasender Geschwindigkeit Verfolgungsjagden, Dingmetamorphosen, Zerstörungen, Schlägereien etc. dargeboten wurden: Alpträume zum Lachen. In ihnen gab es noch keine dramaturgische Psychologie.[5] Sie waren gleichsam die Weiterführung des Theaters und Zirkus, deren Clowns plötzlich in Massen auftraten, ungeschminkt in den Alltagsgestalten der Vagabunden und Polizisten vor den Kulissen einer wirklichen Welt.

Diese Filmart, die auf dem primitivsten Boden, dem des Klamauks als einer Volkskunst entstanden ist, hat – ohne ihn je zu verlassen – mit scheinbar einfachsten Mitteln das Feinste hervorgebracht, was auf der Leinwand erschienen ist.[6]

Diesem Ausgangspunkt des neuen Mediums verdanken wir die wohl für Deutschland einmaligen Groteskfilme Valentins. Im Vergleich zu den amerikanischen sind sie jedoch eher zurückhaltend. Sie warten nicht auf mit Lokomotiven, Dampfern, Polizistenmassen, ebensowenig mit waghalsigen artistischen Leistungen. Valentins Filmpersonal ist auf das Notwendigste beschränkt. Auf begrenztem Raum gleichen seine Filme Kammerspielen ohne sonderlichen Aufwand. Es sind deutsche Filme. Verblüffend ähneln die

Typen, die Valentin in ihnen verkörpert, Karikaturwesen, wie sie sich seit dem 19. Jahrhundert in Zeitungen und auf Bilderbogen finden lassen. In der Tat konnten für die Filme »Die lustigen Vagabunden« (1913) und »Der neue Schreibtisch« (1913 oder 1914) mittlerweile auch die Vorlagen der Münchner Bilderbogen ausgemacht werden.[7] Aber mir scheint, daß aufgrund seiner formalen Struktur auch »Karl Valentins Hochzeit« (1913) auf einen Bilderbogen zurückgeht.

Für die Bilderbogen, die man als verkürzte Bildergeschichte bezeichnen kann, da sie sich mit dem Platz einer Seite begnügen müssen, gilt, was Rodolphe Töpffer in seinem »Essai de Physiognomie« schreibt:

Tatsächlich könnte die Literatur in Bildern mit den ihr eigenen Vorzügen der größeren Klarheit die andere Literatur, die ihr sonst gleichwertig ist, übertreffen, weil sie sich einmal mit mehr Lebhaftigkeit an ein größeres Publikum wendet und zum anderen, weil derjenige, der in einem Kampf sofort losschlägt, den besiegt, der in Kapiteln spricht.[8]

Diese Direktheit und Publikumswirksamkeit des Mediums beruht im wesentlichen auf der Dominanz der Bilder, die geschickt verknüpft den Verlauf der Erzählung bestimmen. Die begleitende Sprache besitzt entweder eine erklärende Funktion oder sie reibt sich mit ihnen und erzeugt so ein weiteres komisches Element.

Die kinematographische Erzählweise der Bildergeschichte, d. h. eine Reihung von Einzelbildern, die hintereinandergelesen eine Story geben, fand in Wilhelm Busch wohl ihren populärsten Meister[9], wurde von Majakowskij als Propagandamittel verwendet[10] und lebt heute in den komplizierter gewordenen Comics und in der künstlerischen Avantgarde fort.[11]

Der filmische Aufbau der Bildergeschichte mußte den Komiker und Spurensicherer Valentin reizen. Er adaptierte exakt die Vorlagen bis in die kleinsten physiognomischen Details, wie man es im Vergleich mit den Bilderbogen bemerken kann.[12]

Kracauer hat die Affinität Valentins zur Bildgeschichte schon 1929 angesichts des Films »Karl Valentins Hochzeit« festgestellt:

Valentin ist nicht ein Vagabund wie Chaplin, sondern ein Kleinbürger, der freilich durch die Melancholie sein Kleinbürgertum aufhebt. Literarisch verwandt ist ihm allein die schwarze Komik Wilhelm Buschs, dessen Tobias Knopp und Einsiedler Krökel niemand anders als gerade Valentin für den Film erobern könnte.[13]

Obwohl eine eigene Sammlung Münchner Bilderbogen im Besitz Valentins nicht nachgewiesen ist, muß angenommen werden, daß sich Valentin mit ihnen auseinandergesetzt hat und daß sie ausschnitthaft in seine Vorlagenkartei eingegangen sind. Kaspar Braun, Illustrator von Brentanos »Gockel, Hinkel und Gackeleia«, der 1848 die Münchner Bilderbogen begründete, kommt das Verdienst zu, die Bilderbogen im Sinne romantischer Pädagogik künstlerisch ambitioniert gestaltet zu haben. Immerhin arbeiteten für seinen Verlag Moritz von Schwind, Franz von Pocci, Carl Spitzweg und Wilhelm Busch[14], in dessen Bilderwelt sich Valentin sicherlich glänzend zurechtfand. Buschs Sonderlinge voller Listigkeit, Verzweiflung, Grausamkeit sich und anderen gegenüber, seine visuellen Überspitzungen und Schnelligkeiten scheinen in Valentin eine Fortsetzung zu finden.

Robert Gernhardt, der in seinem glänzenden Essay über Busch gegen die intellektuellen Interpretationen der »Philister« argumentiert, sieht aber auch biographische Parallelen zu den Filmkomikern allgemein, die auch für Valentin gelten:

Sie alle beginnen, schlecht bezahlt, in niederen Medien, die Bildergeschichte ist da (...) durchaus dem Vaudeville oder dem frühen Stummfilm zu vergleichen. Sie wenden sich an ein Publikum, das keinen »guten« Geschmack hat – hätte es den, wäre es nicht Konsument dieser Medien. Sie alle haben – anfangs – bei der Kritik nichts zu verlieren, da die sie überhaupt nicht wahrnimmt. Sie können daher unbedenklich komisch sein, dürfen einige jener Dinge aussprechen und darstellen, die man in den respektablen Künsten nicht beim Namen zu nennen wagt, jedenfalls nicht mit dieser Direktheit. Dort jedoch, wo sie sich tummeln, zählt erstmals nur eins: der Lacher.[15]

Valentin bedient sich in seiner Wahl aus den Münchner Bilderbogen einfachster Bildergeschichten, die dem technischen Stand der ihm zur Verfügung stehenden Mittel entsprachen. Sie wiesen kaum Perspektivwechsel auf und ihr Plot erscheint uns heute nicht sonderlich witzig. Trotzdem ist die genaue Umsetzung der kinematographischen Elemente der Bilderbogen in das »lebende Bild« faszinierend. Denn der Film besitzt nun die Möglichkeit, die Bewegungen, die sich zwischen den Einzelbildern der Bilderbogen abspielen könnten, zu zeigen und damit die Karikatur lebendig zu machen. Die Karikatur bekommt Charakter, der sich in der zeitlichen Dauer des Films mehr und mehr verfestigt, ausgespielt wird und sich in den feinsten Nuancen äußert.

Betrachten wir den Bilderbogen »Der neue Schreibtisch«. Ein Büroschreiber bekommt ein neues Pult geliefert, das ihm zu hoch ist. Nun macht er sich an die Verkürzung der Beine. Da ein Pult vier Beine hat, ist es schon sehr kompliziert, die richtige Höhe zu justieren. Der Büroschreiber sägt immer mehr Holz zunächst vom Pult, dann auch vom Stuhl, bis er auf den Resten des Stuhls traurig auf dem Boden sitzt, die dünnen Beine unter dem jetzt allzu niedrigen Pult. Soweit der Plot: ein Kapitel aus dem alltäglichen Wahnsinn der Heimwerker und Bastler und ein bildnerischer Beitrag zu jenen Figuren der Schreiber, die als sonderliche Typen immer wieder die Literatur bevölkern, seien es der Ich-Erzähler in Brentanos »Geschichte vom braven Kasperl und dem schönen Annerl«, Flauberts »Bouvard und Pécuchet« oder Melvilles »Bartleby«, mit denen Schriftsteller ihre eigene Position zwischen der schöpferischen Leistung und der Mechanik des Abschreibens in einer Bücherwelt reflektieren. Der »Fälscher« Valentin übernimmt Physiognomie und Statur seiner Vorlage. Aber was uns der Film jetzt vorführt, ist ein stummer Veitstanz zwischen den drei Protagonisten Pult, Schreiber, Stuhl. Das Pult ist ein Unding: zu hoch und auch zu kompakt. Und nun geht es nach einem Kratzen am Kopf los. Die Ruhe des Schreibbüros verwandelt sich in ein Tohuwabohu auf engstem Raum.

Die Szene selbst wird dann zum pas de deux für einen Dünnen und ein Stehpult, eine Bewegungsgroteske von genialer Umständlichkeit. Die Tücke des Objekts erweist sich den Angriffen des Büroschreibers durchaus ebenbürtig: ein Duell wird da ausgetragen, bei dem Valentins tragisch dürre Figur in dem Stehpult ihre vierbeinige optische Entsprechung findet. Gerade deswegen bleibt die mit irrer Konsequenz zu Ende gespielte Idee auch als Etüde unweigerlich an den Darsteller gebunden; ein anderer hätte, auch bei ähnlich souverän bewußter Körpersprache, in dieser Rolle wenig Chancen und würde das Ganze wohl zwangsweise auf einen Witz reduzieren.[16]

Die Einmaligkeit des Valentinschen Körpers macht aus der »Etüde«
ein Meisterwerk des Groteskfilms. Was zunächst verblüfft, ist die
Magerkeit dieses Körpers, die besonders an den Beinen und Armen
ins Auge fällt. Valentin setzt dieses markante Erscheinungsbild gekonnt ein und betont es durch eine fast hautenge Bekleidung, in der
er sich trotzdem mit einer unglaublichen Geschwindigkeit bewegen
kann. Der Dünne sucht sich ein Gegenüber, um sich in Erscheinung
zu bringen. Aus dem Gegenüber entwickelt sich eine körperliche
Gegnerschaft. Der Gegner kann ein Mensch oder ein Ding sein, wie
in diesem Fall das Schreibpult, das ebenfalls, wie auch der Stuhl,
dünne Beine hat, so daß im Kampf mit den Dingen eine Gleichwer-
tigkeit von Mensch und Gegenstand entsteht. Die dünne Säge
könnte aus Versehen auch in die dünnen Menschenbeine fahren,
aber sie verletzt nur seine schmalen Finger, die eben noch mit dem
dünnen Zollstock hantierten. Um diesen Kampf des Dünnen miteinander zeigen zu können, bleibt die Kamera relativ nahe an den
Objekten. Schon aus weiterer Entfernung würde sich die Bein-Ar-
beit in bloße Strichbewegung auflösen. Dieser Film könnte eine
Illustration der Gedanken Rudolf Kassners sein, der schreibt:

... der Dünne, war einer, der sich im Anlauf an die Dinge verbraucht, so
daß er stets, da er sich in dem Besitz eines Dinges setzen will, dieses verliert.
So kam es, daß bei ihm jede Besitznahme eines Dinges unmittelbar in
dessen Verlust und jeder Brauch in Mißbrauch endete.[17]

Valentins kalkulierte Auswahl der Dinge reflektiert seine eigene
Magerkeit. Er multipliziert sie mit den Gegenständen. Im Film »Die
lustigen Vagabunden« versteckt er sich hinter einem dürren Schild-
mast. Wenn sich Notenständer selbständig machen, wachsen sie in
die Höhe (Musik zu zwein, 1936). Auch scheinen seine Blasinstru-
mente seinen Körper zu verdoppeln (Vgl. KVVD S. 326 f.). Die immer wieder eingesetzten Requisiten, der Zollstock, der Schirm, der
Geigenbogen, das Schwert oder der Säbel, unterstreichen seine Gestalt und besitzen darüber hinaus noch den Vorteil, das Dünne in
der Waagerechten vorzuführen und als Angriffs- und Verteidigungs-
waffe dienen zu können.
   Daß dieser Dünne sich vornehmlich mit dem Dünnen herum-
schlägt, macht die Subtilität seiner Komik aus. Im Kampf mit der

Tücke des Objekts, die Vischer so eindringlich in seinem Roman »Auch Einer« beschrieben hat[18], sucht sich Valentin nicht die Dinge, die seiner körperlichen Konstitution eigentlich unheimlich sein müßten, wie etwa Züge, Autos oder einstürzende Neubauten, mit denen sich die amerikanischen Komiker herumzuschlagen hatten, sondern die Dinge, die seiner Person physiognomisch nahestehen. Der Kampf mit der Tücke des Objekts richtet sich so gegen Valentin selbst. Seine Ähnlickeit mit den Requisiten läßt sie in diesen Fällen zu seinen Doppelgängern werden, mit denen er sich unermüdlich zu beschäftigen hat.

Im Film »Der neue Schreibtisch« tritt auch schon das wichtigste Requisit Valentins in Aktion: Der Zollstock, der als Reminiszenz aus seiner Schreinerzeit immer wieder in seinen Filmen und Stücken Verwendung findet. Der Zollstock, als Maßstab Symbol der Exaktheit, ist genau genommen ein merkwürdiges Ding. Zusammengeklappt muß er zum Gebrauch entfaltet werden. Er besitzt etwas Brüchiges, und man kann mit ihm abstrakte Formen legen, die den Maßeinheiten widersprechen. In diesem Film kommen zwischen dem genauen Messen und dem Beinesägen immer die anderen Gegenstände dazwischen, obwohl der Zollstock hier noch am ehesten mit seiner Funktion als Schreinerwerkzeug in Verbindung gebracht werden kann. In anderen Filmen mißt Valentin futterneidisch ein Würstchen[19], die Tonlänge auf einer Zither[20] oder eine Luftstrecke[21]. Diese Meßlust korrespondiert mit dem Hang zur Genauigkeit und heraus kommt der schönste Unsinn. »Er kommt nicht aus ohne dieses erotische Stück Holz.«[22]

In dem Messen liegt der verzweifelte Versuch, sich die Dinge anzueignen, die der Dünne immer »verliert«, so wie die Sprache sich verliert, wenn man sie zum Maßstab macht.

Gleichzeitig ist der Zollstock, der aufgeklappt aussieht wie ein Stab und dennoch unglaublich beweglich ist, besonders wenn seine Scharniere ausgeleiert sind, der wohl vollkommenste Doppelgänger Valentins, dessen körperliche Wendigkeit frappant ist.

Schlottrig, mager, eckig, insektengleich, ist Valentin einer Heuschrecke ähnlich, einer Gottesanbeterin, die sich auf der Realität niederläßt, und die man nicht abschütteln kann. Alles ist winklig. Seine Glieder verwickeln sich in allen Elementen des Dekors, sie zerschneiden den Raum wie jene antike Kriegsmaschinen, die gespickt sind mit stählernen Sensen. Valentin macht sich unaufhörlich auf, ohne je anzukommen. Es ist ihm unmöglich seinen Platz zu finden. Man ist Zeuge der völligen Unangepasstheit eines Körpers in der Umwelt. Nichts kann ihn eindämmen, nichts kann ihn verbergen. Die ganze komische Kraft des frühen Stummfilms resultiert in der Sprache dieses unwahrscheinlichen Körpers.[23]

Valentin hockt wie ein Maikäfer auf dem Stuhl vor dem Pult, hüpft im nächsten Moment herunter, kratzt sich schon fast possierlich am Kopf, um plötzlich den Finger in die Luft zu heben, um anzudeuten, daß er jetzt eine Idee hat. Das Insektenhafte wird auch in den anderen Filmen deutlich, so wenn Valentin in den »Mysterien eines Frisiersalons« (1922 oder 1923) aus einem Fenster krabbelt oder wieder zurück in den Raum hüpft, und wenn er im »Sonderling« (1929) seine Beine wie Fliegen ver- und entwickelt. Die Geschwindigkeit des Stummfilms steigert noch dieses kribbelige Immer-in-Bewegung-sein.

Wenn trotz dieser ständigen Verwandlungen ein bestimmter Charaktertyp entsteht, fixiert er sich an der Maske und den gleichbleibenden Accessoires des Körpers. Valentin unterstreicht seine Dünne auch noch durch übergroße Schuhe, aus denen grazil seine Beine ragen. Sie sind wie Ständer, die dem zerbrechlichen Körper so etwas wie Sicherheit geben.

Die Nase ist jedoch das hauptsächliche Erkennungsmerkmal. Sie verlängert das Dünne in die Waagerechte, läuft spitz zu, wird unterstützt durch den vollen Oberlippenbart und wiederholt sich als Schreibfeder über dem Ohr.

Die Nase ist das hervorragendste Mittel, der Physiognomie ein unverwechselbares Gepräge zu geben. Ihre Vormachtstellung führt aber gleichzeitig dazu, das Gesicht grotesk zu verzerren, wie in den Narrenkulturen des Mittelalters, des Karnevals, der Commedia dell'arte, des Kasperls und der Clowns.

Im Menschenantlitz ist die Nase nicht so sehr Zentrum wie die Brücke von oben nach unten, vom Geist in die Materie, vom Jenseits ins Diesseits. Nasen, die sich isolieren und nicht Brücke und Übergang sein wollen, sind leicht komisch, Zeichen zugleich von Übertriebenheit und Leerem.[24]

Die Sonderstellung der Nase, einerseits »Brücke« zu sein und so dem Gesicht Geschlossenheit zu geben, andererseits isoliert komisch zu wirken, benutzt Valentin für die Gestaltung seiner Physiognomie. Seine Nase scheint isoliert, ist aber zugleich in die Gesamtmaske integriert. Sie ist kein Abstraktum, das in der Mitte des Gesichts klebt, sondern vermittelt, trotz Länge, zusammen mit den übrigen Maskenteilen einen kompositorischen Gesamteindruck, der sein Gesicht komisch und realistisch zugleich erscheinen läßt.

Diese Ambivalenz erzeugt eine Spannung schon im Gesicht des Komikers, die den Betrachter schwanken läßt zwischen Lachen und Weinen, Identifikation und Abschreckung. Marta Feuchtwanger schreibt in ihren Erinnerungen:

Er (Valentin, d. Verf.) war groß, sehr dünn, mit lichtem, rotem Haar, wässrigen blauen Augen und einer falschen Nase. Diese Nase unterschied sich aber nur wenig von seiner echten Nase. Sie war spitz und zeigte etwas aufwärts. Vielleicht war diese künstliche Nase ein Symbol seiner Komik: so wie sie beinahe unmerklich von der Wirklichkeit abwich, so war auch sein Humor nur ganz leicht angedeutet.[25]

Diese Nase, der man nicht zutrauen könnte, daß sie sich aus dem Gesicht entfernt und ein Eigenleben zu leben beginnt, drückt der vis comica ihren Stempel auf, korrespondiert aber gleichzeitig mit der gesamten Maske und dem Körper. Sie ist zwar immer wieder künstlich verlängert, aber in den unterschiedlichsten Schattierungen und Abweichungen. Sie ist kein Standardmodell, sondern der jeweiligen Rolle angepaßt.[26] Valentin fixiert nicht einen Typus oder variiert eine einmal erfundene komische Gestalt, wie etwa W. C. Fields, Chaplin, Keaton oder Laurel & Hardy. Er ist immer ein anderer. Die Lust an der Verkleidung läßt ihn in ständig neue Masken schlüpfen und Identitäten produzieren. Trotzdem erkennt ihn das Publikum immer wieder, da die Leitmotive dieses Körpers, das Dünne und die Nase, gekonnt eingesetzt werden. Geschminkt oder ungeschminkt ist er unverwechselbar Valentin und trotzdem nicht Valentin, was zu rezeptionsgeschichtlichen Mißverständnissen führen mußte.

Das Scheitern fast aller Charakterisierung seines Werkes beruht auf einer simplen, aber folgenschweren Täuschung der Valentin-Interpreten: auf der Gleichsetzung der Valentinschen Helden mit Valentin selbst.[27]

Dieser Täuschung wird der Rezipient immer wieder erliegen. Die Identifizierung Valentins mit seinen Rollen ist mit der Maske, Sprachbehandlung und der gestischen Genauigkeit zwar immer perfekt, wie wir es an den unterschiedlichen Typen in den Filmen beobachten können, aber die Präzision der Inszenierung täuscht nicht über den Valentinschen Körper. Es bleibt im Gegenteil dieser bedeutende Rest, ohne den eine Valentin-Aufführung nicht auskommen kann und dessen Fehlen die Wiederaufführungen nach 1945 so problematisch macht. Im Vergleich mit Valentins Partnerin Liesl Karlstadt wird das deutlich. Sie hat als Gegenpol und Angriffsfläche ihre Persönlichkeit der Rolle bis zur Unkenntlichkeit aufzuopfern. Nicht nur muß sie mit den Hosenrollen ihre Sexualität wechseln. Auch ihr Alter bleibt vom »Firmling« bis zur »Orchesterprobe« unbestimmbar. Schließlich wird sie durch die Maske so sehr verwandelt, daß ihre körperlichen und physiognomischen Proportionen sich in der Verkleidung auflösen.

Was die Täuschung noch brisanter macht, ist das Fehlen einer eindeutigen Trennung von Alltag und Bühne. Um kaum einen Komiker im zwanzigsten Jahrhundert hat sich ein so großer Anekdotenschatz gesammelt wie um Valentin. Er hat diese Legendenbildung schon frühzeitig gefördert, indem er selbst kurze selbsterlebte Geschichten veröffentlichte und nicht nur seine »Jugendstreiche«, sondern auch eine »Biographie« verfaßte und sich so in die Tradition der bayerischen Literatur einreihte.[28] Daß sich Valentin gegen einige, ihm untergeschobene Anekdoten wehrte, macht deutlich, wie stark er an der Aufrechterhaltung des Gesamtbilds seiner Person auch im Alltag interessiert war.[29]

Neben seinem anekdotischen Alltag und den Dokumentationsfotos aus Filmen und Stücken produziert sich Valentin auch auf Fotografien, die er eigens anfertigen ließ. Teilweise läßt er sich in eingefrorenen Posen aus seinen Stücken ablichten, die seinen Körper auf dem Höhepunkt einer grotesken Bewegung zeigen und nicht nur seine Verwandlungskünste, sondern auch Körperhaltungen illustrieren, zu denen nur ein Dünner fähig ist (vgl. KVVD, S. 321 ff.). Diese Fotos dienten wahrscheinlich der Eigenwerbung oder als Material für Publikationen und Schaukästen. Darüber hinaus existieren Fotos, die nicht allein auf eine Rolle des Schauspielers und Komikers verweisen. Es sind Fotos, die den Körper Valentins in bestimmten Posen und Veränderungen zeigen, als Foto sich selbst genügen und künstlerisches Produkt sind, wie sie vergleichsweise auch von den heutigen Künstlern gemacht werden.[30] Diese Fotos, die auch in den Ausstellungen und Untersuchungen zur Körperkunst fehlen, warten noch auf eine ausführliche Würdigung. Ich meine die Fotos von Lotte Jacobi, die Valentin als Grimassierenden oder als Unterdrücker Liesl Karlstadts zeigen (Vgl. KVVD S. 83), die von Hilbinger und vor allem die Fotos Wolters, die als Serie Valentin mit dunklem Mantel und Hut vorführen, aber so, daß sein Gesicht durch Gegenstände und Rückenansichten nicht sichtbar ist (Vgl. KVVD S. 114 f. u. S. 171), als stammten sie aus der surrealen Welt Magrittes.

Hier inszeniert sich der Körper Valentins eigens für das fotografische Medium in der Pose des Künstlers, der seine Zerrissenheit zeigt. In den Fotos um 1910 stilisiert er sich noch als jugendlicher Bohemien mit Zigarette und Gitarre (Vgl. KVVD S. 320). Doch schon bald stellt er seine Magerkeit zur Schau. Auf den Fotos von Hilbinger, der Valentin, wie August Sander seine deutschen Menschen, vor einem neutralen Hintergrund und auf diese Weise den Körper als Körper ohne störendes Beiwerk ablichtet, kommt sie besonders gut zur Geltung. Hilbingers Foto aus dem Jahr 1915 »Lebende Karikatur« beispielsweise vermittelt die Magerkeit ohne groteske Übertreibung (Vgl. KVVD S. 72). Es zeigt Valentin von der Seite in einem kurzen schwarzen Jakett, das etwas absteht und mit den großen, platten Schuhen korrespondiert. Die Beine verbinden diese beiden Teile wie eine einzige dünne Säule. Die Arme hängen schlaff an dem leicht nach vorn gekippten Oberkörper, der die Haltung des Kopfes bestimmt, auf dem locker ein Hut sitzt, der jederzeit herunterzufallen droht und dessen Krempe parallel zur künstlich verlängerten Nase verläuft. Im ganzen ist das Foto so konstruiert, daß der Eindruck entsteht, als ob die Haltung Valentins durch den Höhenausschnitt bestimmt wird: ein Spiel mit dem Medium Fotografie, das dem Bildresultat etwas Gezwungenes verleiht.

Valentin inszeniert hier seine Magerkeit ohne exzentrische Übertreibung der Posen und läßt keine Beweglichkeit erahnen. Vielmehr scheint er in sich gekehrt und einsam über den Körper nachdenkend, der ja den großen Teil seiner Komik ausmacht.

In dem Grimassenfoto, das Jacobi aufgenommen hat, wird die Körperreflexion des Künstlers auf aggressive Weise deutlich. Valentin entstellt sein Gesicht, das dem Publikum zum Markenzeichen geworden ist, brutal. Es ist kaum wiederzuerkennen. Ungeschminkt ist es zu einer satanischen Fratze geworden. Valentins häufiges überliefertes Grimassenschneiden und dessen verschiedenen Ausprägungen bis zum Zungerausstrecken (Vgl. KVVD S. 281), lassen darauf schließen, daß es dieses Ventil der Deformation brauchte, um das »tröstliche Spiel der Wiedererkennung (...) zu sprengen«[31], das ihn auf der Bühne und privat verfolgte. Der Kleinbürger, der facetten- und maskenreich den Kleinbürger spielt, wendet sich mit diesen Fratzen an und gegen sein Publikum. Für einen Augenblick verläßt er seine angenommene Rolle und schlüpft in die des mittelalterlichen, unzivilisierten Narren, in die »Zweileibigkeit«[32], die vor allem Franz Xaver Messerschmidt und heute u. a. Arnulf Rainer künstlerisch und eigenkörperlich darstellen, um die schizophrene Rolle des Künstlers in der Gesellschaft zu problematisieren.[33]

Die Freude an schauspielerischer Metamorphose kann bis zu jenem Punkt treiben, an dem der ermunternde Echoeffekt in Schauern vor der Fremdheit des eigenen Gegenüber umschlägt. Grimassierende Selbstbildnisse, nicht zufällig meist in Reihen entstanden, stehen in diesem Spannungsfeld zwischen spielerischer mimischer Selbstverwandlung und der an Schizophrenie grenzenden Entfremdung vom vertrauten Ich.[34]

Es ist nicht mehr das durch die Maske gestaltete Gesicht, sondern das verunstaltete, das dem Publikum dämonisch entgegenstarrt.

Ein erschütterndes Dokument der Selbstinszenierung für das Medium Fotografie hat sich aus dem Jahr 1943 erhalten. Es sind zwei Bilder Valentins mit dem Titel »Letztes Aufgebot« (Vgl. KVVD S. 23). Valentin steht halbnackt, nur mit einer quergestreiften Badehose und festen Schuhen bekleidet, vor dem provisorischen Hintergrund einer aufgehängten Steppdecke. Das eine Foto zeigt ihn in der Pose des Kriegers mit Holzschwert und Papierhelm auf dem Kopf, bereit für die Schlacht und trotzdem alles andere als der Inbegriff des nackten Ariers, eben das »Letzte Aufgebot« in der Zeit nach Stalingrad, in der sich die Kapitulation des Nazi-Deutschlands drohend ankündigte und darum die Kriegspropaganda auf vollen Touren weiterlief. Auf dem anderen Foto ist die Kapitulation vorweggenommen; ein mageres Häufchen Elend mit gesenktem Kopf und resignierender Miene ist übriggeblieben. Übrigens erweist sich auch hier, wie gekonnt Valentin seine Requisiten einsetzt, um die beabsichtigte Wirkung zu erzielen. Der Papierhelm ist jetzt mit der Spitze nach vorn in das traurige Gesicht gezogen, so daß sich der Effekt der jämmerlichen Tristesse noch erhöht. Dieses Foto schickte der »Antimilitarist« dem »Vollblutsoldaten« Weiß Ferdl mit dem rückseitigen Text: »So lange Deutschland solche Männer hat, ist es nicht verloren.«[35]

Man kann diese Fotos sehen als eine pazifistische Manifestation des Hypochonders Valentin. Darüberhinaus sind sie jedoch auch Ausdruck des Künstlers »als exemplarischer Leidender«, der das Leid der Menschheit auf sich nimmt, ästhetisch formuliert, letztlich aber ohnmächtig kapituliert vor der Gewalt des Lebens selbst.[36] Valentins fotografischer Sarkasmus macht diese Hilflosigkeit des Künstlers überdeutlich. In einem Brief an die Soldaten aus dem gleichen Jahr begründet er sein Fernbleiben vom Krieg zunächst mit der absoluten Unfähigkeit zu diesem Handwerk. Freiwillig hätte er sich als Trompeter gemeldet.

... – ich hätte dem Feind so rührende Lieder vorgeblasen, daß er geweint hätte statt geschossen. Auch kann ich große Trommel schlagen! Das wäre allerdings gefährlich, da hätte schließlich der böse Feind meine Trommelschläge als Kanonenschüsse angesehen – vielmehr angehört – und hätte auch geschossen.[37]

Im Gegensatz zu Weiß Ferdl, der mit seinem Fronttheater die Soldaten vor der Schlacht mit weiß-blauem Jux ermunterte, betrachtete Valentin seine Kunst als kriegsuntauglich, ebenso wie seinen Körper.

Wie bekannt, bin ich furchtbar mager. Ich wiege nur 110 Pfd. mit Kleidern und Hut – ohne Geld. Ich wollte mich beim Wehrkommando freiwillig als

Kanonenwischer melden, also nicht als Soldat, der die Kanonen auswischen muß, sondern als Kanonenwischer selbst; denn ich bin so schlank, fast dürr –, ich hätte nur eine Pelzmütze aufgesetzt und hätte mich in der Kanone, die heute oft ein Kaliber von 30 cm Kanonenloch aufzuweisen hat, hin- und herschieben lassen.[38]

Mit diesen fotografischen Selbstdarstellungen problematisiert Valentin seine Künstlerexistenz, in der das Zur-Schau-stellen seines Körpers einen gewichtigen Anteil hat. Er zeigt mit ihnen mehr, als das Publikum von ihm erwartet. Sie sind stumme Ausbrüche der Reflexion auf die Magerkeit, der deformierenden Aggressivität und des resignativen Leidens. Sie sind keine Rollenfotos und keine Illustrationen zu seinen Monologen und Szenen wie die Verwandlungsparodien »Valentin als Mimiker« (Vgl. KVVD S. 70 f.), »Die Loreley« (Vgl. KVVD S. 110) oder der Athlet, die Dame und »Kare mit der Zigarre« (Vgl. KVVD S. 325), sondern Selbstinszenierungen, mit denen Valentin aus seiner Rolle als Komiker und Verwandlungskünstler heraustritt und seinen Leib und sein Leid schonungslos für sich und andere preisgibt.

Daher ist es nicht ungewöhnlich, wenn Valentin sich vor allem in seinen Stücken, aber auch in seinen Filmen mit Freaks umgibt und sie zu seinen szenischen Partnern macht. In ihrer Nähe konnte er sich solidarisch fühlen, denn auch sie waren körperlich außergewöhnlich und stellten sich zur Schau. Ihre Abnormität sicherte ihnen den Lebensunterhalt durch Auftritte im Zirkus, Varietés und auf Jahrmärkten. Aber mit dem Auftreten neuer Medien und dem schon beschriebenen Untergang der Jahrmarkts- und Varietékultur, schwanden auch die Auftrittsmöglichkeiten für Haut- und Knochenmenschen, Rumpfmenschen, Halbmenschen, Zwerge, Riesen, Doppelmenschen, die Scheugl/Adanos in ihrem Buch »Show Freaks & Monster« dokumentieren[39]. Im Faschismus wurde ihnen gänzlich das Auftreten untersagt.

Skelettmenschen, Kolosse, Haarmenschen, Armlose und die ›Dame ohne Unterleib‹ (...) erhielten keine Genehmigung zur Schaustellung mehr; von Vogelköpfen ist bekannt, daß sie in die Gaskammer gebracht wurden. Nur Riesen und Zwerge wurden weiterhin mit einigem Wohlwollen behandelt, denn sie waren ja keine Krüppel, und außerdem waren sie den Deutschen durch ihre Sagen und Märchen als traditionelle Figuren zu beliebt.[40]

Valentin, auch hier Sammler, stöberte diese letzten Freaks in München auf und engagierte sie als Statisten.

Seine Partner auf der Bühne waren unförmig dicke Männer, Zwerge, Riesen.[41]

Man betrachte das Standfoto aus dem »Christbaumbrettl«: vom Kleinkind bis zum Riesen reihen sich dort die menschlichen Größen in den unterschiedlichsten Typen nebeneinander.[42] In seinem Panoptikum erschreckte ein als Napoleon verkleideter Liliputaner das Publikum (Kat. Nr. 62). Auch in seinen Filmen sind die Freaks präsent. Als Möbellieferant fungiert im Film »Der neue Schreibtisch« neben dem Packer ein Liliputaner. Der »Sonderling« will »mit einem Vergrößerungsglas eine Zwergin vergrößern«[43], und im »Photoatelier« geht es auch darum, ein Riesenhochzeitspaar auf die Platte zu bannen (Vgl. dazu auch die Abb. in KVVD S. 194). Diese Freaks haben keine primäre Funktion, keine schauspielerische Leistung zu vollbringen. Sie sind wie selbstverständlich anwesend in dieser Kleinbürgerwelt. Sie tauchen auf, stellen aufgrund ihrer Körperlichkeit ein Problem dar und verschwinden wieder, bleiben aber nicht wie in den amerikanischen Groteskfilmen im Hintergrund. Dem »künstlichen« Freak Valentin sind sie wie seine Requisiten: selbstverständlich und Tücke zugleich. Er steht mit ihnen als Künstler und Dünner auf einer Stufe und verkauft wie sie seinen exzentrischen Körper. O. E. Hasse berichtet:

An den Kammerspielen hatten wir einen Boten, kretinhaft, mit einem Riesenkopf und lallender Sprache. Den engagierte er, zog ihm einen Frack und weiße Handschuhe an und ließ ihn den HANDSCHUH von Schiller deklamieren. Auf Vorhaltungen wegen der Grausigkeit dieses Unterfangens holte Valentin den Boten herbei, der stolz erklärte: »I bin jetzt a Solonummer, i mach keinen Boten mehr.«[44]

Valentins Körper verlangte Mitspieler, die zwar ähnlich wie er außergewöhnlich waren, die aber nicht mit ihm korrespondierten, sondern das Groteske seiner Auftritte steigerten und gleichzeitig ein Gefühl von körperlicher Solidarität erzeugten.

Dem Leib aber mass er (Valentin, d. Verf.) grosse Bedeutung zu. Nicht umsonst nannte er manchmal sein Ensemble »meine Menagerie«. Denn so wie er selbst als körperliche Erscheinung jedem Mass und erst recht jedem Mittelmass widersprach, so suchte er sich unter seinen Kollegen bald unmässig Dicke oder Dünne, Wasserköpfe oder Totenschädel und manchmal auch einen Krummen oder Lahmen aus.[45]

Valentins Theaterpraxis, der in das Spiel integrierten, antipodischen Körper, kam Liesl Karlstadt bis zur Verneinung ihrer eigenen Körperlichkeit entgegen. Was an ihrer schauspielerischen Leistung bewundert werden muß, ist gerade die Trennung von Alltag und Bühne. Sie konnte völlig in ihrer Rolle aufgehen. Ihre ausdrucksstarke Bühnen- und Filmpräsenz machte die Privatperson vergessen.

Ob sie einen faulen und doch munteren Photographenlehrling spielt, ein unverschämtes Geheimratssöhnchen, einen behenden Pyrotechniker oder einen Schusterbuben darstellt, immer ist sie die Rolle und schlüpft so sehr in sie hinein, daß selbst Freunde sie nicht erkennen. Sie scheut in ihrer Körpersprache nicht die extreme Entstellung; sie kann bösartig, beschränkt, nüchtern und überlegen sein. Sie wehrt sich gegen den ewigen Widerpart Valentin auf skeptische oder beschränkte Art. Besonders in Frauenrollen überwiegt die höfliche Ungeduld. Als Verkäuferin, Kellnerin, Nachbarin, Frau von der Straße und Ehefrau wirkt sie gegen die zerstörerischen Handlungen von Valentin geduldig vernünftig, gerät aber trotzdem in den Sog der Demontage.[46]

Valentin bürdet ihr eine besonders schwere Last auf. Um seine Körperlichkeit zur Geltung zu bringen, muß sie ihre verleugnen. Sie, die kein Freak ist, muß den Part des vollkommenen Kleinbürgers übernehmen, an dem sich der Kleinbürger als Anarchist reiben kann.

Daß Liesl Karlstadt unter der Dominanz Valentins gelitten hat, ist mehr als verständlich.[47] Er schrieb sich seine Rollen auf den Leib. Sie mußte sich ihm, abgesehen von einigen Soloauftritten, transformiert unterwerfen.

Bedauerlicherweise wird Liesl Karlstadts Verwandlungskunst fast nur in ihrer Funktion als Partnerin Valentins gewürdigt. Es fehlt

eine Untersuchung über ihre Soloauftritte wie über ihre Theater-
und Filmarbeit nach der Trennung von Karl Valentin und der Zeit,
in der sie nochmals freiwillig in eine Hosenrolle geschlüpft ist und
sich als Stabsgefreiter Gustav bei den Gebirgsjägern aufhielt.[48] Es
könnte dem Vorurteil entgegengearbeitet werden, daß diese Befreiung auf Kosten ihrer Kunst ging, daß ihr neues Image allein aus der
gemütlichen Radiomutter »Brandl« bestand. Vielmehr war sie unglaublich aktiv. Neben zahlreichen Bühnenrollen trat sie als Frau
Vogel im »Sturm im Wasserglas« auf und im Film u. a. mit Werner
Fink, Heinz Erhardt, Helen Vita, Wolfgang Neuß, Paul Hubschmid,
Heinz Rühmann.[49]

Wenn der Körper Valentins sich im Spiel behauptet, muß er
furchtbare Erfahrungen machen. Er setzt ihn aus, wie es Jerry Lewis
für seine Idiotenauftritte formuliert:

Wenn ich ihn spiele, bin ich mir immer der drei Faktoren bewußt: etwas
erleiden, sich selbst etwas antun, einem anderen etwas antun, zufällig oder
mit Absicht.[50]

Die Hauptlast hat Valentins Körper in vielen Fällen selbst zu ertra-
gen. Seine Partner kommen dann meist ungeschoren davon. Die
Fingerverletzung in »Der neue Schreibtisch« ist noch relativ harmlos. In »Karl Valentins Hochzeit« (1913) kommt er unter die Kör-
permasse einer heiratsfreudigen Dame. »Die lustigen Vagabunden«
(1913) lassen ihn an einen Zaun aufgespießt zappeln.

Insbesondere Michail Bachtin verweist in seiner Untersuchung
über die »Grundzüge der Lachkultur« darauf, daß das Groteske
unmittelbar mit dem Schrecklichen, Entsetzlichen verbunden ist.

Überhaupt läßt sich die groteske Gestalt nicht verstehen, wenn man das
Moment der besiegten Furcht unberücksichtigt läßt. Mit dem Entsetzlichen
wird das Spiel getrieben, es wird ausgelacht. Das Furchtbare wird zu einem
fröhlichen Popanz gemacht.[51]

Komik ist brutal. Sie hält sich nicht an die Strategien und Normie-
rungen des bürgerlichen Alltags. Der Komiker ist der geschundene
Einzelgänger. In kindlicher Unschuld tappt er in die Fallen, die die
Gesellschaft für ihn aufgestellt hat. Er setzt sich unnachgiebig, gei-

stig und körperlich wendig und schlagfertig zur Wehr. Seine Brutalität ist unkaschiert. Der Kinderhasser W. C. Fields steckt die lästigen Störenfriede in den Mülleimer. Laurel & Hardy stechen gern mit Fingern in Augen. Was Chaplins Gegner in seinen frühen Slapstickfilmen alles zu erleiden haben, ist unbeschreiblich.

Wie diese Komiker fügt auch Valentin Grausamkeiten zu. Besonders makabere Beispiele finden sich in dem Film »Mysterien eines Frisiersalons«. Hier entfernt er als Friseur einen Pickel mit der Kneifzange und säbelt einem Kunden den Kopf ab unter der Regie von Erich Engel und Bertolt Brecht.

Karl Valentin trug in ›Mysterien eines Frisiersalons‹ seine Maschinen- und Geräteobsession. Ein Frisiermesser kann selbstverständlich ein Scharfrichterschwert sein und eine Angelrute ein Mittel zum Kopfabreissen. Brechts Verdienst dürfte sein, daß er den Valentin radikalisierte. In keinem Film habe ich den Valentin so beieinander, so konsequent, so ohne Hypochondrie gesehen. Valentin ist ganz der weiße Clown, der Clown, vor dem man Angst hat. Und daß Clowns auch Mörder sein können – siehe Chaplin, Keaton, Langdon – wissen wir. Warum Valentin nicht? (Bekannt, daß Frisiersalons potentielle Mordstätten sind. Jeder Barbier ein Henker.)[52]

Nach der Stummfilmzeit werden im Film Valentins Brutalitäten gegen sich und andere sichtlich harmloser oder nuancierter. Auf der Bühne jedoch bleiben sie dauerndes Element. Das Salomonische Urteil wird wörtlich genommen und vollstreckt.[53] Der Ritter Unkenstein läßt seine Tochter auspeitschen.[54] Ob der Start der Mondrakete womöglich 100 Personen tötet, ist dem Mondfahrer egal: »Ah, übertreiben S' nur net. Zehn oder fünfzehn kann's ja derschlagen, aber net mehr.«[55] In Anspielung auf den Ariernachweis sollen zwei Heiratswillige standrechtlich erschossen werden: »Schwachsinnig und frech dazu: So schwachsinnige Leute dürfen nicht heiraten. Sofort standrechtlich erschießen!«[56] Ein schreiendes Kind wird mit einem Säbelstreich zur Ruhe gebracht. »Das könna S' mit dem net machen, das ist ein empfindlicher Kerl, den wenn ma a bißl mit'n Säbel in Bauch neisticht, dann fangt er gleich zum Bläcken an. So, jetzt schlaf wieder«, sagt die Mutter[57]. Mühelos lassen sich weitere Beispiele dieser erschreckenden Brutalität in Valentins schriftstellerischem Werk finden.

In seiner Studie über die geistigen Vorläufer des Nationalsozialismus schreibt Hermann Glaser:

Der Kleinbürger ist asozial: ihm ist der Mitmensch Menschenmaterial, manipulierbarer, verwertbarer Gegenstand.[58]

Valentin, der anarchistische Kleinbürger, unterscheidet sich von ihnen. Seine Grausamkeit degradiert zwar Menschen zu einem verwertbaren Gegenstand, ist aber bar jeglicher Ideologie. Sie ist nicht gewachsen aus dem Boden der Parolen und Glücksverheißungen, der den Kleinbürger der nationalsozialistischen Ära zum freiwilligen Barbaren und Schlächter werden läßt. Sie resultiert aus reiner Freude an der Zerstörung. Valentin behandelt die Menschen wie die Dinge. Sein grotesker Kampf mit der Tücke des Objekts schließt die Menschen mit ein in der Erkenntnis, daß sie austauschbare Objekte sind.

SOHN: Du, Vata, werdn die Soldaten auch gfragt, ob s' an Krieg wolln?
VATER: Naa! Die Soldaten werden nicht gfragt, die müssen in den Krieg ziehn, sobald er erklärt ist – mit Ausnahme der Freiwilligen.
SOHN: Müssen die Freiwilligen auch schießen im Krieg?
VATER: Nein – ein Freiwilliger muß nicht, der schießt halt, weil im Krieg geschossen werden muß.
SOHN: Dann müssen s' ja doch!
VATER: Aber nur freiwillig muß er![59]

Valentins Grausamkeiten sind ebensowenig reaktionär wie die des »Grand Guignol« oder Chaplins. Das Zitieren des Entsetzlichen, des Grauens und Schreckens ist seit der Gothic Novel und der Romantik Berufung auf die Phantasie, Angriff auf die Psyche des Menschen, der hinter der Fassade konventionellen Wohlverhaltens seine Träume, Phantasien und Dämonen verbirgt. Die Brutalität des Komikers ist nicht kalkuliert oder romantisch programmatisch. Sie besteht, seit es Narren gibt. Sie ist so sehr Teil des unreglementierten Spiels in einer auf den Kopf gestellten Welt, daß sie dem Lachenden erst im nachhinein bewußt wird.

Die Narren sind wachsam, die strengsten unter ihnen haben sich der Revolte verschrieben. Sie unterlaufen alle Systeme der Affirmation und ihr

Unsinn, die Abwesenheit von Sinn, wird zur schönsten Signifikation, dem Widerspruch. In die Kohärenz der Ordnung führt er seine leere Grazie ein und der Zuschauer, von sich selbst getrennt, kann über seine eigene Schwere lachen. Erst wenn dieser selbst Clown wäre, ist ein Zustand erreicht, der Spaß an der Überschreitung findet, und der fände auf der Straße statt.[60]

Solange diese Utopie nur gedacht werden kann, bleibt es die Rolle des Clowns, Stellvertreter zu sein in der Überschreitung bis zur Brutalität in einer Welt, in der »metaphysisch gesprochen, das Böse dauerndes Gesetz (ist), und was gut ist, ist Mühsal und bereits eine Grausamkeit, die auf eine andere aufgepfropft ist« (Artaud[61]).

Die Emanzipation des Kinos, seine technischen Verfeinerungen, sein Anspruch auf ein abendfüllendes Programm, waren auch für Valentin nicht folgenlos. Sein erster langer Spielfilm und zugleich sein letzter Stummfilm war »Der Sonderling« (1929) unter der Regie von Walter Jerven. Hier hat Valentin Zeit, seine körpersprachlichen Mittel ohne Übertreibung voll auszuspielen, und es ist der behutsamen Regie von Jerven zu verdanken, wenn der Film wie eine Bewegungsstudie wirkt. Das Kameraauge folgt ruhig und gelassen dem Körper, dessen Entfaltung durch keinen überflüssigen Sprung oder Regiegag behindert wird. Diese Ökonomie ist mit ein Grund für die ausgeglichene Wirkung, die Valentin hier hat.

Sensibler, verwundbarer hat sich der sonst so störrische Komiker vielleicht in keinem anderen Film dargestellt. In der Mimik überaus zurückhaltend – die brave Kurzhaarfrisur mit Mittelscheitel und die künstlich verlängerte Nase sind für seine Erscheinung im Grunde unwichtig – erweckt er mit wenigen unerwarteten gestischen Kuriositäten den Eindruck des Absichtlichen; wenn Valentin da die Beine verschränkt als wären sie die Schlangen des Laokoon, wenn er eine Jacke anzieht als würde sie sich dagegen zur Wehr setzen, sieht das aus, als wolle er ganz verstohlen seiner Umwelt eine Freude bereiten. So angewandt, wird Komik auch zur rituellen Handlung, mit der der Sonderling sein eigenes Überleben beschwört.[62]

»Der Eindruck des Absichtlichen«, den Pflaum hier zutreffend beschreibt, läßt sich allerdings nicht auf die »zurückhaltende« Mimik zurückführen. Im Gegenteil: seine »zurückhaltende« Maske bringt seine Mimik wie in kaum einem anderen Film voll zur Geltung.

Valentins zärtliche Freude und Verlegenheit beim Kaffeetrinken mit seiner Meisterin (Liesl Karlstadt), seine Nervosität und Hektik im blitzschnellen Spurenverwischen des unschuldigen Vergnügens, seine diebische Freude über das zerschlagene Geschirr, die Niedergeschlagenheit des »Geächteten« und die Verdutztheit, wenn er bei seinem dritten Selbstmordversuch mit dem Kopf durch die Wand rennt: all das spielt sich nunanciert auf seinem Gesicht ab, drückt sich primär durch seine Mimik aus, von der Jerven auch in seiner Regieführung ausgeht. Durch Aufsicht, Untersicht oder Nahaufnahmen ist das Gesicht präsent und der eigentliche Movens des Films. Daher die Überraschung, wenn unerwartet der ganze Körper zum Einsatz kommt und sich slapstickartig grotesk gebärdet.

Dieser Film steht zwischen dem Grotesk- und Tonfilm. Valentins Körper zeigt noch einmal seine Fähigkeit zur grotesken Übertreibung, aber auch schon zum Schauspieler der neuen Filmära. Der kinematographische Fortschritt zur Nahaufnahme eines sprechenden Gesichts schien den dazugehörigen Laut zu erzwingen. Es ist allgemein bekannt, wieviel Schwierigkeiten die Stummfilmkomiker mit dem Ton hatten und wie lange sich beispielsweise Chaplin gegen ihn wehrte. Aber nicht nur sie begegneten dieser Entwicklung des Kinos mit Mißtrauen. So schreibt 1929 Benjamin Fondane:

Die Sehnsucht des Stummfilms zielte fühlbar (wenngleich unterirdisch und stammelnd) auf die Katastrophe in der Aufhebung jeglicher Rede und somit jeglicher die Rede fundierender Logik und jeglicher in der Logik fundierten Konzeption vom Menschen. Wer die chiffrierte Sprache des Stummfilms erfaßt hatte, nahm Anstoß an den Zwischentiteln, litt unter dem nachahmenden musikalischen Geräusch, welches sich anbot, dem, was in sich vollkommen war, einen zusätzlichen Text zu unterlegen und vom Bild einen doppelten Gebrauch zu machen... Der Zuschauer sollte den Boden unter den Füßen verlieren, das ist alles, was das Kino wollte... Doch wie soll man das erreichen, wenn die Figuren den ganzen Film über reden, wenn sie uns jeden Augenblick wecken, oder vielmehr, wenn sie uns nicht einschlummern lassen, wenn sie von allen Dächern schreien, was sie sind und daß sie zweifelsohne alles sind, was sie sein können, niemals aber, was man wollte, daß sie seien.[63]

Gegen den Verlust des Imaginären, Traumhaften wünscht sich Fondane eine kontrapunktische Verwendung des Tons im Film.

Aufgeblähte Geräusche oder Wörter, deformiert, falsch bis zum äußersten: ist das nicht die einzige Verwendung von Sprache und Geräusch, die in der Lage wäre, die Errungenschaften des Stummfilms aufrechtzuerhalten und – in Abwandlung seiner Form – seine hypnotische Macht zu mehren?[64]

In den Experimentalfilmen bis heute und in den komischen Filmen – denkt man an die Festredner in Chaplins »City Lights«, an W. C. Fields, Jerry Lewis und vor allem an Jacques Tati – findet Fondanes Wunsch eine poetische Umsetzung. Hier wird gezeigt, daß die Sprache nicht unbedingt die Filmsprache verdoppelt und sie zurück ins Reich der Logik holt. Sie vermag zu erweitern und neue Dimensionen des Komischen offenzulegen.

Karl Valentin blieben diese Möglichkeiten des Tonfilms verschlossen. Obwohl er mit Sprache und Geräuschen arbeitete, fand sich kaum ein Regisseur, der seine spezifische Komik adäquat umsetzte. Überhaupt ist Valentins Filmschaffen noch immer ein »Mysterium« bestehend aus verschollenen, nicht realisierten, erträumten Filmen und Fragmenten.

Was heute von Valentins Werk im Tonfilm zu sehen ist, hinterläßt einen schalen Beigeschmack. Hatte er doch mit seinen Stummfilmen und besonders im »Sonderling« bewiesen, daß seine Komik nicht allein vor einem breiten Theaterpublikum, sondern auch vor dem intimen Kameraauge funktionierte. Carl Einstein 1922 in »Die Pleite des deutschen Films«:

Der einzige, der die kanonisierte Blödheit des Films zu benutzen weiß: Chaplin. (Während die Deutschen den großen Münchner Karl Valentin durch Herrn P. überzetern lassen.)[65]

Max Ophüls war einer der wenigen, der Valentins Qualität erkannte. Valentin spielte in seinem Film »Die verkaufte Braut« (1932) den Zirkusdirektor. Ophüls vertraute auf Valentins Interpretationskunst und band ihn an kein Drehbuch, sondern erklärte ihm lediglich die Szenen. Heraus kam ein wunderschön demokratischer Film ohne einen eigentlichen Star. Daß Ophüls die Improvisationsfähigkeiten Valentins richtig eingeschätzt hatte, beweist folgender Dialog:

VALENTIN: Wenn einer a Geld hat und is kein Artist, des is gerade so als wie, als wie irgendwas anders. Wenn ein Artist Geld hat oder er hat keins oder sagen wir, er is ein Artist, nein, er hat kein Geld und is doch ein Artist – du verstehst mich schon. – Wenn er ein Artist wäre oder er will ein Geld – naa, Geld will ja jeder. Ich mein, wenn er...

KARLSTADT: 's Gscheitste wär des, wenn einer ein Artist wär und recht viel Geld hätte.

VALENTIN: Ja, des mein ich, ja, des mein ich.[66]

Der Film beweist, was, abgesehen von den oben geschilderten Möglichkeiten des Tons für Komik, erreicht worden wäre, hätte man Valentin wenigstens gelassen. Statt dessen zwängte man ihn in seinen übrigen langen Spielfilmen »Kirschen in Nachbars Garten« (1935) und »Donner, Blitz und Sonnenschein« (1936) in ein Korsett aus Drehbuch, Typenfixierung, unliebsamen Partnern und bajuwarischer Heimattümelei. Daß Valentin diese Filme nicht gepasst haben, zeigt anschaulich seine Phobie vor dem maßgebenden Regisseur dieser »lustigen« Heimatfilme Erich Engels, die eben dieser in seinem Buch über die Zusammenarbeit vergnüglich schildert[67]. Das gequälte Hinnehmen von Einschränkungen der künstlerischen Persönlichkeit drückt sich in diesen Filmen auf eine besondere Art aus. Valentin erscheint im Bild abseits, verlegen und linkisch. Das spitzbübige Lächeln glimmt kaum noch in seinem Gesicht auf. Die häufigen Versprecher sind nicht wie in anderen Filmen Zeugnis der Improvisation. Sie sind Signale von Verlegenheit und Subversion gegenüber dem Regisseur und seinem Film. Valentin drückt seine Verachtung gegenüber diesen Filmen in der letzten Strophe seiner Lili Marleen-Parodie aus:

Was Valentin nicht filmen will, sind:
Bayrische Filme – Schuhplattlergestampf,
Rauferei auf Kirchweih – Schmalznudelgedampf,
Zum Kammerfensterln schleicht der Bu-a.
Beim Bayernfilm ist alles da:
Ha, ha, ha, ha, ha, ha – ha, ha, ha, ha, ha, ha.[68]

Die restlichen Filme und damit der Hauptteil bestehen aus mehr oder weniger geglückt abgefilmten Bühnenstücken. Hier ist Valentin in seiner ganzen Größe präsent: sein komischer Einfallsreichtum, sein Umgang mit der Sprache, dem Körper, der Maske und sein Personal. Und doch sind diese Filme keine Schöpfungen, die sich einer cineastischen Sprache bedienen. Es sind

jene Kurzfilme, wo brave Handwerker wie Joe Stoeckl oder Rolf Raffe Valentins Szenen schlicht abfilmten. Phantasie und Gestik von Valentin und Karlstadt wurden respektiert. Und das Medium Film machte ihre physische Realität sogar noch eindringlicher. Der Dekor mußte realistischer sein als auf der Bühne.[69]

Doch kommen auch in diesen Filmen Szenen vor, in denen der Regisseur mit dem Medium durchgegangen ist. Wenn beispielsweise in der »Orchesterprobe« das Lachen der übrigen Orchestermitglieder in Großaufnahme gezeigt wird, beunruhigt das und lenkt ab, weil man nicht weiß, was man an Gesten Valentins in dieser Zeit verpasst. Ich wünsche mir dann einen Regisseur wie Jean-Marie Straub für Valentin.

Eigentlich sind diese Filme Zwitterwesen. Sie spielen meist auf begrenztem Raum, der dem einer Bühne gleicht (Der Firmling, 1934; Der Theaterbesuch, 1934; Im Schallplattenladen, 1934 u. a.) oder machen Theater im Film mit Schauspielern, Bühne und Publikum (So ein Theater, 1934; Der verhexte Scheinwerfer, 1934 u. a.). Außenaufnahmen finden höchstens bei Eingangs- oder Schlußsequenzen Anwendung (Beim Nervenarzt, 1936 u. a.). Filmtricks kommen überhaupt nicht vor. Höchstens Schnitt und Blickwinkel verraten filmische Ambitionen. Die »Möglichkeit einer alogischen oder *diskontinuierlichen* Verwendung des Raums«, die nach Susan Sontag der Film im Unterschied zum Theater besitzt[70], wird kaum genutzt. So gleichen diese Filme heutigen Fernsehkomödien, d. h. sie sind weder reine Dokumentationen eines Theaterstücks, noch verfilmtes Theater im Sinne von André Bazin, in dem

es nicht darum geht, das dramatische Element eines Theaterstücks – ein Element, das zwischen der einen oder anderen Kunst nicht austauschbar ist – auf die Leinwand zu übertragen, sondern, umgekehrt, die Theatralik des Dramas. Der Gegenstand der Adaption ist nicht der des Stückes, das Stück selbst ist es, in seiner szenischen Besonderheit.[71]

Die Chance der *Verfilmung* der Theatralik der Valentinschen Komik wurde hier vertan.

Zum Schluß seiner filmischen Laufbahn spielte Valentin noch einen Film ein, der mehr als außergewöhnlich ist, »Die Erbschaft« (1936) unter der Regie von Jacob Geis. Dieser Film zeigt noch einmal überdeutlich die filmschauspielerischen Fähigkeiten Valentins, und daß es nur eines guten Regisseurs bedurfte, um diese zu vermitteln. Geis hatte Brecht und Fleißer inszeniert. Man spürt, wie behutsam er mit Valentin umgeht und ihm Zeit läßt in diesem Film, in dem ein völlig verarmtes Ehepaar eine Erbschaft macht, daraufhin die restlichen spärlichen Möbel weggibt. Die neuen Möbel werden geliefert, und es sind Liliputanermöbel. Die Erbschaft war eine Verwechslung. Übrig bleibt eine Lampe und der Fußboden zum Schlafen.

Dies ist wohl einer der traurigsten Filme von Valentin. Er spielt darin die geschundene Kreatur, verfolgt vom Gerichtsvollzieher, verspottet vom Hauswart, gequält von einem Kind und zum Narren gehalten von Kleinbürgern. Und das vermeintliche Glück entpuppt sich als der letzte Tiefschlag an einem einzigen Tag.

Diese Darstellung des Elends ist so übergenau und deutlich auch in den Milieudetails, daß die grotesken Elemente – Valentins Kampf mit dem Liliputanerbett zum Beispiel – den Film zu einer sozialen Anklage verschärfen, wie es vergleichsweise Chaplin in »Modern Times« gelingt.

Die »Erbschaft« ist auch technisch bemerkenswert. Die Kamera steht zuweilen sehr weit von den Vorgängen, erfaßte Räume, Straßenzüge, Einstellungen, wie wir sie aus jener Zeit eigentlich nur bei Renoir kennen. Schade, daß »Die Erbschaft« der einzige Film ist, für den Jacob Geis selbständig als Regisseur zeichnete.[72]

Schade, daß Valentin nicht viele solcher Regisseure hatte. In seinem Panoptikum integrierte er einen kleinen Kinoraum. Der Besucher setzte sich auf die bereitstehenden Stühle und wartete auf den Film. Doch dieser wurde nie gezeigt. Nach einiger Zeit bemerkte er in dieser Vorform des Expanded Cinema im Halbdunkel andere Personen, die auch auf den Film warteten.[73] Zu seiner Bestürzung mußte er feststellen, daß diese Besucher Wachspuppen waren (Kat. Nr.

122, I). Dieses Environment ist nicht nur ein Spiel mit den Sinnen. Es ist der stumme Protest desjenigen, der seine filmschauspielerischen Ambitionen verraten sah, und der in seinem schon zitierten »Karl Valentins Filmpech« weiter sang:

Vor Geiselgasteig – steht der Valentin,
er steht vor den Toren – selten war er drin.
Er hätte so gute Filmideen – doch wolln die Herrn ihn nicht verstehn,
trotzdem er arisch ist – trotzdem er arisch ist.[74]

Der Film »Die Erbschaft« wurde wegen »Elendstendenzen« im gleichen Jahr verboten. Uraufführung war 1976.[75]

Valentins Groteskfilme, seine Arbeiten mit den Regisseuren Jerven, Ophüls und Geis können als die eigentlichen Höhepunkte des Filmschauspielers und »verhinderten Weltstars« (Ulrich Kurowski) angesehen werden. Trotzdem sind die abgefilmten Szenen und Stücke nicht unterzubewerten, denn sie vermitteln einen Einblick in die Theaterpraxis. Hier kann die Arbeit des »Schauspieler-Autors« nachvollzogen werden, der sich wie Nestroy die Stücke auf den Leib schrieb.[76] Da die wenigsten Analysen sich mit der Bühnenpraxis Valentins beschäftigen, möchte ich versuchen, die Struktur eines solchen Stückes aufzuzeigen, um dessen handwerkliche Seite zu beleuchten. Ich gehe dabei von dem Einakter »Der Firmling« aus, der 1934 verfilmt wurde. Dieser Film gleicht noch am ehesten der Dokumentation eines Theaterstücks.

Die Kamera springt nicht um, die Perspektive bleibt den ganzen Film über. Trotzdem ist hier nicht der Eindruck, als ob das Geschehen auf einer Bühne stattfindet, (...) eher, daß dort, wo die Kamera postiert ist, ein Abgrund runtergeht.[77]

Diese sachliche Stellung zwischen Film und Bühnenstück erlaubt es dem heutigen Betrachter, einen möglichst getreuen Einblick in die Bühnenpraxis Valentins zu gewinnen. Zudem ist kein anderer Bühnenfilm so ausführlich schriftlich dokumentiert wie dieser. Ich folge der »Transkription« Eberhard Ludwigs, der sich die Mühe gemacht hat, jede Einstellung, jede Bewegung auf der Bühne genau zu verzeichnen. Die Dialoge werden im ursprünglichen Münchner Dialekt wiedergegeben.[78]

Ausgangspunkt für den »Firmling« ist ein Erlebnis Liesl Karlstadts im Inflationsjahr 1922. In einem Zigarrenladen belauscht sie den Inhaber, der einem Kunden die Geschichte seines Firmlings erzählt:

Der Zigarrenhändler hatte einen Firmling und wußte nicht, woher er einen Firmungsanzug für ihn bekommen sollte. Zu einem neuen langte es nicht, denn dazu war auch schon bei der Kommunion das Geld zu knapp gewesen. Zufällig bekam der Erzähler von einem Jugendfreund, der ihn noch daliegen hatte, einen Firmungsanzug von dessen Sohn angeboten. Und nun kam das Außerordentliche: »Paßt hat er!« schrie der Firmpate ein über das anderemal und er fing seine Geschichte immer wieder von vorne an, um dieses triumphierende »Paßt hat er!« zum zweiten und zum dritten Male hinauszuschmettern zu können.[79]

Liesl Karlstadt erzählte diese Geschichte Valentin. Aus einem »Stück Münchner Wirklichkeit«[80] wird eine Groteske.

Der Inhalt des Stückes ist kurz erzählt. Ein Vater (Karl Valentin) kommt mit seinem Sohn Pepperl (Liesl Karlstadt) in ein vornehmes Münchner Weinrestaurant, in das er offensichtlich als »einfacha Mittelständla« nicht paßt. Der angetrunkene Vater und sein Firmling mit der Kerze sorgen gleich zu Beginn für Aufregung, indem sie Stühle und Tische umwerfen. Nach umständlichen Bestellungen beim Kellner, und nach verschiedenen grotesken Situationen wird es dem Firmling von seiner ersten Zigarre schlecht, und der Vater ist schließlich so betrunken, daß er vom Stuhl kippt. Der Kellner kommt mit den bestellten Spaghetti. Vater und Pepperl stopfen sie sich in die Taschen und verlassen, ohne zu zahlen, unter lautem Getöse das Lokal. Die Nacherzählung verdeutlicht die Nebensächlichkeit der Handlung. Das Stück lebt allein aus der Situation, wie überhaupt, bis auf wenige Ausnahmen, Valentins Bühnenstücke kaum Geschichten erzählen, sondern situationsbezogen sind.

Ein beliebiger banaler Anlaß, der im Titel angekündigt wird, bestimmt die Basis des Stückes. Sie wird mit weiteren Einfällen gefüllt, erweitert und variiert, so daß in einigen Stücken von der ursprünglichen Idee kaum etwas übrigbleibt und der Titel etwas ankündigt, das das Stück selbst nicht mehr einlöst.[81] Dadurch, daß Valentin auf einem aufgeworfenen Problem insistiert, immer wieder nachfragt, alles genau nimmt, die Angelegenheit mit seiner ureigenen Logik, Schlauheit und Frechheit konfrontiert, steht er plötzlich vor dem Problem des Schlusses. Denn seine methodische Art zu denken läßt keinen Schluß zu. Valentin wirft Probleme auf, die nicht lösbar sind.

Meist beendet Valentin eine Digression durch eine unangemessene schwache Pointe, nur um irgendwie Schluß zu machen.[82] Aber in seinen konsequenten Momenten entzieht sich Valentin entweder durch Destruktion und Flucht[83], durch ein potentiell endloses Weitermachen[84] oder durch die Kreisbewegung, wie sie sich auch in Ionesco's »Die kahle Sängerin« findet.[85]

Der Firmling verbindet auf paradoxe Weise zwei Schlußmöglichkeiten: Destruktion/Flucht und Kreisbewegung.

Der Vater, mittlerweile völlig betrunken, ißt seine Spaghetti so tief über den Teller gebeugt, daß alles mitsamt dem Tisch umkippt. Vater und Sohn stopfen sich die Nudeln, wohin es nur geht. Mit den Worten Pepperls: »Komm komm, geh ma heim!« (S. 366) verlassen beide, der Vater auf den Sohn gestützt, den Tisch mitschleifend und eine Venus-Statue umstürzend, das Lokal. Dies ist ein dramaturgischer Einfall, um der endlosen Erzählung vom Anzug, deren Pointe Valentin auf dem Boden liegend noch zum Besten gibt (insgesamt wird sie achtmal erzählt), ein Ende zu machen. Valentin erweitert übrigens die Erzählung des Tabakhändlers und verschärft die Pointe: »Basst hata, wo er an Bum net kennt« (S. 361). Bei jedem »Basst hata« haut Valentin noch zusätzlich mit der Hand auf den Tisch.

Betrachtet man nun den Anfang des Stückes, so kann dieser als eine Spiegelung des Endes gesehen werden. Denn schon gleich zu Beginn verknoten sich Vater und Pepperl in einer langen, fast stummen Einstellung mit Tisch und Stühlen, stürzen diese um und bauen sie neu und eigenwillig wieder auf. In dieser Kreisbewegung liegt das Stück. Es erscheint ohne Anfang und ohne Ende, wie ein Einbruch in eine scheinbar geordnete Welt, deren Statisten ein Ehepaar und ein Kellner sind.

Die Kreisbewegung ist Ausdruck der Unlösbarkeit eines Problems und der Hoffnungslosigkeit. Bei Valentin, wie auch im absurden Theater, ist sie Zeichen für den Verlust einer Weltordnung und eines Wertsystems. Dieser Verlust entsteht aus dem Zweifel, der sich nährt aus der Erfahrung der »Liquidation des Subjekts«[86].

Valentins Zweifel sind enzyklopädisch. Es ist, als ob er in seinem Werk kein kulturelles System ausläßt, als ob jede scheinbar festgefügte Ordnung, als Basis menschlichen Lebens, nur eines kleinen Einhakens bedarf, um jenes Daseinsgefühl der Absurdität hervorzurufen. Valentin zeigt, daß die Sprache als Kommunikationssystem ausgedient hat.[87] Der Politik ist der Mensch nur Kriegsmaterial.[88] Die Wissenschaft redet Unsinn.[89] Die Warengesellschaft verpflichtet zum Konsum ohne Rücksicht auf den Nutzen der gekauften Ware.[90] Der Mensch paßt sich dem Objekt an.[91] Die Objekte stellen sich zwischen die Menschen.[92] Die Objekte handeln.[93] Verkehrsordnungen erweisen sich als willkürlich[94], Kultur als überflüssig[95], die Geschichte als eine nicht nachvollziehbare Anhäufung von Namen und Zahlen.[96] Valentin zieht die Ordnung der Systeme universell in Zweifel.

Es muß auf einen grundsätzlichen Unterschied zum absurden Theater hingewiesen werden, mit dessen Stücken Valentins Theaterarbeit häufig verglichen wird.[97] Valentins Stücke sind immer geprägt durch einen Ausgangspunkt in der Realität, die vermittelt wird durch u. a. Kostümierung (Vater mit Gehrock und Melone, Pepperl mit Kerze) oder durch die Bühnendekoration (Restaurant). Im absurden Theater dagegen wird ein Realitätsbezug von vornherein aufgegeben. Das Absurde ist absolut gesetzt. Es wird nicht durch Kritik vermittelt.[98] Sie ist selbst das Absurde, oder, wie es Adorno über Beckett schreibt:

Er (Beckett, d. Verf.) verlängert die Fluchtbahn der Liquidation des Subjekts bis zu dem Punkt, wo es in ein Diesda sich zusammenzieht, dessen Abstraktheit, der Verlust aller Qualität, die ontologische buchstäblich ad absurdum führt, zu jenem Absurden, in das bloße Existenz umschlägt, sobald sie in ihrer nackten sich selbst Gleichheit aufgeht.[99]

Valentins Stücke dagegen sind nicht absolut absurd. Das Absurde entwickelt sich erst in ihnen. Es entsteht durch eine Steigerung des Zweifels und der Kritik, die sich bis in die Unendlichkeit fortsetzen kann.

Die Strukturelemente des »Firmling« verdeutlichen dies. Zwischen den beiden Polen der Destruktion, die das Stück in einer Kreisbewegung zusammenschließen, gibt es keinen eigentlichen Höhepunkt, sondern das Stück besteht aus einer Reihung von Digressionen, die geschickt miteinander verzahnt sind.

Jedes ist eine Nummer für sich, hat für sich einen Aufbau. Ist es nicht nur ein Einfall. Entwicklung, Wiederholung und Variation.[100]

Eine versuchte Überschrifteneinteilung in der Reihenfolge der einzelnen »Nummern« könnte so aussehen: 1. Der stumme Kampf mit dem Objekt, 2. Der Affenthaler, 3. Die halbe Doppelportion, 4. Der zerbrochene Strohhalm, 5. Schön ist die Jugendzeit, 6. Der Firmling, 7. Die Flucht.

Die Funktion des Kellners ist es, zwischen den einzelnen »Nummern« eine Verbindung zu schaffen, indem er ein unendliches Problem beendet oder ein neues aufwirft. Der Kellner unterbricht Valentin und Liesl Karlstadt und stellt als Angestellter des Restaurants die Realitätsebene der Bühnendekoration wieder her. Von Bruch zu Bruch bewegt sich das Stück oszillographisch, zusammengehalten allein durch die Situation.

Der lange, dürre Vater trägt einen zu weiten Mantel und zu lange Hosen. Dem etwas dicken, kleinen Firmling ist der Anzug zu eng. Der Vater macht insgesamt den Eindruck eines heruntergekommenen Kleinbürgers, während der Firmling in seinem neuen Anzug gepflegt und etwas dümmlich erscheint. Bevor sie überhaupt in dem Restaurant Platz nehmen, müssen beide einen stummen Kampf mit der »Tücke des Objekts« durchstehen. Mit einer grandiosen Sicherheit verheddern sich beide mit Stühlen und Tisch. Tischbein und Menschenbein verschlingen sich miteinander. Dazu kommt der Kampf mit den eigenen Attributen: Regenschirm, Kerze, Uhr und Hut. Während des Kampfes versuchen sie, möglichst alles beieinander zu halten und eine gewisse Würde zu wahren. Nachdem sie sich aus der Verschränkung mit den Dingen gelöst haben, »schaut (Valentin) sich um als habe er etwas vollbracht, was einer bitte jetzt mal nachmachen soll (...)«.[101]

Im Verlauf des Stückes kommt es zu weiteren Auseinandersetzungen mit den Dingen: Hut, Kerze, Schnapsflasche, Zahnstocher,

Stuhl, Tisch, Geschirr. Es ist, als ob sich sämtliche Dinge gegen sie verschworen hätten.

Im Slapstickfilm führt der Kampf mit dem Objekt am Ende zur Destruktion. Im »Firmling« wird umgekehrt vorgegangen. Die Destruktion (das Umkippen von Tisch und Stühlen) steht am Anfang. Dann erst beginnt die Auseinandersetzung. Es findet also keine Befreiung durch Destruktion statt, sondern eine zunehmende Verwicklung. Die Autonomie des Menschen gegenüber der Dingwelt wird, je länger der Kampf dauert, fragwürdiger. Zeit und Raum lösen sich vorübergehend auf, und es steigert sich der Eindruck einer reinen Poesie, die sinn- und zwecklos ist wie das Absurde selber.

Neben der körpersprachlichen Komik und dem Kampf mit der Tücke des Objekts ist vor allem der Sprachzweifel die treibende Kraft im Werk Valentins. Diese drei Momente verbinden sich in ihm zu einer unauflöslichen Einheit. Sie unterstützen und ergänzen sich so, daß heute, will man den Komiker Valentin in seiner ganzen Gewichtigkeit erfassen, nur noch eine bescheidene Annäherung möglich ist.

Jede Aufführung (...) war ein Unikat, oft erheblich schärfer als die Niederschriften oder Film- und Tonbandaufzeichnungen, und verlangte von seinen Partnern darüber hinaus wahre Meisterstücke der Improvisation.[102]

Valentin verstrickt sich in die Logik der Sprache, indem er die Bruchstellen dieser Logik aufspürt und konsequent weiterdenkt. Die Sprache wird zum Gegenstand, der auseinandergenommen werden kann. So leben Valentins Stücke vom Sprachspiel, von Wortneuschöpfungen. Diese Sprachbehandlung steht im Zusammenhang mit dem allgemeinen Sprachzweifel, den die Literatur seit der Jahrhundertwende thematisiert. Als Stichworte seien hier angegeben: Expressionismus, Futurismus, Dadaismus. Gemeinsam ist all diesen Richtungen die Erfahrung, daß die Sprache als Kommunikationssystem ausgedient hat, daß sie unbrauchbar geworden ist, um eine komplexer gewordene Wirklichkeit zu beschreiben. Fritz Mauthner und Ludwig Wittgenstein untermauern diese Erfahrung theoretisch.

Das klassische Weltgefüge wurde im Nennen erkennbar, hing jedoch im Wesen und Sein von der Sprache ab: denn die Sprache wurde ebensosehr dadurch bedingt, wie sie sich da hineintastete. Die Wörter waren Gehäuse der Dinge. Jetzt sind sie selbst eine neue Art von Dingen, weil die Wirklichkeit, mit der die Sprache es heute zu tun hat, nur insofern besteht und anerkannt wird, als sie formulierbar ist.[103]

Die Sprachbehandlung Valentins nennt Manfred Geier den »Effekt Valentin«. Geier sieht das gesamte Werk Valentins »durchsetzt mit sprachkritischen Schock-Momenten, an denen plötzlich ein Orientierungsverlust im Medium der allgemeinen sprachlichen Ordnung offenbar wird«[104].

Einige sprachkritische Fundstücke aus dem »Firmling« sollen diesen »Effekt« erläutern. Valentin bedient sich zweier Sprachen: der bayerischen Mundart und des Hochdeutschen. Beide Sprachen stehen miteinander im Konflikt. Dem Temperament Valentins entsprechend sind ihre Übergänge jedoch fließend. Das Hochdeutsche benutzt er als eine offizielle Sprache, um beispielsweise eine Bestellung aufzugeben, oder als die vornehme Sprache gewählter Ausdrücke, während das Bayerische seine Alltagssprache ist.

Aba sigst Franze, habi-gsagt, sosehr mich dein Antrag würdigt, dass dumia ozusagn diesn Anzug kredenzt, so hat die Sache doch einen bitteren Hakn, weil sage-e es is nicht gesagt, was deinen Hundsbuam, deinen Hundsbubn basst, dass des meinen, meiner Knabn auch basst, netwahr. (S. 360)

An diesem Textzitat wird deutlich, wie nuanciert und prononciert Valentin mit beiden Sprachen umgeht. Beide Sprachen besitzen ihren spezifischen Jargon, im Sinne von Sprachklischees, die für sich selbst stehen und eigentlich nichts mehr aussagen, wie das hochdeutsche »sosehr mich dein Antrag würdigt« und das bayerische Hundsbuam«. Indem Valentin diese Sprachebenen miteinander vermischt, stellt er den Jargon bloß. Er spielt sie gegeneinander aus oder vereint sie in einem einzigen Wort »Du Hundling!« (S. 357).

Im Gegensatz zum Gebrauch des Jargons steht das Genaunehmen der Sprache. Allerdings stößt Valentin hier an die Grenze ihrer Loik. Er demonstriert u. a. die Beliebigkeit von Aufzählungen:

kein, kein Hemd hast gehabt, keine Schuhe, keine Stiefl, kein Karagda, garnix hast gehabt, garnix. (S. 358)

Das Wort »Kleidaerziehungsanstaltn« (S. 358) ist ein Sprachspiel und steht für Kleidergeschäft. Es zeigt die Doppelbödigkeit der Sprache, die einerseits monströse Wortneuschöpfungen erlaubt, andererseits durch den Austausch eines einzigen Buchstaben neue Sinnzusammenhänge eröffnet. Aus einem solchen Sprachspiel kann sich auch eine ganze Szene ergeben. Valentins Logik sieht dann so aus: Wenn »Emmentala« ein Käse ist, dann ist »Affnthala« auch ein Käse. Wenn der »Affnthala« in einer Flasche ist, gibt es Käse in der Flasche. Wie bekommt man dann den Käse aus der Flasche? Wie weich muß der Käse sein, wenn man ihn trinken kann! Valentin geht von einer falschen Prämisse aus und macht sie zur Konstanten. Er beharrt auf dem einmal Angenommenen und ist nicht bereit, es zu revidieren. Der Vater geht sogar soweit, seinen Sohn zu bestrafen. Der Firmling »bekommt vom Vater eine geschmiert«.

Vater: »Was gibtsnda zlachn? Du bläda Bub du bläda. Is des so lustig wennma an Käs netrausbringa aus da Flaschn?« (S. 347)

Diese Szene zeigt, daß sich auf einer falschen, unrealistischen Prämisse mittels Sprachlogik ganze Denkgebäude errichten lassen können. Die Relativität von Sprache tritt zutage, wie in jenem durchaus logischen »Basst hata, wo er den Bum garnet kennt!«

Die Komik Valentins resultiert aus dem Versuch, trotz der Erkenntnis, daß Sprache als Kommunikationssystem unbrauchbar geworden ist, sich dennoch ihrer zu bedienen, um sich auszudrücken. Er will sich mitteilen, aber der genaue Blick auf die Sprache läßt ihn zum »Sprachforscher« werden. Es ist ein »Vermeiden der *Entfremdung* durch *Verfremdung*«[105]. Aber die Verfremdung kann die Entfremdung nicht auflösen, denn Valentins Denken ist spiralenhaft und letztlich ohnmächtig. Es schraubt sich unaufhörlich weiter trotz falscher Prämissen. Im »Firmling« erlöst Valentin seine Ohnmacht durch Aggressionen. Der Vater schlägt seinen Sohn oder beschimpft ihn: »Gurgl dre i da heit no ab, net dFeda« (S. 357) oder den Kellner: »Sie habn mir garnix, sie habn mir garnix einzureden, des merkans ihna, sonst sag ich ihna, sag ich ihna was was andas« (S. 365)

Das in diesem Stück häufig auffindbare Stottern und Versprechen äßt jedoch eine Tendenz erkennen, die zu dem Schweigen führt, das seinen späten Dialog »Nein« (vgl. AvKV S. 264 f.) prägt. Es ist die zunehmende Reduzierung von Sprache, wie sie sich auch im Werk Becketts ablesen läßt. Und Schweigen ist letzte Antwort auf ein ohnmächtiges Dasein.

Nach dem 2. Weltkrieg richtet sich Valentins Wunschdenken auf die totale Zerstörung der realen Welt.

> Wenn ich einmal Herrgott wär,
> Ich glaub, ich käm in Wut,
> Weil diese Menschheit auf der Welt
> Grad tut, was sie gern tut.
> Ich schaute nicht mehr lange zu,
> Wenn's miteinander raufen;
> Ich ließe eine Sintflut los
> Und ließ sie all ersaufen.
>
> Ja, lieber Herrgott, tu das doch,
> Du hast die Macht in Händen,
> Du könntest diesen Wirrwarr doch
> Mit einem Schlag beenden.
> Die Welt, die du erschaffen hast,
> Die sollst du auch regieren!
> Wenn du die Menschheit nicht ersäufst,
> Dann laß sie halt erfrieren.
>
> (AvKV S. 183)

Bleibt die Apokalypse aus, besteht immer noch genügend Hoffnung auf die Zerstörung des Menschen durch den Menschen, auf die Atombombe[106]. Diese Resignation ist die Konsequenz seines Werkes. Er kann die gesellschaftlichen Widersprüche nicht auflösen. Valentin stellt sich clownesk gegen die Systeme, verwickelt sich in ihrer Logik, produziert seine sich daraus entwickelnden, präzis einstudierten Katastrophen. Er versucht seiner Ohnmacht Herr zu werden, indem er den Kampf aufnimmt bis zur Destruktion. Doch kann die Destruktion nicht darüber hinwegtäuschen, daß jeder Lösungsversuch in der Kreisbewegung oder im potentiell Unendlichen vorläufig endet. Es bleibt alles »saudumm«: einer der Lieblingsausdrücke Valentins.

Der Museumsdirektor

... – wir sind das erste studiert
Zeitalter in puncto der »Kostü
me«, ich meine der Moralen, Glau
bensartikel, Kunstgeschmäcke
und Religionen, vorbereitet, wi
noch keine Zeit es war, zum Kar
neval grossen Stils, zum geistige
Fasching-Gelächter und Über
muth, zur transcendentalen Höh
des höchsten Blödsinns und de
aristophanischen Welt-Verspot
tung. Vielleicht, dass wir hier ge
rade das Reich unserer Erfindun
noch entdecken, jenes Reich, w
auch wir noch original sein kön
nen, etwa als Parodisten de
Weltgeschichte und Hanswürst
Gottes, – vielleicht dass, wen
auch Nichts von Heute sons
Zukunft hat, doch gerade unse
Lachen noch Zukunft hat!

Friedrich Nietzsch

Begeistert ist das Publikum von Valentin's Panoptikum! Das Originellst
Museum der Welt! Täglich im Hotel Wagner, Sonnenstr. 23. Eintrit
60 Pfg. Kinder & Militär die Hälfte. Wochentags von 4-12^h nachts, Sonn
tags von 4-12^h nachts.[1]

Am 21. Oktober 1934 eröffnete Karl Valentin in den Kellern de
Hotels Wagner sein Panoptikum. Neben dem ›Kolosseum‹ ist das ir
dem Hotel Wagner beheimatete Kabarett ›Wien-München‹ sei
1911 einer der Hauptspielorte Valentins. Die Idee Valentins ist es
über seine Szenen und Stücke hinaus seinen Einfällen eine museal
Dauer zu verleihen. So werden in langwieriger und kostspielige
Arbeit die Keller des Hotels Wagner in »Grusel- und Lachkeller
verwandelt. Ein Restaurationsbetrieb mit dem Namen »Die Hölle
ist angeschlossen. Beteiligt an diesem Unternehmen sind neben Va

lentin Liesl Karlstadt, bei der Valentin einen Kredit aufnehmen muß, die Gebrüder Wagner als Hauseigentümer und der Universitätsplastiker Eduard Hammer, der mit seinen Wachsplastiken das Panoptikum entscheidend beeinflußt und mitträgt.

Emil Eduard Hammer stammt aus einer oberpfälzischen Wachsbildnerfamilie, die durch das ganze 19. Jahrhundert hindurch erfolgreich arbeitete und ihre Tradition an die Söhne weitergab. 1838 wird der Wachsbossierer Josef Hammer von Ludwig I. zum Hofwachsplastiker ernannt. Sein Sohn Johann Hammer »gilt als der Erfinder der lebensgroßen Wachsfiguren, die man vor der Jahrhundertwende auf allen Schaustellungen sah«[2]. Emil Eduard Hammer leitet neben seiner Tätigkeit als Universitätsplastiker (Herstellung von anatomischen Wachsplastiken und Modellen für medizinische Universitäten in aller Welt) das 1894 eröffnete gigantische »Internationale Handelspanoptikum und Museum« in der Münchner Neuhauser Straße 1.[3] Neben dem Grevin-Panoptikum in Paris (gegründet 1882), Madame Tussaud's Wachsfigurenkabinett (gegründet 1835) in London und dem Berliner Panoptikum hat nun München neben dem Jahrmarktspanoptikum ein eigenes festes Haus der Volksbildung und des Vergnügens. Wie alle Panoptiken des 19. Jahrhunderts besteht auch das Münchner »Internationale Handelspanoptikum und Museum« aus einer Mischung von Wissenschaft, Abnormitäten, Geschichtsdarstellungen, Trivialitäten und Folterkammer.[4]

Der ganze Komplex kann seine Affinität zum Repräsentationssystem der Gründerzeit nicht leugnen. Kaiserkult und Fortschrittsglaube gründen sich auf eine pathetisch stilisierende und beruhigende Aneignung von Geschichte (»Gefoltert wird bei uns nicht mehr«) und offensichtliche Erotik. Diese Fülle und Künstlichkeit findet sich in den Wohnungen des Bürgertums der Gründerjahre wieder mit ihren schweren Vorhängen, Teppichen und Nippes und in den Kaufhäusern und Weltausstellungen.[5] Das Panoptikum dient als verlagerte gute Stube, als verfügbar gemachte artifizielle Geschichtsmaschine. Daß diese Stätten der Volksbelehrung sehr erfolgreiche Unternehmen waren, beweisen die mannigfachen Gründungen von Panoptiken in den Zentren der europäischen Länder während der zweiten Hälfte des 19. Jahrhunderts.

1902 muß das »Internationale Handelspanoptikum« nach einem Brand geschlossen werden.

Die Sammlung wurde nach Saarbrücken verkauft und dort einzeln an Schausteller abgegeben, im Weltkrieg 1914/18 wurde das Wachs als Rohstoff beschlagnahmt und zu Seife verarbeitet.[6]

In Deutschland hat nur das Hamburger Panoptikum die Weltkriege überlebt. Das Musée Grevin in Paris kann noch besichtigt werden und Madame Tussaud bringt ihre Prominenten-Zeroplastiken laufend auf den neuesten Stand. Nach dem Zweiten Weltkrieg finden u. a. in Berlin und Hamburg Neugründungen statt.

Karl Valentin versichert sich der Mitarbeit Eduard Hammers, richtet aus dessen alten Beständen (40-50 Kisten, die am Lagerhaus Ostbahnhof lagern)[7] sein Panoptikum ein und reichert es mit eigenen Ideen und Objekten an. Er übernimmt dabei die Konzeption des alten »Internationalen Handelspanoptikums«. Das wächserne Inquisitionstribunal und die Folterszenen scheinen sich fast vollständig in den Kisten erhalten zu haben und brauchen nur neu aufgestellt zu werden. Die übrigen Wachspuppen werden über den »Grusel- und Lachkeller« verteilt aufgebaut.[8] Der »lehrreiche« Teil besteht aus Valentins Einfällen. Er »fälscht« die ursprünglich ernstgemeinten Geschichtsdarstellungen des Hammer-Panoptikums, indem er jedes beliebige Objekt zu einem geschichtlichen Objekt erhebt: »Der Apfel, in den Adam biß« (Kat.-Nr. 3), »Der Stein, auf dem Mariechen saß« (Kat.-Nr. 95, III). Erfinder unsinniger Produkte werden zu berühmten Persönlichkeiten hochstilisiert, und aus der Sammlung naturhistorischer Präparate wird »Karl Valentin's Zoologischer Garten« (Kat.-Nr. 120). Ferner bringt Valentin hier seine historische Postkartensammlung von Volkssängern und Volkssängerlokalen unter. Wie im Hammer-Panoptikum kann der Besucher auch hier einen Restaurationsbetrieb aufsuchen. Die Polizeidirektion hat gegen die Eröffnung des Panoptikums nichts einzuwenden, »soweit sich dieses Unternehmen im Rahmen des Gesetzes zum Schutz der nationalen Symbole bewegt und überhaupt damit in dem heutigen Geist nicht in Widerspruch kommt«[9]. In der Polizeiakte vom 22. Oktober 1934 heißt es:

Anläßlich der Besichtigung des Museums vom 20. 1. M. hat sich kein Anlaß zu nennenswerter Beanstandung ergeben. Es würde lediglich die Wegnahme des Stehkreuzes auf dem Tisch des Femegerichtes und die Verdeckung der Brustteile der halbnackten Frauenfigur (neben dem Tisch) verlangt. Darstellungen von Krankheiten wurden nicht gezeigt. Das Museum ist als eine Sammlung von gruselig wirken sollenden Kabinetts und humoristischen Darstellungen in Plastik, Wort und Bild, in echt Valentinscher Aufmachung anzusprechen.[10]

Die Obrigkeit ist einverstanden. Aber der Erfolg bleibt trotz der Berühmtheit Karl Valentins, trotz positiver Presseresonanz und Werbung aus.[11] Am 31. Dezember 1934 läuft die Konzession für das Panoptikum ab. »Am 4. Mai 1935 eröffnete Karl Valentin erneut, der Erfolg blieb aus, so daß am 16. November endgültig geschlossen werden mußte.«[12] Karl Valentin hat sein ganzes Geld in dieses Unternehmen gesteckt und damit verloren.

Liesl Karlstadt litt sehr heftig an den Folgen dieses wenig lukrativen und ihrem Geschmack nicht entsprechenden Schauerkellers. Sie wurde häufig von Depressionen heimgesucht und erlitt im April 1935 einen Nervenzusammenbruch.[13]

Trotz dieses Mißerfolges in jeder Hinsicht (persönliche Erfolgslosigkeit, finanzielle Probleme, Schwierigkeiten mit seiner Partnerin Liesl Karlstadt) gibt Valentin nicht auf, sondern eröffnet mit Martin Wegmann zwei Jahre später am 18. Juni 1937 erneut sein Panoptikum im Färbergraben 33.

Es ist nicht mehr das alte Panoptikum, sondern eine Neufassung dieser Schmunzel- und Gruselschau, die nicht ihresgleichen hat.[14]

Die Konzeption bleibt die alte: die Mischung aus Gruselkeller und Schaukabinett mit witzigen Objekten und zeroplastischen Genre-Gruppen. Im wesentlichen werden die Objekte des Panoptikums vom Hotel Wagner hier wieder installiert. Über den Erfolg dieses neuerlichen Versuches beim Publikum gibt es keine Informationen. Immerhin hält sich dieses Panoptikum länger als das nur knapp ein Jahr der Öffentlichkeit zugängliche im Hotel Wagner. Auch erweitert Karl Valentin sein Programm, indem er dem Panoptikum einen Spielort für seine Stücke hinzufügte. Aus dem Panoptikum wird die legendäre »Ritterspelunke«: Panoptikum, Kneipe und Kabarett an einem Ort. Seit dem 17. Juli wird hier täglich der »Ritter Unkenstein« aufgeführt. Nach jeder Vorstellung führt Valentin nicht nur erklärend sein Publikum durch die Räume des Panoptikums. Er erschreckte sein Publikum im Gruselkeller zusätzlich, indem er durch Kettenrasseln und andere derartige Geräusche den Effekt des Schreckens forcierte. Die Verbindung von Kellerraum, Dämmerlicht, schaurigen Szenen und akustischer Überhöhung löste beim Publikum eine Art Panik aus, die sich in Schreckensschreien entlud.[15] Die Brutalität des Zweiten Weltkriegs macht dem Ganzen ein Ende. »Am 30. November 1940 lachten die Münchner und auch die Nicht-Münchner zum letzten Mal in Karl Valentins Ritterspelunke am Färbergraben 33«[16]. Über den Verbleib der Objekte des Panoptikums konnte nichts in Erfahrung gebracht werden.[17]

1958 veranstaltet der Kunstmaler und zeitweilige Mitarbeiter Valentins, Hannes König, zur 800-Jahrsfeier der Stadt München eine erste große Valentin-Ausstellung aus den Beständen des Valentin-Archivs der Sammlung Niessen (heute Theatermuseum Porz-Wahn). Hier wird 10 Jahre nach dem Tod des Komikers ein umfassender Einblick in die Überreste seines Schaffens ermöglicht. Ein ausführlicher Katalog erscheint, der das Werk seit den Anfängen von 1907 beschreibend vorstellt.[18] Damit wird aber auch deutlich, daß nur noch wenige Dokumente seines langen und intensiven Lebens vorhanden sind. Diese traurige Situation versucht Hannes König zu überspielen, indem er mit großem Eifer ein Valentin-Museum im Isartorturm einrichtet. Hannes König will mit dem am 19. September 1959 eröffneten »Musäum« den Geist des Valentinschen Panoptikums bewahren. Neben den verschiedenen Leihgaben u. a. des Stadtarchivs, der Stadtbibliothek, der Valentin-Tochter Bertl Böheim, dem Nachlaß des Josef Rankl (Bühnenmeister Valentins), Leben und Wirken dokumentierend, rekonstruiert Hannes König einige Objekte aus dem Panoptikum. Die Intention ist Valentinisch, aber ausgeführt werden nur Objekte, die leicht nachzubilden sind. Eine möglichst getreue Rekonstruktion des Panoptikums wird nicht angestrebt. Hannes König beschränkt sich darauf, der Idee Karl

Valentins nachzueifern, oder vielmehr seiner Vorstellung davon. Unter der Katalognummer 17 (Vater und Sohn) im ersten Ausstellungskatalog des Musäums schreibt er:

(Bei dieser Gelegenheit weisen wir darauf hin, daß alle Ausstellungsnummern nach Ideen Valentins verwirklicht wurden, die dieser bereits 1928 in seinem Lach- und Gruselkeller zeigte).[19]

Abgesehen davon, daß das erste Panoptikum Valentins erst 1934 eröffnet wurde, zeigt das Musäum aus unerfindlichen Gründen unter dieser Katalognummer statt der zwei geschlossenen Regenschirme, die im Panoptikum einmütig eben wie »Vater und Sohn« an der Wand hängen, zwei aufgespannte Regenschirme (Kat.-Nr. 84)[20]. Nur im geschlossenen Zustand wird klar, daß es sich hier nicht allein um ein niedliches »groß und klein«-Prinzip handelt, sondern daß ein Attribut vermenschlicht wird.

»Der Kaminkehrer bei Nacht« (Kat.-Nr. 33) ist im Musäum einfach auf den Putz gemalt und ein Rahmen lose darübergehängt. Der Gemäldecharakter verschwindet und damit die inhaltliche und ästhetische Bedeutung des Objektes. Wie die beiden Beispiele zeigen, reicht es nicht aus, nur eine Idee der Ideen Valentins zu präsentieren. Valentin selbst war in allem seinem Tun ein sorgfältiger Handwerker. Außerdem war das Valentin-Panoptikum geordnet wie ein ordentliches Museum. Abbildungen der Räumlichkeiten aus dem Münchner Stadtarchiv zeigen, daß jedes Objekt genügend Umfeld hatte, sich neben anderen zu behaupten.[21] Die Ausstellungsstücke waren ausgebreitet. Das Musäum dagegen bietet ein chaotisches Durcheinander von Objekten, Schildern, Photos, Erinnerungsstücken und vollgestopften Vitrinen: eine Angelegenheit für kurze und schnelle Lacher, kein Museum, sondern eine Juxbude. Dabei sind die Räumlichkeiten des Musäums nicht beengt. Es wurde in den letzten Jahren auch noch der zweite Turm der Öffentlichkeit zugänglich gemacht. Die Konfusion des Musäums lädt den Besucher nicht zum Verweilen ein, sondern führt ihn auf dem schnellsten Weg in das urgemütliche, zünftige Münchner »Turmstüberl«, das mit dem Mobiliar des historischen Schwabinger »Cafe Größenwahn« eingerichtet ist. Zusätzlich zeichnet sich das Musäum in seinen Publikationen durch eine plumpe Nachahmung des Valentin-Jargons aus. So heißt es in der Einleitung des ersten Katalogs des Musäums:

Anno 1333 1/2 wurde der Karl Valentin 600 Jahre später unweit des Isartorplatzes, an Stelle einer Tochter hervorragender Eltern geboren...[22]

In diesem Jargon wird unbedenklich fortgefahren, und man bemerkt an jedem weiteren Satz die Verkrampftheit, den Ton durchzuhalten. Die übersensible Sprachlogik Valentins verkommt zum kuriosen Witzchen, wie die Öffnungszeiten des Musäums von 11.01-17.29 Uhr.

Zusammenfassend läßt sich sagen, daß das Valentin-Musäum in München kein geglücktes Unternehmen ist, die »Ideen« Karl Valentins und seines Panoptikums der Nachwelt anschaulich zu machen. Vielmehr tritt das Gegenteil ein: Die Kraft Valentins wird gebrochen zugunsten des schnellen Witzes, der weitergehende Folgen im Kopf des Betrachters verhindert. Die Valentinsche Welt wird zur Münchner Gaudi degradiert. Um so begrüßenswerter war daher das Unternehmen des Münchner Stadtmuseums zur Valentin-Jubiläumsausstellung 1982, den Komiker mit einer Rekonstruktion des Panoptikums zu ehren. Sie basierte auf Zeichnungen Ludwig Greiners und Fotografien und konnte so, wenn auch nur ausschnitthaft, eine möglichst genaue Vorstellung vom originalen Panoptikum vermitteln. Daß diese Rekonstruktion keineswegs nur eine nostalgische Reminiszenz war, zeigte die Reaktion des Publikums. Es wurde gelacht und geschmunzelt und die Angstschreie auf der »Henkersbrücke« (Kat.-Nr. 11) bewiesen, daß trotz oder wegen des Perfektionismus heutiger grausamer Jahrmarktvergnügungen der alte Effekt noch funktionierte. Gleichzeitig erschien im umfangreichen Katalogbuch zur Ausstellung die »Rekonstruktion eines Katalogs des Valentin-Panoptikums«, die trotz beschränkter Quellenlage versucht, möglichst viele Objekte in ihrer ursprünglichen Gestalt und Funktion vorzustellen und die, durchgehend illustriert, auch dem heutigen Benutzer einen Einblick in die Vielfältigkeit der Valentinschen Objektwelt erlaubt.[23]

Sucht man nach Gründen, die zur Entstehung des Panoptikums geführt haben, so finden sich zwei Antriebe in der Persönlichkeit

Valentins: Er ist neben dem Sammler auch Bastler. Sein selbstgebautes Orchestrion wurde schon angesprochen. Auch bastelte er die Requisiten für seine Stücke selbst, und neben den Erfindungen im Panoptikum existieren die »Nachbildung einer kleinen Kapelle mit Musik und Ansprache des Pfarrers«[24], das »Modell einer Wasserrutschbahn«[25], die Pläne für eine »Volksbelustigungsstätte auf dem Oktoberfest: Die verhexten Leitern«[26] und verschiedene kinetische Objekte, über die keine weiteren Angaben gemacht werden können.[27]

Valentins Sammel- und Bastelleidenschaft läßt sich ableiten aus seinem ständigen Mißtrauen gegen die Fortschritte des 20. Jahrhunderts. Telefon, Schallplatte, Fotoapparat, Flugzeug sind in seinen Stücken nicht Diener des Menschen, sondern Gefährdung. Sie funktionieren nicht im Sinne des Erfinders. Eigentlich zur Erweiterung menschlicher Kommunikation geschaffen, verhindern sie diese durch die Zwischenschaltung eines technischen Apparates. Mit dem »Buchbinder Wanninger« ist diese Problematik von Valentin treffend dargestellt worden.[28]

Valentins Verstrickung in die technischen Objekte bestätigte nämlich die dauernde Existenz und Wichtigkeit der dinglichen Welt überhaupt. Weit davon entfernt, diese aufzulösen, machte er sie vielmehr doppelt und dreifach geltend, und damit gab der Komiker ein drastisches Bild echter menschlicher Situation.[29]

Daher sind das Basteln und Sammeln kein Rückzug, keine Nostalgie. Sie sind das notwendige Korrektiv zu seinen Stücken, in denen es »kein Ende, keinen Ausgang, keine Auflösung, nur Gelächter« gibt.

Mit diesen beiden Tätigkeiten gelang es ihm zumindest zeitweilig, der Kreisbewegung der Widersprüche zu entkommen. Sie sind Tätigkeiten der Ruhe gegen die Unruhe seiner Persönlichkeit.

Der Sammler ordnet, systematisiert, katalogisiert einen ausgewählten Teil der Dingwelt unter einem bestimmten Gesichtspunkt. Der Bastler und Erfinder befreit sich von seiner Ohnmacht den technischen Dingen gegenüber, indem er selbst Techniker wird. Valentin:

Sehen Sie hier, diese Werkzeuge, dieses Material, die Gegenstände, die ich gemacht habe, das ist was Ordentliches, was Handfestes, da sieht man, was man kann und schafft. Das andere ist doch alles Unsinn, zum Geldverdienen, gewiß, aber nix Ernsthaftes.[30]

Claude Lévi-Strauss faßt beide Tätigkeiten im Typus des Bastlers zusammen und grenzt ihn vom Ingenieur ab.[31] Der Ingenieur will den Zufall möglichst ausschalten, für den Bastler ist er bestimmend. Beide Wege führen jedoch zu Erkenntnissen. Doch ist der Bastler poetischer Natur.

Das Poetische der Bastelei kommt auch und besonders daher, daß sie sich nicht darauf beschränkt, etwas zu vollenden oder auszuführen; sie ›spricht‹ nicht nur *mit* den Dingen, (...) sondern auch *mittels* der Dinge: indem sie durch die Auswahl, die sie zwischen begrenzten Möglichkeiten trifft, über den Charakter und das Leben ihres Urhebers Aussagen macht. Der Bastler legt, ohne sein Projekt jemals auszufüllen, immer etwas von sich hinein.[32]

Diese Poesie konstituiert das Museum des Karl Valentin, in dem die Dinge doppelt sprechen, zum einen als bloße Gegenstände, zum anderen durch die Beschriftung, mit der jedes Exponat versehen wurde. Jeder Gegenstand ist hier lingualisiert. Ein Apfel ist ein Apfel und wäre nicht weiter beachtenswert, bekäme er nicht durch den sprachlichen Zusatz »Der Apfel, in den Adam biß« (Kat.-Nr. 3) seinen spezifischen komischen Sinn. Der Betrachter muß sich, will er die Hintergründigkeit der ausgestellten banalen Gegenstände erfahren, von Objekt zu Objekt durchlesen. Gleich den Readymades von Duchamp erhebt sich das Objekt über den täglichen Gebrauch durch seine Lingualisierung, die hier aber nicht am Objekt und durch Signatur vorgenommen wird.[33]

Sprache und Gegenstand werden so miteinander kombiniert, daß kein Element ohne das andere auskommen kann. Die Beziehung zwischen Sprache und Objekt ist der eigentliche Anlaß des Lachens und Grauens. Ihr Ausgangspunkt ist entweder das Objekt oder die Sprache.

Ein beliebiger Alltagsgegenstand wird lingualisiert. Der witzige Einfall ist durch die zufällige oder bewußte Auswahl eines Objektes bestimmt. Als Ausstellungsgegenstand und durch die Betitelung steht es im Panoptikum in einem anderen Zusammenhang. Mittels Lingualisierung ist es Teil einer eigenen Welt, in der die Funktion der Dinge auf den Kopf gestellt ist. Der Gegenstand wird zum privaten anekdotischen Objekt. Privat meint hier nicht, daß die Gegenstände aus der persönlichen Sphäre, als Lebensdokumente oder Reliquien, stammen. Privat meint die Obsession Valentins, das Nichtfunktionieren der Systeme systematisch zu Ende denken, die Welt der Dinge seinem eigenen Weltentwurf unterzuordnen.

Ein Ding wird zu einem Objekt unserer Wahrnehmung, Betrachtung und Reflexion, wenn mit ihm eine ›Geschichte‹ verbunden ist oder aber wenn wir mit dem Ding eine ›Geschichte‹ verbinden können, oder eine Erzählung oder ein Wissen.[34]

Valentin konfrontiert die Rezipienten direkt mit dem Gegenstand. Er macht ihn zum Ausstellungsobjekt, unterwirft ihn durch die Beschriftung der Anekdotenwelt des Komikers, pseudohistorisch, spielerisch, voller Witz. Der alltägliche Gegenstand wird mit Mythen und Sagen konfrontiert. Die Reliquiengläubigkeit wird ad absurdum geführt: »Mit diesem Ei entdeckte Kolumbus Amerika« (Kat.-Nr. 16 I), »Feigenblatt Evas« (Kat.-Nr. 21), »Hosenknopf vom Goliat u. vom David« (Kat.-Nr. 47), »Harfe und Kamm der Loreley« (Kat.-Nr. 64 II), »Der Stab Moses« (Kat.-Nr. 93), »Der Stein, auf dem Mariechen saß« (Kat.-Nr. 95 III), »Taschentuch des letzten Grunewalder Raubritters« (Kat.-Nr. 100).

In dieser verkehrten Welt finden sich auch Gegenstände aus der Sphäre berühmter Persönlichkeiten, allerdings nicht die für sie bezeichnenden, wie der »Fußball von Max Schmeling« (Kat.-Nr. 28). Eine besondere Bedeutung kommt der »Joppe des Hausmeisters Maier, die er trug, als er seine Frau kennen lernte« (Kat.-Nr. 52) zu. Sie ist das Dokument einer historischen Situation im Leben einer Einzelpersönlichkeit im Gegensatz zu den Reliquien der Gedenkstätten historisch bedeutender Persönlichkeiten.[35] Doch auch diese finden ihren Platz im Panoptikum. Die Kulturgeschichte als Geschichte großer Namen der Entdecker und Forscher ist erfüllt vom Mythos ihrer Namen. Ausgehend von der Vermutung, daß alles irgendwann von irgendjemandem entdeckt worden ist, zeigt Valentin die Wachsporträts der Entdecker des kleinbürgerlichen Alltags, der Rollgerstensuppe und des Wannenbades (Kat.-Nr. 17).

Die Geschichte großer Namen relativiert sich. Die Unsinnigkeit mancher Erfindungen des technikgläubigen Zeitalters wird bloßgestellt. In ihrer Unsinnigkeit bekommen die Erfindungen, wie die »Nasenbohrmaschine« (Kat.-Nr. 71) oder der »Blühende Kohlenschaufelstiel« (Kat.-Nr. 58) etwas Prosaisches. Und Professor Piccard ist doppelt unsichtbar. Er befindet sich in der Stratosphäre und im Nebel. Übrig bleibt eine graue Fotografie (Kat.-Nr. 96).

Die Sicht auf den Gegenstand wird durch Lingualisierung verschärft. Über die Vermittlung der Sprache öffnet sich der Gegenstand einem anderen Sein jenseits seiner Zweckbestimmung.

Wir müssen (...) akzeptieren, daß letztlich die ›Wirkungen‹ eines Objektes immer von den persönlichen Dispositionen dessen abhängen, der mit den Objekten umgeht.[36]

Das Panoptikum ist ein Modell für den radikalen Umgang mit den Objekten. Es ist der Versuch, sich nicht der Disposition der Objekte zu unterwerfen, sondern durch ihre veränderte Interpretation die Macht über sie zurückzuerlangen.

Valentins Sprachskepsis setzt sich in seinem Panoptikum fort. Sie betrifft diejenigen Exponate, die nicht im Gegenstand ihren Anlaß haben und ihn durch Lingualisierung verwandeln. Es sind Objekte, die sich direkt auf die Sprache beziehen, sie umsetzen und visualisieren. Sie sind dem »dreidimensionalen Sprachspiel« Marcel Duchamps verwandt, besitzen allerdings nicht dessen ironische Präzision. Die Objekte Duchamps sind auf der sprachlichen wie auf der dinglichen Seite mehrdeutig und befrachtet durch die Auseinandersetzung mit der Kunstgeschichte. Valentins Sprachobjekte sind nichts anderes als das Wörtlichnehmen von Sprache genau dort, wo die Sprache sich als mehrdeutig erweist. Meist werden Sprichwörter und Redensarten zum Ausgangspunkt der Objekte: die »ins Korn geworfene Flinte« (Kat.-Nr. 23), »Ein alter Hut« (Kat.-Nr. 51), »An diesen Nagel hängte Karl Valentin 1902 seinen Beruf und wurde Volkssänger« (Kat.-Nr. 70), »Eine alte Schachtel war auch mal jung« (Kat.-Nr. 81), »Der Strohhalm, an den ein Ertrinkender sich klammert« (Kat.-Nr. 97), »Nest mit ungelegten Eiern« (Kat.-Nr. 16 II).

Die alltäglichen Floskeln werden auf ihren Ursprung im Objekt zurückgeführt. Ihrer kommunikativen Bedeutung entkleidet, präsentieren sich Flinte, Hut, Nagel, Schachtel, Strohhalm und Nest. In ihrer Nacktheit erzeugen sie eher Mitleid als Gelächter. Die Sprichwörtlichkeit fällt in sich zusammen. Aus der metaphorischen Mehrdeutigkeit wird objekthafte Eindeutigkeit.

In anderen Sprachobjekten des Panoptikums ergibt sich der Witz aus der Mehrdeutigkeit des einzelnen Wortes: »Deutsche Bank 1922« (Kat.-Nr. 4), »Eierstock« (Kat.-Nr. 16 III), »Gefangener Franzose« (Kat.-Nr. 27), »Henne persönlich auf einem BMW-Motorrad« (Kat.-Nr. 44), »Kinderwagen« (Kat.-Nr. 56), »Schnippchen« (Kat.-Nr. 87), »Liegender Stehkragen« (Kat.-Nr. 94), »Vatermörder« (Kat.-Nr. 111), »Schwämme« (Kat.-Nr. 88), »Parkplatz« (Kat.-Nr. 76), »Zehen-Nagel« (Kat.-Nr. 119). Valentin, der sich in seinen Stücken bis zum Verstummen mit der Mehrdeutigkeit der Sprache auseinandersetzt, setzt ihr in seinem Panoptikum ein Denkmal. Der Kampf mit der Sprache ist hier beendet. Die sprachliche Offenheit findet sich objekthaft eingegrenzt. Der Narr hat sich für die Interpretation entschieden, die seiner Intention einer neuen Systematisierung der Welt adäquat ist, die aber nicht allein den Sehnerv beansprucht, sondern sämtliche Sinne, den ganzen Körper. Valentin erzeugt die Konzentration seiner Besucher und arbeitet einer oberflächlichen Betrachtungsweise seines Panoptikums entgegen.

Schon die unterschiedliche Größe der Objekte, vom »Regenwurmei« (Kat.-Nr. 116 IV) bis zur zeroplastischen Genregruppe, erfordert die erhöhte Aufmerksamkeit des Besuchers. Ein gemächliches Umherschlendern wird unmöglich. Der Körper und die Sinne werden ständig neuen Reizungen ausgesetzt und auf die Probe gestellt. Der Betrachter tappt im Halbdunkel auf einer Brücke über einen vermeintlichen Teich und sackt plötzlich ein (Kat.-Nr. 11). Wie auf einer Geisterbahn streifen Riesenspinnen sein Gesicht (Kat.-Nr. 79). Gefangene springen an das Gefängnisgitter (Kat.-Nr. 109). Er wird geblendet (Kat.-Nr. 40 I). Auf den Wänden angebrachte Hinweisschilder verwirren ihn zusätzlich (Kat.-Nr. 83). Der gewohnte Gang durch ein Museum wird vereitelt.

»Übrigens«, sagte er, »müßt Sie eigentlich mei alte Figur interessieren, dös muß auch so a Ausgrabung sein.« Er führte mich vor die Göttin auf dem Piedestal. Ich gestand, nichts besonderes hinter ihr zu finden. »Die Augen!« sagte er, »Sie müssen ihr gerad in die Augen schauen!« Ich folgte der Anweisung, wähend er heimlich einen Hebel bediente, der den plötzlichen Sturz der Statue auslöste. Sie sank vornüber, auf den Beschauer zu. Karl Valentin weidete sich an meinem überflüssigen Seitensprung: eine geschickt angebrachte Kette im Rücken der Figur hielt den Sturz auf, kurz bevor das Haupt des Betrachters zerschmettert werden konnte.[37]

Die stärkste Konfusion erzielt Valentin mit der Inszenierung von Sinnestäuschungen. Verwundert stellt der Besucher fest, daß sich der Fahrstuhl nicht von der Stelle bewegt hat (Kat.-Nr. 20). Er setzt sich in ein Kino, in dem schon andere Besucher auf den Beginn der Vorstellung warten. Nach einem beunruhigenden Warten erkennt er, daß diese Personen Wachspuppen sind. Eine Vorstellung findet nicht statt (Kat.-Nr. 122 I). Hat sich der Besucher an die verschiedenen Wachspuppen gewöhnt, fährt er entsetzt zurück, wenn sich ein als Napoleon verkleideter Liliputaner leibhaftig bewegt (Kat.-Nr. 62).

Alles Denken ist Ordnen, Sortieren und Klassifizieren. Alle Wahrnehmungen beziehen sich auf Erwartungen und sind daher Vergleiche.[38]

Diese Erwartungshaltung wird von Valentin untergraben. Er spielt mit ihr, indem er sein Publikum täuscht, es an der Nase herumführt. Die Schablone des alltäglichen Denkens und die daraus resultierende scheinbare Sicherheit im Umgang mit den Dingen wird unbrauchbar. Der Klassifizierung wird Sinntäuschung entgegengesetzt.

Zwei antagonistische Verfahrensweisen treffen im Panoptikum zusammen und erreichen, daß das Publikum sich in ständiger Irritation befindet, die durch Einordnung in seine Schablone nicht aufgelöst werden kann: die Realität des Alltags wird irreal, und umgekehrt wird das Irreale zu einer sinnlichen Erfahrung. Dieses quasi surrealistische Prinzip führt zu einer körperlichen und geistigen Anspannung, die sich entweder im Lachen oder im angstvollen Schreien entlädt. Am Unterschied zum klassischen Panoptikum läßt

sich dies verdeutlichen. Die Erwartungshaltung des Besuchers dort
ist Bildung, Vergnügen, Nervenkitzel. Er kennt den Schein der dort
präsentierten zeroplastischen Gruppen und Tableaus. Dieses Panoptikum der Geschichte und der Geschichten vermag ihn ebensowenig
zu irritieren wie ein Gang durch ein Kaufhaus – höchstens zu erstaunen. Er kann sich auf seine Sinne weiterhin verlassen. Selbst das
Einordnen ist vorweggenommen. Historie, Kuriositäten, Lehrhaftes
befinden sich in jeweils anderen Etagen. Er weiß, worauf er sich
einläßt. Valentin geht anders vor. Er macht sich den Illusionseffekt
einer Wachsplastik zu eigen. Abgesehen von den Plastiken in der
»Folterkammer« (Kat.-Nr. 26) historisiert er nicht durch Kostüme,
sondern erhöht die Illusion durch Alltagsszenen, die nicht ausdrücklich als Ausstellungsobjekte ausgewiesen sind. Sie sind, wie
der »Anstreicher« (Kat.-Nr. 2), der »Hund« (Kat.-Nr. 49 I) oder
die »Zuschauer« (Kat.-Nr. 122 II) in das Gesamtinterieur des Panoptikums so integriert, daß man sie erst auf den zweiten Blick als
Täuschung entlarvt.

Beinahe wäre ich dem Schäferhund, der hingestreckt am Eingang der nächsten Abteilung liegt, auf die Pfoten getreten. »Beißt er?« fragte ich Valentin.
»Jetzt nicht, er hält sein Mittagsschläfchen!« Erst später bemerkte ich, daß
der Hund sich nicht vom Platz gerührt hat, daß es ein ausgestopfter ist.
Aber Valentin freut sich, daß er wieder einen Besucher reingelegt hat.[39]

Vergleichbares schafft heute der amerikanische Künstler Duane
Hanson mit seinen exakten Rekonstruktionen amerikanischer All-
tagsszene.[40] In den Ausstellungen Hansons kann beobachtet werden, daß Besucher andere Besucher, die regungslos vor den Tableaus verharren, ebenfalls für Objekte halten und aufschrecken,
wenn diese sich plötzlich bewegen. Diesem Spiel mit der Illusion
erlag wahrscheinlich auch der Besucher des Valentin-Panoptikums.
Um so bemerkenswerter ist es, daß Valentin einen Liliputaner, als
Wachsfigur verkleidet, in ein historisches Napoleongewand steckt
(Kat.-Nr. 62). Tritt der Betrachter näher, bewegt er sich. Die Irritation ist vollkommen. Dem Besucher gelingt es nicht mehr zu unterscheiden, was Wirklichkeit und was Illusion ist. Der Alltag, vorgeführt in seiner objekthaften Starre, wird ihm irreal. Er kann den
bösen Spuk beenden, indem er sich in die Nase kneift, um sich als

lebendigen Menschen zu erfühlen, der nicht als Objekt seinen Platz in dem Panoptikum hat. Valentin kehrt die Mechanismen des klassischen Panoptikums um. Die historische Persönlichkeit ist lebendig. Der Besucher ist die Wachsfigur.

Verdichtet wird dieses Labyrinth der Illusion und der Irritation durch die körperliche Erfahrung des Irrealen, des Schauerlichen, die Valentin bei seinen Führungen durch Kettenrasseln und andere Schreckensgeräusche steigert. Valentin schreibt:

Nervenschwache Personen und auch werdende Mütter, ferner Personen, die irgendein körperliches Gebrechen, Schweißfüße, eine zu lange Leitung oder zu kurze Gehirnwindungen haben, wollen daher von dem Besuch des Panoptikums Abstand nehmen.[41]

Wie in seinen Stücken ist der Übergang zum grotesk Schrecklichen in den Räumen des Panoptikums fließend. Lachen und Schrecken sind nicht räumlich abgegrenzt. Vor allem durch die Beschilderung dringt das Lachen in die Räume des Entsetzens. Vor dem Tisch des realistisch inszenierten Inquisitionstribunals, vor dem ein junges Mädchen flehentlich kniet, ist ein Schild mit der Aufschrift: »... du sollst so dünn gefoltert werden, daß die Sonne durch dich durchscheint« angebracht (Kat.-Nr. 26). Neben der Rekonstruktion der Guillotine steht: »Kopfschmerzen jeder Art beseitigt unter Garantie sehr rasch Scharfrichter Wuchtig« (Kat.-Nr. 41).

Umgekehrt macht sich das Entsetzen in den Räumen des Lachens breit. »Weil der Taucher seinen Schlüssel zerbrochen hat, muß er in voller Ausrüstung zu Bette gehen« (Kat.-Nr. 101 I). Die Folgen der Anwendung der »Nasenbohrmaschine« lassen sich erahnen (Kat.-Nr. 71).

Valentins groteskes Spiel mit dem Entsetzen ist nicht rein. Es ist gebrochen durch den schwarzen Humor, dem selbst der Tod noch ein Grund des Witzes ist. Die Elemente seiner Schreckenskammer sind Versatzstücke der Gothic Novel und der Romantik in ihrer Rückbesinnung auf das Mittelalter, die seitdem bis in die Trivialliteratur und den Horrorfilm das Entsetzliche strukturieren: Inquisition und Folterkammer (Kat.-Nr. 26), Gespenster (Kat.-Nr. 35) und Leichen (Kat.-Nr. 117), Türme (Kat.-Nr. 109) und Verliese (Kat.-Nr. 80).

In den historischen Wachsfigurenkabinetten werden diese Elemente des historischen Schreckens tableauartig geordnet aufgenommen und mit Darstellungen zeitgenössischer und historischer Mord- und Unglücksfälle ausgestellt. Valentin gibt ihnen hier durch Beschilderung einen schwarzen, humoristischen Sinn. Sein Spiel mit dem Entsetzlichen auf der Bühne setzt er im Panoptikum fort. Er erweckt die musealen Horrorszenen zum Leben, indem er die Illusion mit körperlichen Erfahrungen verknüpft.

In seinen privaten Führungen treibt er das Spiel noch weiter, nicht allein durch angemessenes Kettenrasseln:

Josef Rankl (ein alter Mitarbeiter Karl Valentins, d. Verf.) hatte sich aus reiner Freude am »Derblecken« einen makabren Jux ausgedacht, von dem Valentin begeistert war. Es handelt sich dabei um das lebende Bild des Femegerichts... Rankl zog sich im Dunkel das Kostüm des Femerichters über den Kopf... und setzte sich zwischen die beiden Figuren aus Pappmaché – so maskenhaft starr, als sei er selbst eine leblos-gespenstische Erscheinung... Als Liesl Karlstadt erschien,... zeigte ihr Valentin voller Stolz die schaurige Gruppe des Femegerichts und schaltete die unheimliche Beleuchtung ein... Da hob Rankl als Femerichter wie auf ein geheimes Kommando mit einer langsamen, marionettenhaften Bewegung den Arm und den Kopf. Liesl Karlstadt, deren Nerven zu jener Zeit nicht die besten waren, schrie vor Entsetzen auf und stürzte zu Tode erschrocken hinaus.[42]

Wie der Autor der Gothic Novel[43] um den Schrecken, den er produziert und sorgfältig mit den literarischen Mitteln konstruiert, weiß und darin seinem Leser überlegen ist, so kennt Valentin seine Mittel. Die Tricks, um den Rezipienten in den Zustand der Angst zu versetzen, sind die gleichen: Dämmerlicht, Gewölbe, schaurige Geräusche, Totes wird lebendig. Nur ist der Rezipient nicht mehr Mitfühlender einer jungfräulichen Heldin, sondern er selbst ist Opfer. Die Distanz eines Mediums, sei es Buch, Bild, Film, Theater, ist aufgehoben. Das Panoptikum wird zum Ort der Erfahrung jener Welt der unbewußten Ängste, die von den gesellschaftlichen Konventionen mit Schweigen überdeckt wird.

Die Witze werden immer widerhaariger, die Wände immer kahler und plötzlich steht man in einem Gewirr von Wänden, aus deren dunkeln Stollen nur noch Spinnwebenampeln ihr mystisches Licht strahlen. Wasser rauschen, der Wind heult, lautlos wehen weiße Gespenster um die Ecke. Schwarze Gugelmänner starren am Treppenknick. Ein Steg führt über dunkles Wasser. Man tritt auf Gummisäcke wie in einem Sumpf. Ratten quieksen und die Augen der Eule glühen.[44]

Wird der Schrecken dieses Interieurs durch die makabren Einfälle Valentins noch erhöht, begreift man die Panik der Liesl Karlstadt. Sein groteskes Spiel mit dem Entsetzen ist Reflex seiner eigenen Ängste, insbesondere die vor körperlichen Leiden. 1938 stellt er eine Liste von 88 Personen zusammen, die er seit 1915 als Ärzte konsultiert hat.[45] Seine fünf Postkarten, die er aus Berlin anläßlich seines Auftretens im »Kabarett der Komiker« schreibt, behandeln fast ausschließlich seine Krankheiten, Fußleiden und Bronchitis.[46]

Die Neurasthenie, gelegentlich in den Werken mitschwingend, übt eine prägende, vielleicht manchmal beängstigende Macht auf ihn aus. Seine wirkliche Krankheit (Asthma) und eingebildete Leiden sowie übersensible Nerven, Pessimismus und Melancholie mobilisierten einen psychischen Abwehrstoff, jenen hämischen Sadismus,[47]

den Michael Schulte schon in Valentins »Jugendstreichen« feststellt. Indem Valentin die Besucher seines Panoptikums in Angst und Schrecken versetzt, besiegt er seine eigenen Ängste.

Hier beherrscht er den Schrecken. Er befreit sich aus der Ohnmacht seiner Ängste. Die grotesken Grausamkeiten seiner Bühnenauftritte verlassen das Theater und wenden sich direkt gegen den Zuschauer. Er ist nicht mehr der Leidende, sondern fügt Leid zu, wenn auch nur spielerisch.

Besonders deutlich wird das an einem Ausstellungsstück seines Gruselkellers, welches nicht aus dem Fundus des Wachsbildners Hammer kommt. Es ist die eigens für das Panoptikum von Valentin entworfene und gebaute Guillotine (Kat.-Nr. 41). Sie ist ihm so gut gelungen, daß die Polizei einen Unterschied zu der in Stadelheim noch benutzten nicht feststellen kann. Valentin scheint viel Spaß an seinem Werk zu haben. Er führt den Mechanismus eigenhändig vor und engagiert den leibhaftigen Henkersknecht Donderer, dem Publikum fachmännisch die Funktion der Maschine zu erklären.

Donderer wird daraufhin vom Justizministerium entlassen. Die Guillotine ist sicherlich Resultat der Bastelleidenschaft Valentins. Es existierte eine Miniaturausgabe als Zigarrenschneider.[48] Aber dahinter steckt die Faszination, wenigstens im Spiel Herr über Leben und Tod zu sein. Es ist das Bewußtsein, den eigenen Kopf oben zu behalten, während man den der anderen fallen sieht.

Daneben werden im Panoptikum auch die Einzelsinne durch Isolierung auf die Probe gestellt. Die Augen werden geblendet (Kat.-Nr. 40 I), der Geruchssinn getäuscht (Kat.-Nr. 34). Der Besucher muß einem wächsernen Beduinen beide Hände drücken, um etwas Geheimnisvolles zu erleben (Kat.-Nr. 6). Ob er vielleicht elektrisiert wird, wie es Valentin in seinem Film von der Oktoberwiese (1923) ausprobiert, ist leider nicht mehr auszumachen. Ein Modellflugzeug macht einen ohrenbetäubenden Lärm (Kat.-Nr. 24). Für den Geschmackssinn ist in der dem Panoptikum angeschlossenen Gastwirtschaft gesorgt (Kat.-Nr. 45).

In seinen Stücken führt Valentin den grotesken Kampf mit der Tücke des Objekts vor. Auch im Panoptikum führen die Objekte ein Eigenleben, durch Sinntäuschung forciert. Aber nicht mehr Valentin setzt sich diesem Eigenleben aus, sondern der Besucher, der gezwungen ist, im Wechselbad von Realität und Illusion sich als Objekt und gleichzeitig als ein mit Sinnen behaftetes Individuum zu erfahren. Die Erfahrung der Objekthaftigkeit und der gleichzeitig gesteigerten Sinneswahrnehmung lassen das Panoptikum zu dem Ort der verkehrten Welt werden. Valentin spielt nicht mehr den Weltzweifel, sondern stürzt seine Besucher hinein. Die festgefügte Ordnung einer mit den Sinnen erfahrbaren Welt findet sich aufgehoben. Aus den Statisten, die sich im »Firmling« über das Benehmen von Vater und Sohn entrüsten, sind die Verunsicherten geworden.

Dieser eigenständige Ausstellungstyp, den Valentin mit seiner »Fälschung« des 19. Jahrhunderts-Panoptikums geschaffen hat, gehört sicherlich in die Geschichte des »Hang zum Gesamtkunstwerk«, dem Harald Szeemann mit seiner gleichnamigen Ausstellung nachging.[49] Läßt sich dieser Hang schon in der Person Valentins aufspüren, die die verschiedensten Tätigkeiten wie das Schauspielen, Basteln, Sammeln, Musizieren, Museumsgründen, Filmen etc.

in sich vereinte, so wird er im Panoptikum, das als eine Einheit, als eine eigene Welt begriffen werden muß, evident. Banalität und Hintergründigkeit, Zote und tiefer Unsinn, Grausamkeit und List schließen sich hier nicht gegenseitig aus, treffen unmittelbar aufeinander. Sie sind das Konglomerat des Denkens seines Schöpfers, objektiviert in den Exponaten dieses Panoptikums. Der Besuch dieser Ausstellung kann als Visite in einem Gehirn verstanden werden. Sie ist zunächst privat, unterscheidet sich dadurch von anderen Ausstellungen, macht sie einmalig. Sie ist kein Panoptikum im alten Sinn, da der didaktische Anspruch untergraben wird. Nicht im Kontext »Kunst« stehend, begreift sie sich auch nicht als eine übliche Kunstausstellung, historisierend oder eben jenen Kontext angreifend wie die Dadaisten. Und sie ist kein Jahrmarktsvergnügen. Örtlichkeit und Einrichtung sind auf eine permanente Dauer hin konzipiert.

Valentin faßt diese Ausstellungstypen zusammen und schafft einen ureigenen: sein privates »Museum der Obsession«. Szeemann, der mit dem »Hang zum Gesamtkunstwerk« einen weiteren Baustein zu diesem von ihm entwickelten Begriff liefert, versammelt in seinen Ausstellungen unter einem thematischen Gesichtspunkt die unterschiedlichsten Fundstücke, ohne Rücksicht auf künstlerischen »Wert«[50].

Bereits so früh wie Ende der fünfziger Jahre betrachtete ich meine Tätigkeit immer so, daß ich zeigen wollte, daß alles (...) nicht so einfach ist (für mich?) wie das die anderen und auch ich teilweise es sich vorstellen. Das führte ganz automatisch zum Leben und zur Welt und weg von der Spezialisierung, wie sie Kunst heute noch immer darstellt. Das Museum der Obsessionen ist günstigenfalls diese Welt, mit Vorzug aber alles.[51]

Szeemann schränkt zwar seinen – im positiven Sinne – »unverfrorenen« Anspruch, »die Welt zum Museum zu erklären und die Obsession vor die überlieferten Wertvorstellungen, die Kunstgeschichte der intensiven Intentionen vor die Kunstgeschichte der Meisterwerke zu setzen«[52], als zu programmatisch ein, meint aber genau dies, wenn er 1974 den Nachlaß seines Großvaters ausstellt.

Letztlich kann obsessives Verhalten jeden Gegenstand betreffen: Kunst, Literatur, Musik, Politik, Sexualität, Mode, Sammeln. Die

Vermeidung des gewohnten Blicks, die Konzentration auf einen Gegenstand führt in eine Außenseiterposition. Die Obsession macht rücksichtslos und einsam. Sie richtet sich gegen die Welt und ihre Gemeinplätze und baut neue Welten ohne Gemeinplätze, da sie den gesellschaftlichen Ort verläßt.

Und Obsession ist natürlich nicht mehr der negative (gesellschaftlich gesehen) vom Priester auszutreibende Teufel aus dem Leib und dem Geist des Besessenen, oder die stets lauernde Fixierung und Verhärtung im Individuationsprozeß nach C. G. Jung, sondern eine freudig erkannte, wenn auch vorfreudsche Energieeinheit, die sich einen Deut darum schert, ob sie sich gesellschaftlich gesehen negativ oder positiv, schädlich oder nutzbringend äußert oder anwenden läßt.[53]

Trotz dieser Privatheit verschließt die Obsession nicht den Blick auf die Welt. Im Gegenteil, sie schärft ihn. Der »Besessene« richtet sich in ihr nicht ein oder betrachtet sie von außen, sondern baut sie nach seinem eigenen Duktus um. Er empfindet die Lücken, Faulheiten und Schwächen der verschiedenen Weltsysteme (Geschichte, Wirtschaft, Kultur, Denken) übersteigert und entwickelt ureigene Systeme voller Phantasie. Nicht die Künste sind ihm alleiniges Mittel des Gegen-Diskurses. Auch ihre Ansprüche verneint er. Es ist das komplexe Leiden unter der »Realität«, das ihn dazu zwingt, neue unerwartete Wege zu suchen. Er hält sich nicht damit auf, nur kleinere Details zu verändern, denn für ihn hängt alles mit allem zusammen. So schafft er für sich seine Gegenwelt. Ein Detail führt ihn zum nächsten Detail, bis diese Welt für ihn so eindringlich geworden ist, daß zunächst nur er sich darin auskennt.

Das Panoptikum des Karl Valentin ist ein vollkommenes »Museum der Obsessionen«. Hinter jedem Objekt verbirgt sich der Zweifel an einer Ordnung der Welt. Typisches Merkmal der Gesamtkunstwerke der Obsessionisten ist es, den einmal besetzten Ort immer weiter zu verändern und anzureichern, wie es Schwitters mit seinem »Merzbau«, der seine Wohnung sprengende Ausmaße annahm[54], Armand Schulthess, dessen Buchgarten sich mit den täglich wechselnden Informationen wandelte[55], oder der Landbriefträger Cheval mit seinem wuchernden Palais Ideal[56] vorführten. Auch Valentin hat in seinem Panoptikum unaufhörlich gearbeitet. Er hat die

Titel zu den Objekten verändert, neue Ideen hinzugefügt, alte verworfen.[57] Sein zeroplastischer Anstreicher, der immer auf einer Leiter stand und die Decke strich, ist ein Symbol »für das Unfertige, Veränderbare«, für »ein Museum, in dem der Anstreicher permanent tätig ist« (Kat.-Nr. 2).

Kaum wahrgenommen werden bisher die Gemeinsamkeiten auch einzelner Objekte zu der Objektwelt der Moderne. Man tut sich schwer mit diesem ausgebreiteten Gehirn eines Komikers, oder wie Peter Weibel schreibt:

So eindeutig eine Beziehung zwischen Valentin und den Werken der bildenden Kunst hergestellt werden kann, so offensichtlich der Kunstcharakter seiner visuellen Objekte ist, aufgebaut auf jener Zweideutigkeit, wie sie der Komik genuin ist, so zweifelhaft ist für die Öffentlichkeit sein Rang als Künstler, Dichter, Philosoph, denn Valentin hat sich keiner akademischen Ausdrucksform bedient.[58]

Es sind vielleicht die jahrmarktshaften Elemente des Panoptikums, die einer kunstgeschichtlichen Würdigung entgegenstehen, wie sie bei den Nichtakademikern Schulthess oder Cheval schon stattfindet. Aber mit dem Eindringen des Jahrmarkts in die Kunst, beispielsweise bei Tinguely[59], und den Untersuchungen über Künstler und Narrentum[60], speziell bei den Dadaisten, wird die Unterbewertung des Panoptikums revidiert werden müssen[61], trotz der unterschiedlichen Haltung der Künstler – Valentin eingeschlossen – und deren Auffassung von Kunst. Im »Anti« zur traditionellen Vorstellung von Kunst transportiert beispielsweise das Gesamtkunstwerk der Dadaisten und Surrealisten die Kritik an der Gesellschaft, die die klassischen Werte der Künste unbesehen protegiert. Im ersten Aufschrei der Avantgardisten werden Staffelei und Buch beiseitegeräumt. Sie bedienen sich aus dem unerschöpflichen Fundus der gegenständlichen Welt mit Zitaten, Gegenständen, ordnen diese unter Berufung auf die Offenheit des Zufalls mit den Mitteln der Collage und Montage neu und zeigen auf diese Weise das wahre Gesicht dieser Gesellschaft. Im provozierten Skandal, Flugblatt, öffentlichen Auftritt, in eigener Ausstellungsorganisation, Beteiligung an politischer Diskussion sind die Künstler handelnde und begreifen sich auch so.

Der Dadaist kämpft gegen die Agonie und den Todestaumel der Zeit. Abgeneigt jeder klugen Zurückhaltung, pflegt er die Neugier dessen, der eine belustigte Freude noch an der fraglichsten Form der Fronde empfindet. Er weiß, daß die Welt der Systeme in Trümmer ging, und daß die auf Barzahlung drängende Zeit einen Ramschverkauf der entgötterten Philosophien eröffnet hat. Wo für den Budenbesitzer der Schreck und das schlechte Gewissen beginnt, da beginnt für den Dadaisten ein helles Gelächter und eine milde Begütigung.[62]

Neben der Einsicht in die Auflösung der Systeme ist Dadaisten und Valentin der Aktionismus des anarchistischen Narren gemeinsam, der das Chaos sucht und sich in ihm entlädt. Allerdings ist die Gleichung Valentin = Dadaist nicht unbedenklich aufzustellen, trotz paralleler Einsichten und Aktionsformen wie Montage, Lautdichtungen und Destruktion.[63] Ausgangspunkt und Beweggründe sind anders. Die Dadaisten sehen sich in allen ihren Aktionen immer in der Rolle des Künstlers. Sie sind Clowns und Dandys zugleich.

Kurz: der Dadaist ist als ›moderner‹ Narr der Dandy, der als Wahnsinniger mit dem Wahnsinn der Gesellschaft spielt, deren ›billige Erstarrnis‹ zum ›Spiegel wird, vor dem er leben und sterben muß‹. Denn er zieht seine ›Erhabenheit‹ aus einer ständig kontrollierten Askese, die ihn nicht dem Zugriff der Wirklichkeit aussetzt.[64]

Diese Bewußtheit von der eigenen Haltung und die daraus resultierende Distanz läßt den provozierenden Skandal zum Kalkül werden, der in der Ironie Duchamps einen Höhepunkt erreicht.
Valentin ist diese Rolle des Künstler-Dandys fremd. Er ist der Volkskomiker, dessen einziges Kalkül handwerkliche Vollkommenheit ist. Er probiert die Widersprüche an sich selbst ohne Distanzierung aus. Er provoziert keinen Skandal. 'Er ist ein Skandal.
Kunst zielt zunächst auf die Sinne. Da sich Valentin mit seinem Gesamtkunstwerk fast ausschließlich mit ihnen auseinandersetzt, sind auch die Künste dort präsent. Doch werden die Künste nicht absolut gesetzt, wie der Dadaismus es mit der Formel »Kunst ist Leben, Leben ist Kunst« anstrebt, sondern sie sind nur ein Teil der Systeme neben Wissenschaft, Technik, Verkehr usw.[65] Dem Besu-

cher der »Ersten Internationalen Dada-Messe« in Berlin 1920, die in ihrer Art der Präsentation (Hängung vom Boden bis zur Decke, Nebeneinander von Schrifttafeln, Bildern, Objekten) Analogien zum Valentin-Panoptikum aufweist[66], ist bewußt, daß es sich hier um Kunst handelt, oder er stellt sich zumindest die Frage, ob es sich hier noch um Kunst handele. Dem Besucher des Panoptikums ist das einerlei. Er sucht das Lachen, das der Name »Valentin« verbürgt. Die moderne Kunst wird dabei nicht geschont.

Alexander Mette berichtet, daß sein Gedicht, welches neben Hans Arps »Wolkenpumpe« und Schillers »Glocke« unter dem Titel »Gedichte. Einst und Jetzt« in einem Rahmen ausgestellt ist (Kat.-Nr. 31)

(...) zur allgemeinen Belustigung zu den Veranstaltungen im Lachkeller des öfteren parodistisch vorgetragen (sei). Über sprachliche Extravaganzen und die Neigung zu Wortneubildungen kamen sich unsere Auffassungen aber etwas entgegen, und es interessierte ihn (Karl Valentin, d. Verf.) auch, daß ich eine Arbeit über Beziehungen zwischen Spracheigentümlichkeiten schizophrener und dichterischer Produktion veröffentlicht hatte. Ich gewann den Eindruck, daß er sich darüber ein bißchen grüblerisch amüsierte. Ähnlich schien mir seine Reaktion auf die Eröffnung zu sein, daß ich beruflich Nervenarzt sei.[67]

Es ist unzulässig, Valentin mit seinen Parodien auf die moderne Literatur mit der Verhöhnung und den Bücherverbrennungen der Nationalsozialisten gleichzusetzen. Valentin ist sich seiner Beziehung zur zeitgenössischen Kunst viel zu sehr bewußt, wie seine Versuche in dieser Richtung und die Aussage von Alexander Mette bezeugen. Der Titel »Gedichte. Einst und Jetzt« ist eher lakonisch; ohne weiteren Kommentar werden die Gedichte gegenübergestellt. Daß Valentin nicht seine eigenen Versuche ausgestellt hat, sondern die Originale zitiert, kommt einer Ehrung dieser Dichtung gleich, die inmitten des nationalsozialistischen Deutschland unter dem Schutzmantel des Lachens einer breiteren Öffentlichkeit zugänglich gemacht wird. Leider haben sich Aufnahmen dieser Parodien nicht erhalten. Aber hört man sich heute Valentins Rezitation seiner »Vereinsrede« an[68], kann man sicher sein, daß Valentin den Ton dieser Gedichte meisterlich getroffen hat. Hier liegt auch keine Ablehnung moderner Literatur zugunsten einer blinden Verehrung der klassischen vor. In Valentins Stück »Im Senderaum« wird Schillers »Glocke« zum Anlaß eines chaotischen akustischen Spektakels.[69] Gerade die bürgerliche Kultur und ihre Vermittlung werden von Valentin attackiert. Ich verweise u. a. auf seine Monologe und Stücke »Der Theaterbesuch« (AvKV S. 472 ff.), »Im Gärtnertheater« (AvKV S. 245 ff.), »Quo vadis« (AvKV S. 70 ff.), »Mozart« (AvKV S. 245 ff.). Im Panoptikum ist die Erfolgsoperette »Das weiße Rössel« personifiziert als abgemagerter Gaul (Kat.-Nr. 78 I).

Befremdlich mag auch Valentins »Original Gemälde«: »Kaminkehrer bei Nacht« unter dem vermutlichen Ankündigungstitel »›Entartete‹ Kunst mit Stiefelwichse gemalen von Karl Valentin« (Kat.-Nr. 33) erscheinen. In das auf den ersten Blick monochrom schwarze Gemälde ist die Kontur eines Kaminkehrers unter einem Sichelmond eingedrückt. Nach der Fotografie im Stadtarchiv München ist der Farbauftrag so dick, daß es sich tatsächlich um Stiefelwichse handeln dürfte. Es ist kein abstraktes Gemälde, sondern man sieht karikaturhaft das, was der Titel verspricht. Die abstrakte Monochromie entpuppt sich als Idylle, auf der der Begriff »entartet« bedrohlich lastet.

Die offizielle Nazimalerei ist ein Rückgriff auf die traditionelle Ölmalerei, die seit dem Kubismus von der Avantgarde negiert wird. Der Vorzug der Ölmalerei besteht in der dauerhaften Fixierung realistischer Details. Sie eignet sich daher besonders zur Darstellung von Besitz, Macht und Ideologie.[70] Der Bauer, der Soldat, der Held, der Führer, der nackte Arier, die Historie repräsentieren großformatig die Ideologie des Nationalsozialismus.[71] Valentin – als Komiker Feind jeglicher Ideologien – ist gewiß kein Widerstandskämpfer. Er hält sich aus der Politik heraus, weil ein Engagement in ihr gleichzeitig auch das Akzeptieren ihres Systems fordert.

Er ist dagegen, ohne je wirklich zu bekämpfen, wogegen er ist. Und zwar aus einem Grund, den er ganz offen eingesteht – aus Angst. Einem verblüfften Reporter sagt er nach '45 auf die Frage, was er getan hätte, wenn man ihn aufgefordert hätte, Parteimitglied zu werden: »Ja, doch! Wenn's sein müssen hätt ich natürlich, weil ich eben Angst gehabt hätt, wissen S', Angst!«[72]

In der Auseinandersetzung mit den Künsten dieser absurd gewordenen Welt weist Valentin auf ihr Verstummen, an dessen Grenze der Dadaismus operiert. Dieser gelangt mit der Zertrümmerung der traditionellen Formen der Kunst an die Peripherie des Verstummens, wie es beispielsweise das Lautgedicht zeigt, doch entwickelt er eine neue zeitgemäße Art des Sagens.

Im Panoptikum schweigen gerade die Künste, die am lautesten reden: die Musik und der Film. Die Loreley, die der Sage nach durch ihre Schönheit und ihren Gesang die Rheinschiffahrt verunsicherte, kommt hier als alte Frau zur Ruhe (Kat.-Nr. 64 I). Ihre Attribute, der Kamm für die Schönheit des goldenen Haares und die Harfe, liegen ausgedient daneben. Das deutsche Nationalheiligtum hat ausgesungen, wie es mit Valentins Parodie schon anklingt. Nach seiner Betrachtung der Loreley-Parodie Erich Kästners stellt Jürgen Kolbe die Frage:

Sollte es so zu Ende gehen? Hätten denn also die Barden den volkstümlichen Ohrwurm der Herren Heine/Silcher so in Blut und Boden gedröhnt, daß am Ende nur Spott und Wut bleiben?[73]

Betrachtet man die »verblühte Schönheit« im Panoptikum in ihrer ganzen Häßlichkeit, kann man diese Frage mit »ja« beantworten. Aus dem Reich des Mythos ist sie in das stumme Reich der Toten übergegangen und kann vielleicht wie die Geister-Trommel nur noch »täglich von 12-1 Uhr Mitternacht« (Kat.-Nr. 107) gehört werden, und dann ist das Panoptikum geschlossen. Aber der Besucher sitzt unter Umständen ja noch in jenem kleinen Zuschauerraum und wartet auf einen Film, der nie läuft (Kat.-Nr. 122 I).

1972 zeigt Marcel Broodthaers in Düsseldorf seine »experimentelle Ausstellung« »Der Adler vom Oligozän bis heute«.[74] In der bewußten Nachfolge Duchamps und Magrittes werden dort Gegenstände, Gemälde, Plastiken, Reklame, Kleidungsstücke etc. seines »Musée d'Art Moderne, Département des Aigles, Section des Figures« gezeigt. Der rote Faden, der sich durch die Ausstellung zieht und die Auswahl der Exponate begründet, ist die Figur des Adlers.

Der Unterschied zwischen Kunstgegenstand und Alltagsobjekt ist aufgehoben. Jeder ausgestellte Gegenstand trägt zusätzlich zur Verdeutlichung dieser Aufhebung den Vermerk: »Dies ist kein Kunstwerk«. Die Ausstellung ist eine Dokumentation der Intentionen Magrittes und Duchamps, daß jeder Gegenstand durch seine »Definition« zum Kunstgegenstand werden kann und umgekehrt. Da es technisch unmöglich ist, die ganze Welt in ein Museum zu verfrachten, beschränkt sich Broodthaers thematisch. Er problematisiert das Verhältnis von Gegenstand zum Kunstgegenstand.

Im Panoptikum des Museumsdirektors Karl Valentin finden sich zwei Exponate, die auf eine ähnliche Art dieses Verhältnis ohne den theoretischen Unterbau Duchamps illustrieren: ein Bierkrug mit dem Schild »Bitte nichts berühren!« (Kat.-Nr. 7)[75] und ein Ofen mit dem Vermerk »Ofen kein Ausstellungsprojekt. Steht nur so da« (Kat.-Nr. 74). Beide Beschriftungen verweisen auf die mögliche Existenzform eines beliebigen Alltagsgegenstandes als Kunstobjekt, und als solches wird er definiert. In der Reflexion auf das Museum wird Valentin zum Archäologen seiner Zeit und Kultur.

L(iesl) K(arlstadt): »Es kann aber auch einem Einheimischen etwas fremd sein!« K(arl) V(alentin): »Gewiß, manchem Münchner zum Beispiel ist das Hofbräuhaus nicht fremd, während ihm in der gleichen Stadt das Deutsche Museum, die Glyptothek, die Pinakothek und so weiter fremd sind.« (AvKV S. 231)

Zum Schluß der »Fremdenrundfahrt« heißt es:

L(iesl) K(arlstadt): »Wir fahren durch die Maximilianstraße ein kleines Stück östlich, biegen rechts ein, und vor Ihren Augen erblicken wir das Symbol der Kunststadt München, das Hofbräuhaus.«
K(arl) V(alentin) und L(iesl) K(arlstadt): »Hier rufen wir aus: eins, zwei, drei – gsuffa!!!« (AvKV S. 472)

Hinter dem unscheinbaren Bierkrug mit dem Schild »Bitte nichts berühren« verbirgt sich mehr als eine witzige Auseinandersetzung mit dem Museum: die Kritik an diesen Kathedralen des ausschließlichen bildungsverpflichteten Sammelns und Bewahrens des kulturgeschichtlich gewordenen Erbes ohne Vermittlung zur Hofbräuhauskultur, die Einsicht in die Musealisierung der Gegenstände der Alltagswelt und die kulturpessimistische Apokalypse eines imaginären utopischen Heimatmuseums, in dem als letzte Reliquie der bier-freudigen Münchner Kultur ein Bierkrug ausgestellt ist. »Bitte nichts berühren!«

So kann praktisch jeder Gegenstand in das Panoptikum gelangen und sich der ureigenen Gesetzmäßigkeit Valentins unterwerfen. Die Banalität der dort ausgestellten Objekte und ihre Unterschiedlich-keit verweisen auf diesen Tatbestand. Hier liegt auch die Parallele zur Unendlichkeitsproblematik seiner Stücke. Sie verdoppelt sich in der potentiellen unendlichen Vielfalt der Gegenstände, die das Pan-optikum füllen könnten. Sie sind Bruchstücke einer verkehrten Welt, die die ganze Welt meinen und über diese Welt hinaus in das All vordringen (Kat.-Nr. 96). Im Mikrokosmos einer objekthaft ab-surden Welt erscheint der Makrokosmos.

Dieses Panoptikum, als provokativer und kreativer Gegenent-wurf zur Wirklichkeit, trägt die potentielle Kraft in sich, die äußere Welt als veränderbar zu begreifen, der Kapitulation vor der Gesetz-mäßigkeit und Logik der Systeme ein Ende zu bereiten, bevor die Apokalypse ihre Bestandteile durcheinanderwirbelt.

Anhang

Anmerkungen

Vorwort

1 Vgl. G. Tergit: Käsebier erobert den Kurfürstendamm.
2 Vgl. das Kapitel »Die Wirkung« in F. H. Mautner: Nestroy, S. 363 ff.
3 Vgl. M. C. Glasmeier: Die Valentin-Rezeption nach 1945. In: KVVD S. 270 ff.
4 E. Münz: Zur Einführung. In: E. u. E. Münz: Geschriebenes von und an Karl Valentin, S. 13.
5 O. M. Graf: München verlor etwas Unwiederbringliches. In: KVF 1, S. 28.
6 »Die Sicherheit im Schaffen der bayerischen Autoren liegt in ihrer Realitätskenntnis begründet. (...) Die Theoriefeindlichkeit der bayerischen Autoren, ihre sinnliche Grundeinstellung, führt zu Werken, die von einer naiven Ursprünglichkeit gekennzeichnet sind. Kein literarisches Programm liegt ihnen zugrunde – in ihnen drückt sich unmittelbar der pragmatisch-realitätsorientierte Charakter ihrer Autoren aus. Es sind Werke, die kaum künstlerischen Bewegungen zuzuordnen sind, weil ihre Autoren im Literaturbetrieb stets Individualisten geblieben sind«. G. Lutz: Die Stellung Marieluise Fleißers in der bayerischen Literatur des 20. Jahrhunderts, S. 39.
7 K. Gronenborn: Karl Valentin. Komiker und Medienhandwerker. In: Zelluloid 4 (1978), S. 21.
8 Vgl. F. Blei: Der Clown Valentin. In: KVVD, S. 8.

Das lebende Orchestrion

1 K. Valentin: Wie ich Volkssänger wurde. In: E. u. E. Münz, a. a. O., S. 14.
2 Vgl. K. Pemsel: Karl Valentin im Umfeld der Münchner Volkssängerbühnen und Varietés, S. 182 ff.
3 Vgl. B. Valentin: »Du bleibst da, und zwar sofort!« S. 22 ff.; M. Schulte: Karl Valentin. (1968), S. 18 ff.
4 Vgl. Abb. in B. Valentin, a. a. O., Abbildungsteil.
5 A. Greither: Anthropologie der Musikinstrumente, S. 464.
6 Unveröffentlichte Autobiographie Valentins. Zit. nach M. Schulte (1968), a. a. O., S. 16.
7 A. Löffler: Stille Wanderung, S. 63.
8 M. Ophüls: Spiel im Dasein, S. 154 f.
9 »Der ökonomische Zwang bringt Valentin in Abhängigkeit von einem Apparat, der immer komplizierter wird, ihm über den Kopf wächst und zu einer Diktatur der Dinge wird.« H. Scheugl/E. Schmidt: Karl Valentin, der Dialektiker des Humors. I. Teil. In: Film Nr. 12 (1967), S. 24.

10 Einen Überblick über die gesamte Geschichte der mechanischen Musikinstrumente und der Androiden bieten u. a.: Q. D. Bowers: Guidebook of automatic musical instruments; A. Buchner: Vom Glockenspiel zum Pianola; A. Chapuis/E. Droz: Les Automates; J. Cohen: Golem und Roboter; E. Maingot: Les Automates; A. W. J. G. Ord-Hume: Clockwork Musik; A. Protz: Mechanische Musikinstrumente; R. Simmen: Der mechanische Mensch; E. Simon: Mechanische Musikinstrumente früherer Zeiten und ihre Musik; H. Swoboda: Der künstliche Mensch.

11 Vgl. D. Krickeberg: Automatische Musikinstrumente. In: Für Augen und Ohren, S. 17.

12 A. Buchner: Vom Glockenspiel zum Pianola, S. 77.

13 Vgl. E. Simon: Mechanische Musikinstrumente früherer Zeiten und ihre Musik, S. 91 ff.

14 »Dergleichen schien sichtbar zu werden in den damals entstehenden Automaten: in der singenden Nachtigall, dem mechanischen Violinspieler, dem Rechenkünstler, alles aus Wachs und innen nur Uhrwerk, aber alles gleichsam lebend. Charakteristisch war, daß das Uhrwerk nicht verhüllt wurde, es war mit Rokokokleidern oder reicher türkischer Tracht bloß drapiert und so doppelt sichtbar. Geradezu kokett trat bei allen Figuren das Räderwerk vor, der von den Rädern zurückgezogene Rock oder Vorhang zeigte die Mechanik gerade als neuen magischen Abgrund.« E. Bloch: Prinzip Hoffnung. Bd. 2, S. 736.

15 Vgl. D. Krickeberg, a. a. O., S. 25.

16 H. Kenner: Von Pope zu Pop, S. 24.

17 Vgl. ebd. S. 36 u. S. 39.

18 G. Metken: Fest des Fortschritts. In: Weltausstellungen im 19. Jahrhundert, S. XIII.

19 Vgl. Jean Paul: Der Maschinen-Mann nebst seinen Eigenschaften. In: Auswahl aus des Teufels Papieren. Sämtliche Werke. 1. Abt. Bd. 1, S. 544 ff.

20 E. T. A. Hoffmann: Die Automate. In: E. T. A. Hoffmann: Werke. 6. Teil, S. 92.

21 M. Schulte, a. a. O. (1968), S. 16 ff.

22 H. Scheugl/E. Schmidt, a. a. O., S. 25.

23 Th. W. Adorno: Ist die Kunst heiter? S. 600 f.

24 Zit. nach K. Gronenborn, a. a. O., 1. Teil, S. 27.

25 Vgl. M. Schulte (1968), a. a. O., S. 21; K. Gronenborn, a. a. O., S. 27.

26 Vgl. S. Wendel: Die Orchestrionbauer-Familie King. In: Für Augen und Ohren, S. 41 ff.

27 Vgl. E. u. E. Münz, a. a. O., S. 33.

28 ebd.

29 Vgl. Fragebogen vom Autorenausschuß zur Entnazifizierung deutscher Schriftsteller, von Karl Valentin ausgefüllt (1945). In: E. u. E. Münz, a. a. O., S. 287.

Der Volkssänger

1 Szenen meint hier: Schwänke, Volksstücke, Komödien etc. Eine vollständige Auflistung findet sich bei G. Köhl: Von Papa Geis bis Karl Valentin, S. 20.

2 K. Pemsel, a. a. O., S. 149 ff.

3 Die Bewegung der Münchner Volkssänger kann im Rahmen dieser Arbeit gezwungenermaßen nur knapp umrissen werden. Ich verweise auf die Untersuchungen von u. a.: S. v. Goessel: Münchner Volkssänger – Unterhaltung für alle; J. Goldner: Die Bühne im Wirtshaus; E. Horn: Ahnengalerie der Volkssänger; G. Köhl: Von Papa Geis bis Karl Valentin; J. M. Lutz: Die Münchner Volkssänger; K. Pemsel: Karl Valentin im Umfeld der Münchner Volkssängerbühnen und Varietés. K. Pemsel: Karl Valentin: volksverbunden – falsch verbunden?

4 Zit. nach S. v. Goessel, a. a. O., S. 30.

5 Vgl. J. Friz: Karl Valentin. Zwischen Münchner Volkssängertum und Moderne – Aspekte seines Werks und seiner Wirkung, S. 20 ff.

6 Vgl. J. Goldner, a. a. O., S. 31.

7 Vgl. L. M. Schneider: Die populäre Kritik an Staat und Gesellschaft in München (1886-1914), S. 100. K. Pemsel, a. a. O., S. 99 f.

8 Vgl. J. Goldner, a. a. O., S. 32.

9 Vgl. E. Münz/J. Schrittenloher: Der Münchner Volkssänger-Verband.

10 Um 1830 zählte München 75 000 Einwohner, um 1885 bereits 259 000 Einwohner. Vgl. J. Goldner, a. a. O., S. 28 f.

11 Vgl. Colosseums-Programm. In: KVVD, S. 47.

12 Vgl. H. E. Valentin: »Im Tingeltangel tut sich was...«

13 Vgl. K. Valentin: Wie ich Volkssänger wurde, a. a. O.

14 Vgl. H. Schwimmer: Karl Valentin, S. 54.

15 »Die Überwindung des rein Volkssängerischen geschah bei ihm jedoch nicht mit erklärter Absicht.« K. Pemsel, a. a. O., S. 268.

16 J. Friz, a. a. O., S. 97.

17 K. Tucholsky: Der Linksdenker, S. 137.

18 C. Zuckmayer: Volkssänger, weiter nichts, S. 157.

19 H. Scheugl/E. Schmidt: Karl Valentin, der Dialektiker des Humors. II. Teil, S. 19.

20 Zit. nach: E. u. E. Münz, a. a. O., S. 5.

21 Ebd.

22 Marcel Duchamp: »Jedes Wort, das ich jetzt sage, ist dumm und falsch.« In: M. Duchamp: Ready Made!, S. 54. James Joyce: »Machen Sie keinen Helden aus mir. Ich bin nur ein einfacher Mann aus dem Mittelstand.« Zit. nach: R. Ellmann: James Joyce. Bd. I, S. 26.

23 Vgl. C. Niessen: Karl Valentin (und die Münchener Volkssänger), S. 5.

24 Vgl. L. Richter: Das Berliner Couplet der Gründerzeit, S. 199.

25 J. Friz, a. a. O., S. 19.

26 J. Goldner, a. a. O., S. 32.

27 Vgl. A. Förg (Hrsg.): Heut geh'n ma zu de Komiker.

28 Th. W. Adorno: Einleitung in die Musiksoziologie, S. 205.

29 Vgl. B. Valentin, a. a. O., S. 20.

30 M. Schulte (1968), a. a. O., S. 21.

31 In: A. Förg, a. a. O., S. 81.

32 K. Valentin: Ich hatt' einen Kameraden. In: K. V.: Allerlei Blödsinn, S. 33.

33 K. Valentin: Still ruht der See. In: A. Förg, a. a. O., S. 167.

34 K. Valentin: Versteigerung. In: H. König (Hrsg.): Das Bilderbuch vom Karl Valentin, S. 78 f.

35 AvKV S. 173 f. und auf der Schallplatte »Alles von Karl Valentin und Liesl Karlstadt« unter dem Titel »Liesl Karlstadt singt chinesisch«.

36 K. Riha: Moritat, Bänkelsong, Protestballade, S. 95.

37 K. Valentin: Die Versteigerung, a. a. O., S. 79.

38 Vgl. K. Schwitters: Das literarische Werk. Bd. 1. S. 214 ff. In seiner Untersuchung der »Ursonate« kommt Schuldt zu dem Schluß, daß es sich hier weniger um eine »Lautgestaltung«, sondern um eine »künstliche, erkünstelte Sprache« handelt. Damit würde Valentin Schwitters noch näher rücken. Aber letztlich bleibt diese Trennung problematisch. Sie erscheint mir zu konstruiert und berücksichtigt nicht das spielerische Element der phonetischen Poesie. Vgl. Schuldt: Lautgestaltung. Beitrag zu einer Klärung des Begriffs an Hand der »Ursonate«.

39 K. Reichert: Lewis Carroll, S. 20.

40 Zur Geschichte und Theorie der Lautdichtung vgl. u. a.: R. Hausmann: Zur Geschichte des Lautgedichts; D. Kessler: Untersuchungen zur Konkreten Dichtung; F. Mon: Literatur im Schallraum. In: F. M.: Texte über Texte, S. 108 f.; K. Riha: Übers Lautgedicht; W. Rosenberg: Phonetische Dichtung und Sprachkomposition – Aspekte des russischen Futurismus; G. Schönfelder: Hans G. Helms: Fa:m' Ahniesgwow.

41 Vgl. C. Dahlhaus: Über die »mittlere Musik« des 19. Jahrhunderts.

42 J. M. Lutz, a. a. O., S. 6.

43 H. Kenner, a. a. O., S. 100.

44 W. Hofmann: Kitsch und Trivialkunst als Gebrauchskünste, S. 212.

45 Vgl. H. Schwimmer: Das Spiel mit der Sprache bei James Joyce und Karl Valentin.

46 Vgl. H. Karasek: Nestroys großer Nachfahr.

47 Vgl. M. Schulte (1968), a. a. O., S. 106 ff.

48 Vgl. M. Hausenstein (1976): Die Masken des Komikers Karl Valentin, S. 9.

49 Vgl. S. Kracauer: Warum macht Karl Valentin keine Filme mehr.

50 Vgl. A. Kuh: Der Vorstadthypochonder. Weitere Analogien finden sich bei K. Zeyringer: Sprach- und Situationskomik bei Karl Valentin, S. 328.

51 Vgl. J. Friz, a. a. O., S. 45; M. Schulte, a. a. O., S. 37; H. Schwimmer: Karl Valentin, S. 133.

52 L. Röhrich: Gebärde – Metapher – Parodie, S. 115.

53 J. Friz, a. a. O., S. 45.

54 C. Dahlhaus: Vorwort (zu Studien zur Trivialmusik des 19. Jahrhunderts), S. 9.

55 Zur Datierung vgl.: A. Hauff (1978): Die einverständigen Katastrophen des Karl Valentin, S. 47.
56 Auf der Schallplatte »Alles von Karl Valentin und Liesl Karlstadt«.
57 Vgl. A. Förg, a. a. O., S. 166 f.
58 A. Hauff, a. a. O., S. 47.
59 Ebd.
60 Jean Paul: Vorschule der Ästhetik. In: J. P.: Sämtliche Werke. 1. Abt. Bd. 11, S. 118.
61 A.-M. Fischer-Grubinger: Mein Leben mit Karl Valentin, S. 175.
62 K. Valentin: Der Orgelmann. In: K. V.: Allerlei Blödsinn, S. 29.

Der Moritatensänger

1 Zur Geschichte und Theorie des Bänkelsangs vgl. u. a.: Bänkelsang und Moritat (Katalog); Fahrendes Volk (Katalog); L. Petzoldt: Bänkelsang. Vom historischen Bänkelsang zum literarischen Chanson; K. Riha: Moritat, Bänkelsong, Protestballade; K. V. Riedel: Der Bänkelsang. Wesen und Funktion einer volkstümlichen Kunst.
2 R. Döhl: Bänkelsang und Dichtung – Dichtung und Bänkelsang. In: Bänkelsang und Moritat (Katalog), S. 66.
3 Vgl. H. Scheugl/E. Schmidt jr.: Eine Subgeschichte des Films. Bd. 1, S. 405.
4 F. Truffaut: Die Filme meines Lebens, S. 178.
5 Karl Valentins Selbstbiographie. In: G. Pallmann (Hrsg.): Karl Valentins Panoptikum, S. 5.
6 Vier Tafeln wurden in der Valentin-Ausstellung (München 1982) gezeigt. Neben den Fotos im Stadtarchiv München vgl. Abbildungen in: E. u. E. Münz, a. a. O., S. 249; M. Schulte, a. a. O., S. 50; M. König (Hrsg.): Das Bilderbuch vom Karl Valentin, S. 21; KVVD S. 177.
7 Zu Walther Ruttmann siehe: Film als Film, S. 61 ff.
8 In: M. König (Hrsg.): K. Valentin: Anekdoten, S. 137 ff.
9 Ebd. S. 140.
10 Ebd. S. 141 ff.
11 Ebd. S. 145.
12 Vgl. Der Taucher und sein Kind (AvKV S. 433 ff.)
13 In: M. König (Hrsg.): K. Valentin: Anekdoten, S. 146 ff.
14 Ebd. S. 149.
15 Vgl. u. a. F. Wedekind: Der Tantenmörder. In: F. W.: Werke in drei Bänden. Bd. 2, S. 509.
16 Vgl. Abb. in: H. König (Hrsg.): Das Bilderbuch vom Karl Valentin, S. 21.

Der Liedparodist

1 W. Wiora: Der Trend zum Trivialen im 19. Jahrhundert, S. 283.

2 Vgl. G. Metken: Comics, S. 19 ff.

3 Vgl. W. Benjamin: Das Kunstwerk im Zeitalter seiner technischen Reproduzierbarkeit.

4 P. Valéry: Über Kunst, S. 121.

5 Vgl. K. Riha, a. a. O., S. 53; zur Kunstlied-Parodie allgemein vgl. auch: L. Röhrich: Gebärde – Metapher – Parodie, S. 155 ff.

6 Vgl. dazu die frühe Studie von J. Meier: Kunstlieder im Volksmunde.

7 H. Rauhe: Zum volkstümlichen Lied des 19. Jahrhunderts, S. 161.

8 »Im Zusammenhang mit dem Lachen möchten wir noch auf die karnevalistische Natur der Parodie zu sprechen kommen. Die Parodie ist unabdingbares Element der Menippeischen Satire und aller anderen karnevalistischen Gattungen. Den reinen Gattungen (der Epopöe, der Tragödie) ist die Parodie wesensmäßig fremd, den karnevalisierten Gattungen ist sie wesensmäßig vertraut.« M. Bachtin: Literatur und Karneval, S. 54.

9 R. Schenda: Volk ohne Buch, S. 425.

10 P. Rühmkorf: Über das Volksvermögen, S. 115.

11 Diesen Anschein erweckt die Untersuchung von A. Hauff, a. a. O.

12 Vgl. J. Kolbe: Ich weiß nicht was soll es bedeuten.

13 »Wie viele deutsche Philister wüßten denn, was Heine bedeuten soll, wenn nicht Herr Silcher ›Ich weiß nicht, was soll es bedeuten‹ in Musik gesetzt hätte?« Karl Kraus. Zit. nach Kolbe, a. a. O., S. 29.

14 H. W. Schwab: Sangbarkeit, Popularität und Kunstlied, S. 115.

15 Vgl. Abbildungsteil in J. Kolbe, a. a. O.

16 Vgl. »Mona Lisa im 20. Jahrhundert«.

17 Zum Problem des »Zersingens« vgl.: R. Dessauer: Das Zersingen.

18 Auf der Schallplatte »Karl Valentin und Liesl Karlstadt«.

19 Vgl. Abbildung in M. Schulte (1968), a. a. O., S. 110; eine Großaufnahme des Gesichts bietet W. Hausenstein (1976), a. a. O., Abbildungsteil, o. S.

20 Eine neuere künstlerische Auseinandersetzung mit dem Loreley-Mythos unternimmt Marcel Broodthaers mit seinen Büchern: En lisant la Lorelei. Wie ich die Lorelei gelesen habe. Vgl. M. Broodthaers: Catalogue des Livres, S. 58 f. »In his folio ›En Lisant La Lorelei, Wie ich die Lorelei gelesen habe‹ (1975) MB proposes to examine the imaginary of the Lorelei and the Rhine in the context of our time. The folio's pictures of the Rock of the Lorelei are taken from decalcomanias reproduced on cups and glasses of the souvenier enterprise at the turn of the century. Instead of bewitching with song, Broodthaers' contemporary Lorelei enthuses on the phone to »My dearest, dearest Heinrich« that she has dyed her hair black. The couple is next shown on their honeymoon at the foot of the famed rock. The bride groom recites the melancholic opening lines while the bride is happily thinking of the famed fish of the Rhine on which she expects to

feast.« N. u. N. Calas: Human Comedy. In: M. Broodthaers: (Katalog). Paris 1982/83, S. 21.

21 R. Barthes: Was singt mir, der ich höre... S. 33 f.

22 A. Gereley: Der Volkssänger als Volksfeind, S. 8 f.

23 Vgl. dazu die materialreiche Studie von H. Glaser: Spießer-Ideologie.

24 Auf der Schallplatte »Karl Valentin. Das große Erinnerungsalbum 2. Folge«.

25 Zum Prinzip der musikalischen Wiederholung vgl. die allgemeine, interdisziplinäre Untersuchung von R. Lach: Das Konstruktionsprinzip der Wiederholung in Musik, Sprache und Literatur.

26 »Das Profitinteresse an Landschaft erlaubt heute allenfalls beiläufige Befriedigung ästhetischer Bedürfnisse, sofern sie sich überhaupt als solche geltend machen. Sind sie doch mit fortschreitender Entsinnlichung des unmittelbaren Betätigungsfeldes im Arbeitsprozeß bei den Produzenten selbst vielfach verschüttet.« B. Wormbs: Über den Umgang mit Natur, S. 159.

27 W. Benjamin: Charles Baudelaire, S. 643.

28 Zit. nach A. Hauff (1978), S. 14.

29 Zur Geste vgl. u. a.: L. Berio: Du geste et de Piazza Carita; B. Brecht: Neue Technik der Schauspielkunst, S. 752 ff.; N. Dreßen: Sprache und Musik bei Luciano Berio; G. Mattenklott: Bilderdienst, S. 287 ff.; I. Stoianova: Geste – texte – musique.

30 R. Barthes: Mythen des Alltags, S. 147.

31 Vgl. Partitur in: D. Schnebel: Denkbare Musik, S. 145.

32 Die Wahl des Instruments ist beliebig. Vgl. Schnebel, ebd.

33 N. Dreßen, a. a. O., S. 28.

34 Vgl. D. Charles: John Cage oder Die Musik ist los, S. 90.

35 Vgl. D. Charles, a. a. O., S. 87.

36 Auf der Schallplatte »Karl Valentin. Die alten Rittersleut«.

37 K. Riha, a. a. O., S. 91.

38 Zit. nach K. Riha, a. a. O., S. 90.

39 K. Riha, a. a. O., S. 91.

40 B. Valentin, a. a. O., S. 101.

41 F. Eibner: Was ist Volksmusik? S. 30.

42 »Der tiefere Witz des Dialog-Sketches liegt dann darin, daß das lärmende Ungeheuer dem Sänger impulsive Äußerungen entlockt, die in ihm den Dialektsprecher gegen den Hochdeutschen Artisten freisetzen: auf dieser tiefer liegenden Sprach- und Emotionalebene kritisiert er nicht nur das deplazierte Hundevieh, sondern trifft sich mit ›Es ist ja furchtbar!‹, ›Das ist ja entsetzlich!‹ selbst aufs Treffendste.« K. Riha, a. a. O., S. 91.

43 E. Satie: Schriften, S. 59.

44 Jean Paul: Vorschule der Ästhetik. In: J. P.: Sämtliche Werke. 1. Abt., Bd. 11, S. 112.

45 Vgl. auch »Wer uns getraut« auf der Schallplatte »Karl Valentin. Das große Erinnerungsalbum 2. Folge«.

46 D. Sternberger: Ein deutscher Klassiker: Karl Valentin. In: KVF I, S. 80.

47 H. Eisler: Materialien zu einer Dialektik der Musik, S. 253 f.

48 Vgl. L. Sterne: Tristram Shandy.

49 Vgl. das Sterne-Kapitel in: P. Michelsen: Laurence Sterne und der deutsche Roman des 18. Jahrhunderts.

50 N. Miller: Der empfindsame Erzähler, S. 267.

51 »Das Ganze der fortgesetzte hypbride Versuch, dem unendlichen und uferlos fließenden ›stream of consciousness‹ nachzuschreiben und ihm zugleich die ständig entfliehende Zeit von Tristrams Leben wiederzugewinnen und zu objektivieren.« N. Miller, a. a. O., S. 261.

52 Vgl. K. Riha, a. a. O., S. 90.

53 Auf der Schallplatte »Alles von Karl Valentin und Liesl Karlstadt«.

54 Vgl. C. Brentano: BOGS, der Uhrmacher. In: C. B.: Werke. Bd. 2, S. 873 ff.

Der Instrumentalmusiker

1 Vgl. C. v. Barloewen: Clown, S. 91 f.

2 »Freude ist wie ein Strom: sie fließt ohne Unterlaß. Das ist nach meinem Glauben die Botschaft, die der Clown uns zu überbringen versucht, daß wir teilhaben sollen am unaufhörlichen Fluß, der endlosen Bewegtheit, daß wir nicht anhalten sollen, um nachzudenken, zu vergleichen, zu zergliedern, zu besitzen, sondern fließen immerfort, ohne Ende wie Musik.« H. Miller: Das Lächeln am Fuße der Leiter, S. 71.

3 K. Zeyringer: Sprach- und Situationskomik bei Karl Valentin, S. 135.

4 Vgl. J. Joyce: Ulysses.

5 Vgl. J. Cage: Silence.

6 Vgl. W. M. Faust: Marcel Duchamp: Dinge und Worte: Rrose Sélavy.

7 Auf der Schallplatte »Karl Valentin. Das große Erinnerungs-Album. 2. Folge«.

8 Auf der Schallplatte »Karl Valentin, Liesl Karlstadt«.

9 Auf der Schallplatte »Karl Valentin. Das große Erinnerungs-Album, 1. Folge«.

10 Th. W. Adorno: Einleitung in die Musiksoziologie, S. 361 f. Zu Jugend und Musik vgl. auch: H.-K. Metzger: Musikalischer Faschismus. Kritisches zur Jugend- und Schulmusikbewegung u.: Es bleibt beim Musikalischen Faschismus. In: H.-K. Metzger: Musik wozu, S. 43 ff. u. S. 48 ff.

11 Vgl. E. Münz: Karl Valentin 1882-1948. In: KVVD S. 360.

12 Leider wurden diese Werke bis heute nicht zur Veröffentlichung freigegeben. Vgl. A. Hauff (1978), a. a. O., S. 52.

13 M. Schulte (1968), a. a. O., S. 64.

14 Vgl. J. Wulf: Die Bildenden Künste im Dritten Reich, S. 183. Zur Musik im Dritten Reich vgl. allgemein: F. K. Prieberg: Musik im NS-Staat.

15 Vgl. E. u. E. Münz: Geschriebenes von und an Karl Valentin, S. 245 ff.

16 Zit. nach H. D. Schäfer: Das gespaltene Bewußtsein, S. 90.

17 Vgl. Th. W. Adorno: Dissonanzen, S. 112 f.

18 Vgl. 1962 Wiesbaden FLUXUS 1982, S. 11.

19 Die Zerstörung der Volkssängerbühne bei Papa Benz. Vgl.: Karl Valentin erzählt aus seinem Leben. In: G. Pallmann (Hrsg.): Karl Valentin's Lachkabinett, S. 17 f.

20 Zur Valentin-Ausstellung 1982 im Münchner Stadtmuseum fand eine begleitende Hommage à Karl Valentin von Daniel Spoerri organisiert statt mit Werken der Fluxuskünstler George Brecht, Al Hanson, Dieter Roth, Takako Saito, Tomas Schmit, Daniel Spoerri und Emmett Williams. Weiter nahmen teil: Christian Ludwig Attersee, Herbert Biller, Christian Boltanski, Günther Brus, Ernst Jandl, Jürgen Klauke, Loriot, Meret Oppenheim, Gerhard Rühm, Holger Runge, Martin Schwarz, André Thomkins, Stefan Wewerka und Gottfried Wiegand.

21 R. Barce: »Offene« Musik – Vom Klang zum Ritus. In: J. Becker/V. Vostell: Happenings, S. 148.

22 Zum Unterschied von Happening und Fluxus: »Das Happening ist als eine Denkaufgabe zu verstehen, in der unmittelbare Einbrüche einer unvermittelt zu bewältigenden Realität gewissermaßen vorprogrammiert sind. Fluxus dahingegen wird eher als eine, nur im übertragenen Duktus zu verstehende Demonstration von gezielt vorgetragenen Gegebenheiten zu verstehen sein.« G. F. Schwarzbauer: Hinweise auf das künstlerische Tun – Anmerkungen zu einer Zeit grenzüberschreitender Positionsfestlegungen. In: Fluxus. Aspekte eines Phänomens, S. 14. Solche Definitionen mögen eine theoretische Berechtigung haben. Ob sie in der Praxis Anwendung finden, ist fraglich. Beide Begriffe sind intentional offen, und es widerstrebt mir, von Fluxus-Elementen im Happening oder von Happeningelementen im Fluxus zu reden.

23 Diese und die folgende Zusammenstellung fußt auf verschiedenen Publikationen zum Thema: Für Augen und Ohren. Von der Spieluhr zum akustischen Environment; 1962 Wiesbaden FLUXUS 1982; Fluxus. Aspekte eines Phänomens; Happening & Fluxus. Materialien; J. Becker/W. Vostell (Hrsg.): Happenings; Sehen um zu hören. Objekte & Konzerte zur visuellen Musik der 60er Jahre.

24 Vgl. L. Russolo: Die Geräuschkunst. In: Ch. Baumgarth: Die Geschichte des Futurismus, S. 223 ff.

25 K.-H. Zarius: Zeige deine Wunde. Bruchstücke zur (Fluxus-)Musik der 60er und 70er Jahre. In: Fluxus. Aspekte eines Phänomens, S. 51.

26 I. Baecker: Einführung zur Ausstellung. In: Sehen um zu hören, S. 9.

27 D. Schnebel: Denkbare Musik, S. 317. In diesem Zusammenhang verweise ich auf Schnebels »Sichtbare Musik«. Hier wird ein Abriß der Geschichte und Praxis des Verhältnisses Musik-Optik gegeben. Ebd. S. 310 ff.

28 »Den offiziellen Teil der Festveranstaltung bestritten u. a. die Rotarier Hans Knappertsbusch und Thomas Mann, beide übrigens große Valentin-Verehrer.« M. Schulte (1982), a. a. O., S. 77.

29 Vgl. M. Schulte/P. Syr: Karl Valentins Filme, S. 198.

30 H. G. Pflaum: Die Filme Valentins. In: KVVD S. 252.

31 In seinem Panoptikum stellte Valentin »Die Glocke« neben Gedichten von Arp und Mette unter der Überschrift »Gedichte. Einst und Jetzt« aus. Vgl. Kat.-Nr. 31.

32 Schnebel spricht von einer Dadaisierung der Musik und spannt den Bogen von Satie bis in die heutige Zeit. Vgl. Schnebel, a. a. O., S. 319.

33 »Da die Veranstaltungen der Fluxus-Bewegung meist musikalischen Charakter im weitesten Sinne hatten, werden sie als Konzerte bezeichnet, deren Inhalt der betreffende Künstler in Partituren festlegt. Sie haben jedoch mit gewohnten Musik-Partituren kaum Ähnlichkeit, können aus Texten, Zeichnungen, Zeichen auf beliebigem Grund bestehen.« J. Schilling: Aktionskunst, S. 83. Eine Partiturensammlung moderner Musik, die auch viele Beispiele der Fluxuskünstler enthält, hat John Cage herausgegeben. Vgl. J. Cage: Notations.

34 Vgl. G. Pallmann: Nachwort. In: Karl Valentins Panoptikum, S. 213 f.

35 Bemerkenswert einsichtig sind die Richter des Reichsgerichts, vor dem sich Valentin 1928 wegen eines Plagiatvorwurfs zu verteidigen hatte. Vgl. Rundfunkszenen als Schriftsachen. In: Entscheidungen des Reichsgerichts in Zivilsachen. Bd. 121, S. 65 ff. O. Gritschneider faßt das Urteil zusammen: »Sodann spüren die Richter der Eigenart des Valentinschen Sketches nach: In dem Teil, in dem ein Schauspieler ein Stück aus Schillers »Lied von der Glocke« vortrage, dabei durch Geräusche begleitet, gestört und schließlich verscheucht werde, liege der kennzeichnende Gedanke darin, »daß in sinnloser, komischer, lächerlicher Weise auf der Bühne Geräusche erzeugt werden, die einen ernsthaft gemeinten Vortrag begleiten und, in Gegensatz zu den Worten des Vortragenden gebracht, komische Wirkung hervorrufen«. Der Vortragende selbst bleibe »von Anfang bis Ende ernst«, werde aber durch das Gebaren des Komikers (Karl Valentin), der sich als Inspizient auf der Bühne betätige, im Vortrag dermaßen gestört und lächerlich gemacht, daß er schließlich verzweifelt davonstürze. Dieser Gegensatz zwischen »dem gesprochenen Worte des Darstellers« und dem »es lächerlich machenden Gebaren des anderen« wirke unmittelbar auf den Zuschauer; er brauche sich keine Gedanken darüber machen, welchen Eindruck ein Rundfunkhörer davon bekomme.« O. Gritschneider: Karl Valentin vor dem Reichsgericht.

36 E. Gürster: Der Stegreifspieler Karl Valentin. In: KVVD S. 15.

37 In Saties »Parade« wurde die Schreibmaschine eingesetzt. Von da ab findet es sich als musikalischer Ausdrucksträger bis heute, zuletzt bei Dieter Roth. Eine Untersuchung dazu liegt m. E. nicht vor.

38 Vgl. M. Schulte/P. Syr, a. a. O., S. 103 ff.

39 Vgl. H. G. Pflaum, a. a. O., S. 217.

40 Vgl. K. Valentin: Tingeltangel. In: AvKV S. 312.

41 A. Hauff (1978), a. a. O., S. 16.

42 K. Tucholsky: Der Linksdenker, S. 134.

43 Vgl. die gesammelten Interviewausschnitte in: F. Fellini: Orchesterprobe, S. 151 ff.

44 Vgl. M. Schulte/P. Syr, a. a. O., S. 130 ff. »So ein Theater« und die »Orchesterprobe« sind verfilmte Ausschnitte aus Valentins »Tingeltangel« (AvKV S. 291 ff.).

45 D. Schnebel, a. a. O., S. 334.

46 Vgl. J. Altemark: Der Lärm, womit der Musikant uns stört. Nachdenkliches über

das Verhältnis Wilhelm Buschs zur Musik; G. Hoffnung: The Hoffnung Music-Festival; G. Hoffnung: Hoffnung's Acoustics.

47 Vgl. H. Meyer: Der Sonderling in der deutschen Dichtung, S. 178-180.
48 Vgl. M. Schulte/P. Syr, a. a. O., S. 157 ff.
49 W. Hausenstein (1976): Die Masken des Komikers Karl Valentin, S. 9.
50 Vgl. ebd.
51 A. a. O., S. 9-10.
52 Zit. nach H. Plessner: Anthropologie der Sinne. In: H. P.: Philosophische Anthropologie, S. 219.
53 H. G. Pflaum, a. a. O., S. 234.

Der Sammler

1 Vgl. R. Bauer: »A oids Buidl vo München is mehra wert ois a Brillant« – oder: Karl Valentins Altmünchner Bildersammlung. In: R. B.: Das Alte München. Photographien 1855-1912. Gesammelt von Karl Valentin, S. 9.
2 Vgl. R. Bauer, a. a. O., S. 14.
3 Vgl. H. Hinck: Karl Valentin zu Hause.
4 Vgl. K. K. Wolter: Karl Valentin – privat, S. 17.
5 A.-M. Fischer-Grubinger: Mein Leben mit Karl Valentin, S. 184 f.
6 Vgl. B. Valentin, S. 90 ff.
7 Vgl. R. Bauer, a. a. O., S. 17.
8 Vgl. R. Bauer: Zu Gast im alten München; H. König/E. Ortenau: Panoptikum. Vom Zauberbild zum Gaukelspiel der Wachsfiguren; H. König (Hrsg.): G'spassige Leut. Münchner Sonderlinge u. Originale vom letzten Hofnarren bis zum Taubenmutterl; J. M. Lutz: Die Münchner Volkssänger; H. König: Ja so war's – das München. Eine ›Sightseeing-Tour‹ um die Jahrhundertwende – mit der Postkartensammlung des Karl Valentin-Musäums.
9 Vgl. die kleine Dokumentation: 20 Jahre Valentin Musäum.
10 Vgl. H. Hinck. a. a. O.
11 Vgl. u. a.: W. Benjamin: Berliner Kindheit um Neunzehnhundert; S. Kracauer: Die Angestellten; D. Sternberger: Panorama oder Ansichten vom 19. Jahrhundert; H. Lefèbvre: Kritik des Alltagslebens; A. Heller: Das Alltagsleben.
12 Einen Überblick verschafft I.-M. Greverus: Kultur und Alltagswelt.
13 Vgl. Szenen der Volkskunst (Kat); die Arbeit der verschiedenen Produzentengalerien und die Zeitschriften »Volksfoto« und »Der Alltag«.
14 G. Metken: Spurensicherung, S. 16.
15 »Es werden die unterschiedlichsten Techniken angewandt: Fotografie, Film und Video, autobiographische und beschreibende Texte, Tagebücher, Erzählsequenzen, Objektbergungen, Ausgrabungen.« G. Metken, a. a. O., S. 17.
16 Vgl. das Kapitel »Alltag in die Kunst« in: W. Grasskamp: Museumsgründer und Museumsstürmer, S. 61 ff.

17 Vgl. U. Bauer: Stille Museen.

18 G. Metken, a. a. O., S. 12.

19 Vgl. auch: A. A. Bronsen/P. Gale (Hrsg.): Museums by Artists.

20 Th. W. Adorno: Valéry Proust Museum. In: Th. W. A.: Prismen, S. 181.

21 P. Valéry: Über Kunst, S. 57.

22 R. Bauer, a. a. O., S. 12.

23 R. Bauer, a. a. O., S. 10 f.

24 R. Bauer, a. a. O., S. 17.

25 Ebd.

26 Vgl. S. Kracauer: Geschichte – Vor den letzten Dingen, S. 218.

27 S. Kracauer, a. a. O., S. 219.

28 Vgl. zu diesem Problem: G. Freund: Photographie und Gesellschaft.

29 Anonymus: Valentins Münchner Bilderbuch.

30 Vgl. A. Malraux: Psychologie der Kunst. Das imaginäre Museum.

31 Vgl. G. Freund, a. a. O., S. 110 f.

32 W. Benjamin: Das Kunstwerk im Zeitalter seiner technischen Reproduzierbarkeit. (Zweite Fassung), S. 485.

33 Vgl. E. Atget: Lichtbilder; W. Ranke: Heinrich Zille. Photografien Berlin 1890-1910; K. Bloßfeldt: Das fotografische Werk; E. Zola: Photograph; A. Sander: Das Antlitz der Zeit.

34 W. Grasskamp: Künstler und andere Sammler, S. 49.

35 Eines der wenigen Fotos zeigt seinen Hund Bobsi. In: KVVD S. 159.

36 Vgl. J.-H. Fabre: Das offenbare Geheimnis. In diesem Zusammenhang möchte ich auch auf die Ameisenzeichnungen von Katharina Meldner hinweisen, die sehr anschaulich verdeutlichen, wie sich aus der Beobachtung des Kleinsten makrokosmische Bezüge ableiten lassen. Vgl. K. Meldner: Aus dem Leben der Ameisen.

37 Anonymus: Valentins Münchner Bilderbuch.

38 Vgl. X. de Maistre: Zwei Reisen um mein Zimmer.

39 G. Bachelard: Poetik des Raumes, S. 185.

40 W. Salber: Das Sammeln ist des Wandrers Lust, S. 14.

41 Vgl. C. Schaefer: Peter Altenberg, S. 110.

42 Zit. ebd.

43 Zit. nach G. Mattenklott: »Keine Ansiedlungen«, S. 74. Abbildungen der Postkarten in H. Ch. Kosler (Hrsg.): Peter Altenberg.

44 Vgl. G. Mattenklott, a. a. O.

45 Teilweise wurden diese Karteikarten in der Valentin-Ausstellung 1982 gezeigt.

46 Vgl. W. Hofmann/G. Syamken/M. Warnke: Die Menschenrechte des Auges. Hier sind auch eine große Anzahl der Tafeln verstreut abgebildet.

47 W. Hofmann: »Die Menschenrechte des Auges«, a. a. O., S. 93.

48 M. Warnke: »Der Leidschatz der Menschheit wird humaner Besitz«, a. a. O., S. 157.

49 E. Panofsky, zit. nach M. Warnke, ebd.

50 M. Warnke, a. a. O., S. 159.

51 Vgl. W. Hofmann, a. a. O., S. 92 ff.

52 Vgl. das Kapitel »Der Schauspieler«.
53 R. Bauer, a.a.O., S. 16.
54 Zit. nach M. Schulte (1982), a.a.O., S. 184.
55 R. Bauer, a.a.O., S. 16.
56 Vgl. R. Bauer, a.a.O., S. 14 ff.
57 R. Bauer, a.a.O., S. 16.
58 Vgl. E. Schleich: Die zweite Zerstörung Münchens.
59 Abdruck des Manifestes in: J. Becker/W. Vostell: Happenings, S. 330 ff.
60 Vgl. J.-F. Lyotard: Beantwortung der Frage: Was ist postmodern?

Der Schauspieler

1 E. Patalas: Vor Geiselgasteig stand der Valentin. In: KVF 2, S. 12. Vgl. auch G. Pallmann: Das Geheimnis um die Valentin-Filme.
2 Sämtliche Angaben zu den Filmen Valentins entnehme ich im folgenden ohne weitere Anmerkungen M. Schulte/P. Syr: Karl Valentins Filme.
3 Vgl. H. Scheugl/E. Schmidt jr.: Eine Subgeschichte des Films. Bd. 1, S. 331.
4 Vgl. R.-P. Baacke: Lichtspielhausarchitektur in Deutschland.
5 »Diese groteske Kunst entwuchs der Natur des Stummfilms. Sie kam aus der Nähe des stummen, aber fernen und noch nicht in Einzelbilder aufgelösten, also der Theaterbühne ähnlichen Bildes. Damals hatten nämlich die Bewegungen noch keine intime seelische Bedeutung, die nur aus der Nähe bemerkbar gewesen wäre. Im Gegenteil: Die Gesamtpantomime, das Gestrampel der zappelnden Menschen, ergab den komischen Effekt.« B. Balázs: Der Film, S. 18.
6 H. Richter: Der Kampf um den Film, S. 44.
7 Es waren die Bilderbogen »Der neue Schreibtisch« und »Ein Gaunerstreich« von E. Reinicke aus dem Jahr 1891, die in der Valentin-Ausstellung 1982 gezeigt wurden.
8 R. Toepffer: Essai de Physiognomonie, S. 2.
9 Zu W. Busch vgl. u. a.: G. Ueding: Wilhelm Busch; Wilhelm Busch. Die Bildergeschichte zwischen Flugblatt und Cartoon.
10 Vgl. D. Pforte: Russische Comic Strips?
11 Vgl. Text-Foto-Geschichten. Dokumentation.
12 Vgl. Abb. KVVD S. 186 f.
13 S. Kracauer: Warum macht Valentin keine Filme mehr. In: KVF 2, S. 39.
14 Vgl. U. Eichler: Die Illustration volksliterarischer Themen auf Bilderbogen, S. 228 f.
15 R. Gernhardt: Eiskalte Pointen, S. 264.
16 G. Pflaum: Die Filme Valentins. In: KVVD S. 199.
17 R. Kassner: Die Verwandlung, S. 116.
18 Vgl. F. Th. Vischer: Auch Einer. Eine Reisebekanntschaft.
19 »Der Theaterbesuch« (1934).

20 »Der Zithervirtuose« (1934).

21 »Der verhexte Scheinwerfer« (1934).

22 H. Pataki: Krisenkasperl, S. 60.

23 G. Gaultier: Das korrosive Universum Karl Valentins, des verkannten ›Originals‹. In: KVF 4, S. 17.

24 R. Kassner: Der Umriß einer universalen Physiognomik. In: R. K. Zahl und Gesicht, S. 27.

25 M. Feuchtwanger: Nur eine Frau, S. 105 f.

26 Vgl. Abbildungen in W. Hausenstein: Die Masken des Komikers Karl Valentin.

27 A. Hauff: Die einverständigen Katastrophen des Karl Valentin (1978), S. 4.

28 Valentins »Jugendstreiche« gehen allerdings über seine eigentliche Jugend hinaus (vgl. AvKV S. 91 ff.). M. Schulte berichtet von einer »nicht zur Veröffentlichung bestimmten fragmentarischen Autobiographie Karl Valentins (...), die an Detailfreudigkeit und Genauigkeit nicht zu übertreffen ist«. M. Schulte (1982), a. a. O., Anm. 16, S. 213. Zu den Biographien und dem Verfassen von Jugenderlebnissen bayerischer Autoren vgl. G. Lutz, a. a. O., S. 130 ff.

29 Vgl. H. König: Vorwort. In: E. Münz (Hrsg.): K. Valentin: Weitere Anekdoten, S. 10 f.

30 Vgl. u. a. G. F. Schwarzbauer: Der Mensch als Demonstrationsobjekt; B. Catoir: Körpersprache und Bildende Kunst.

31 M. Foucault: Nietzsche, die Genealogie, die Historie. In: M. F.: Von der Subversion des Wissens, S. 97.

32 Vgl. M. Bachtin: Die groteske Gestalt des Leibes. In: M. B.: Literatur und Karneval, S. 18 ff.

33 Zu Messerschmidt vgl. E. Kris: Die Kunst des Geisteskranken. Teil II: Ein geisteskranker Bildhauer des achtzehnten Jahrhunderts. In: E. K.: Die ästhetische Illusion, S. 116 ff. Zu Rainer vgl. Arnulf Rainer: Retrospektive 1950-1977. In diesem Katalog verschafft W. Hartmann einen informativen historischen Überblick: »Face Farces« von Arnulf Rainer. Zu einem Aspekt künstlerischer Selbstdarstellung in der Gegenwart, S. 22 f.

34 S. Holsten: Das Bild des Künstlers, S. 44.

35 Vgl. Abb. in: S. Sünwoldt: Weiß Ferdl, S. 168.

36 Vgl. S. Sontag: Der Künstler als exemplarischer Leidender. In: S. S.: Kunst und Antikunst, S. 91 ff.

37 K. Valentin: Wer will unter die Soldaten. In: KVF 2, S. 31.

38 Ebd.

39 Vgl. H. Scheugl: Show Freaks & Monster.

40 Ebd. S. 21.

41 O. E. Hasse: Karl Valentin. In: KVF 3, S. 101.

42 Vgl. Abb. in H. König (Hrsg.): Das Bilderbuch vom Karl Valentin, S. 42.

43 H. Scheugl, a. a. O., S. 173 (mit Abb.).

44 O. E. Hasse, a. a. O., S. 101.

45 H. Sinsheimer: Gelebt im Paradies, S. 183.

46 R. Endres: Abwege ins Leben. Eine Verwandlungskünstlerin: Liesl Karlstadt.

47 »Ihre Künstlersozialisation forderte die tägliche Zurschaustellung verschiedenster Rollen, hinter denen ihre Individualität verschwand. In der Zeit ihrer psychischen Zusammenbrüche kommt Liesl Karlstadt nahe an sich heran. Die unerträgliche Symbiose mit Karl Valentin scheint nur durch eine räumliche Trennung lösbar.« R. Endres, ebd.
48 Vgl. M. Schulte (1982), a. a. O., S. 56 ff.
49 Vgl. G. Köhl: Liesl Karlstadt, S. 24.
50 J. Lewis: Wie ich Filme mache, S. 157.
51 M. Bachtin: Grundzüge der Lachkultur, a. a. O., S. 36.
52 U. Kurowski: Orgien auf einem Speicher an der Tengstraße (München). In: KVF 1, S. 88.
53 Vgl. K. Valentin: Ritter Unkenstein. In: AvKV S. 577.
54 A. a. O., S. 568.
55 K. Valentin: Die Mondrakete. In: AvKV S. 495.
56 K. Valentin: Allotria. In: AvKV S. 456.
57 K. Valentin: Das Brillantfeuerwerk. In: AvKV S. 393.
58 H. Glaser: Spiesser-Ideologie, S. 119.
59 K. Valentin: Vater und Sohn über den Krieg. In: AvKV S. 271.
60 G. Bose/E. Brinkmann: Circus, S. 147.
61 A. Artaud: Das Theater und sein Double, S. 112.
62 G. Pflaum, a. a. O., S. 208.
63 B. Fondane: Vom Stummfilm zum Sprechfilm: Größe und Verfall des Kinos, S. 533.
64 A. a. O., S. 539.
65 C. Einstein: Die Pleite des deutschen Films. In: A. Kaes (Hrsg.): Kino-Debatte, S. 156. Mit P. könnte der Komiker Max Pallenberg gemeint sein.
66 Zit. nach M. Schulte/P. Syr, a. a. O., S. 92.
67 Vgl. E. Engels: Philosophie am Mistbeet.
68 Zit. nach M. Schulte/P. Syr, a. a. O., S. 10.
69 U. Kurowski: Der verhinderte Weltstar, S. 20.
70 S. Sontag: Theater und Film. In: S. S.: Kunst und Antikunst, S. 222.
71 A. Bazin: Theater und Kino II. In: A. B.: Was ist Kino?, S. 102.
72 U. Kurowski: Jacob Geis. In: KVF 2, S. 70.
73 »Expanded Cinema ist der Versuch, die Grenzen der Filmleinwand zu sprengen und Film wieder auf seinen Wert als Medium zurückzuführen, befreit von jenem Sprachcharakter, den er im Laufe seiner Entwicklung angenommen hat.« H. Scheugl/E. Schmidt jr., a. a. O. S. 253. Dort wird Valentin auch mit zwei Beispielen dieser Form der Auseinandersetzung mit dem Medium Film vorgestellt. A. a. O. S. 254 ff.
74 Zit. nach M. Schulte/P. Syr, a. a. O., S. 10.
75 Vgl. U. Kurowski: Jacob Geis, a. a. O., S. 67.
76 Den Begriff »Schauspieler-Autor« übernehme ich von F. H. Mautner: Nestroy, S. 22.
77 R. Gansera: Der Firmling, S. 380.

78 Vgl. E. Ludwig: Der Firmling.
79 L. Karlstadt: Wie »Der Firmling« entstand. In: G. Pallmann (Hrsg.): Karl Valentin's Lachkabinett, S. 83.
80 A. a. O., S. 84.
81 Vgl. das Kapitel »Der Instrumentalmusiker«.
82 Vgl. M. Schulte (1968), a. a. O., S. 114 f.
83 »Im Schallplattenladen« (1934).
84 »Der Zithervirtuose« (1934).
85 Vgl. M. Schulte (1968), S. 116 ff.
86 Th. W. Adorno: Versuch, das Endspiel zu verstehen, S. 287.
87 Vgl. H. Schwimmer: Karl Valentin, S. 21 ff.
88 Vgl. K. Valentin: Vater und Sohn über den Krieg. In: AvKV, S. 271 ff.
89 Vgl. K. Valentin: Der Regen. In: AvKV, S. 35 f.
90 »Im Schallplattenladen« (1934).
91 »Der neue Schreibtisch«.
92 Vgl. die Szene mit dem Hut in »Der Antennendraht« auch »Im Senderaum« (1937).
93 »Musik zu zweien« (1936).
94 Vgl. K. Valentin: Auf dem Marienplatz. In: AvKV, S. 34 f.
95 Vgl. K. Valentin: Zwangsvorstellungen. In: AvKV, S. 47 ff.
96 Vgl. K. Valentin: Historisches. In: AvKV, S. 60 f.
97 Vgl. M. Schulte (1982), S. 173 ff.
98 »Die Welt im absurden Theater erscheint nur dem Zuschauer absurd, nicht aber den agierenden Personen, diesen ist sie Selbstverständlichkeit. Valentin jedoch stellt auch das scheinbar Selbstverständliche in Frage. Das absurde Theater stellt nichts in Frage. Und im Gegensatz zu den Autoren des absurden Theaters interpretiert Valentin die Welt, hat er so etwas wie eine Botschaft, wenn auch keine sehr erfreuliche: Die Welt ist die schlechtmöglichste aller Welten.« M. Schulte, a. a. O., S. 176.
99 Th. W. Adorno: Versuch, das Endspiel zu verstehen, S. 287.
100 R. Gansera, a. a. O., S. 381.
101 E. Ludwig, a. a. O., S. 345.
102 A. Gerely: Der Volkssänger als Volksfeind. In: KVF 1, S. 10.
103 C. A. M. Noble: Sprachskepsis, S. 10 f.
104 M. Geier: Der »Effekt Valentin«, S. 3.
105 U. Eco: Das offene Kunstwerk, S. 255.
106 »SOHN: Dann ist ja der Schwindel schuld an den Kriegen.
VATER: Ja, so ist es – und diesen Schwindel heißt man internationalen Kapitalismus.
SOHN: Kann man den denn ausrotten?
VATER: Nein! Höchstens mit Atombomben, die die ganze Welt vernichten!
SOHN: Gell, Vata – aber der wunde Punkt is halt der: wer macht zum Schluß die Atombomben?
VATER: Natürlich auch wieder die Arbeiter.

SOHN: Wenn sich aber die ganzen Arbeiter auf der Welt einig wären, gäb's dann auch noch Krieg?

VATER: Nein – dann nicht mehr – das wäre der ewige Friede.

SOHN: Aber gell, Vata – die werden nie einig.

VATER: Nie!«

K. Valentin: Vater und Sohn über den Krieg. AvKV, S. 273 f.

Der Museumsdirektor

1 Valentin-Zeitung, S. 2.

2 E. u. E. Münz, a. a. O., S. 183.

3 Vgl. ebd.

4 Zum Panoptikum vgl. u. a.: Führer durch das Internatiopnale Panoptikum und anthropologische Museum; H. König/E. Ortenau: Panoptikum; Stadtarchiv München (Hrsg.): Erinnerungen an das Münchner Aquarium.

5 Vgl. hierzu die Studie von D. Sternberger: Panorama oder Ansichten vom 19. Jahrhundert.

6 E. u. E. Münz, a. a. O., S. 184.

7 Vgl. Brief von Hammer an Valentin, a. a. O., S. 185.

8 B. Valentin, a. a. O., S. 132.

9 Konzession für das Panoptikum. In: E. u. E. Münz, a. a. O., S. 187.

10 A. a. O., S. 196.

11 Vgl. die Werbezettel, die sich verstreut in KVVD finden und den Quellennachweis zur Rekonstruktion des Katalogs (KVVD S. 130).

12 E. u. E. Münz, a. a. O., S. 187.

13 M. Schulte (1968), a. a. O., S. 52.

14 Karl-Valentin-Nachrichten vom 22. Juni 1937. Zit. nach E. u. E. Münz, S. 217.

15 Mitteilung aus einem Gespräch des Verfassers mit Annemarie Fischer, der damaligen Partnerin Karl Valentins.

16 B. Valentin, a. a. O., S. 144.

17 Der von Karl Valentin in einem Brief an den Münchner Oberbürgermeister Karl Fieler vom 20. 2. 1940 beklagte Verlust des Bühnenfundus steht damit nicht in Zusammenhang, da es sich hier ausschließlich um Bühnenrequisiten handelte, die aufgrund einer Umwandlung der Lagerräume in einen Luftschutzkeller von Valentin verschenkt, verkauft oder zerstört wurden (vgl. E. u. E. Münz, a. a. O., S. 245 f.). Auch Herr Münz, damals am Stadtarchiv München, Herausgeber von »Geschriebenes von und an Karl Valentin« konnte mir auf meine Anfrage nichts definitives mitteilen. (Antwortbrief vom 8. 5. 1979). Nach dem Krieg finden sich in dem Nachlaß noch zwei klägliche Überreste (vgl. S. Sommer: »Goggs« und Regenschirm). Ob die heute noch erhaltene Riesentrommel Valentins (heute im Valentin-Musäum) mit der im Panoptikum befindlichen »Geistertrommel« identisch ist, konnte nicht ermittelt werden.

18 Vgl. Valentins Volkssänger Musäum.

19 A. a. O., S. 6.

20 Vgl. Abbildung in KVVD S. 126.

21 Vgl. auch Abbildungen in KVVD S. 122 f.

22 Valentin Volkssänger Musäum, S. 2.

23 Vgl. M. C. Glasmeier: Rekonstruktion eines Katalogs des Valentin-Panoptikums. In: KVVD S. 128 ff.

24 Vgl. B. Valentin, a. a. O., S. 51.

25 A. a. O., Abbildungsteil.

26 Vgl. Abbildung in: H. König (Hrsg.): Das Bilderbuch vom Karl Valentin, S. 68.

27 »Und wer weiß schon Genaues von den kinetischen Objekten, an denen Valentin bastelte und tüftelte?« H. J. Wild: Geliebter Valentin. In: KVF 1, S. 93. Ein solches Objekt hat Ernst Buschor überliefert: »Diesmal machte er (K. Valentin, d. Verf.) mich mit besonderem Stolz auf das kleine Holzmodell einer Vexiertreppe aufmerksam, deren Stufen in Einzelwürfel aufgeteilt waren und dadurch Klaviaturen sehr ähnlich sahen. Durch Kurbeldrehung konnte man die Treppe in Bewegung setzen. Scheinbar in völlig willkürlicher Auswahl, in Wahrheit nach festem teuflischen Plan versank die eine Hälfte der würfelförmigen Stufenteile wie angeschlagene Tasten in der Versenkung, während die andere Hälfte an ihrer Stelle verharrte. Es entstand ein überaus lückenhaftes, zerpflücktes Bild einer Treppe. Schon der nächste Augenblick brachte eine ganz andere Auswahl der versenkten Würfel, und der übernächste verschob das Bild von neuem. Eine Treppe als manifestierte Katzenmusik! Nur ein genialer, geistesgegenwärtiger Springer hätte diese Treppe ersteigen können. Karl Valentin schilderte die Schwierigkeitern der Berechnung und Ausführung und teilte mir mit (!) besonderer Genugtuung mit, daß sich in Amerika ein Interessent für die Ausführung in Lebensgröße gefunden habe. »Schaunds«, sagte er traurig, »dös is jetzt no mei einzige Fraid, solche Sachen auszudenken und zammbasteln. Da kann i die ganze Nacht sitzen und studieren. Aber Sie hab'n keine Ahnung, was dös Geld verschlingt.« E. Buschor: Museumsdirektor Karl Valentin, S. 423 f.

28 Auf der Schallplatte »Karl Valentin. Die alten Rittersleut'«.

29 W. Hausenstein (1976): Die Masken des Komikers Karl Valentin, S. 17.

30 Zit. nach: Werner Fink über Karl Valentin. In: KVF 1, S. 94.

31 Vgl. C. Lévi-Strauss: Das wilde Denken, S. 29 ff.

32 A. a. O., S. 34 f.

33 »Betrachtet man einmal sämtliche Ready-mades bis 1920, so kann man feststellen, daß alle mehr oder minder mit sprachlichen Elementen versehen sind. Betitelung, Signatur, Beschriftung bilden dabei die wichtigsten Möglichkeiten des Sprachbezugs.« W. M. Faust: Marcel Duchamp: Dinge und Worte: Rrose Sélavy, S. 222.

Die Koppelung von Sprache und Ding wird von Faust mit dem Terminus »Lingualisierung des Gegenstandes« beschrieben. A. a. O., S. 223.

34 B. Brock: Ain herrlich schen kunststück im theatrum sapientiae. In: Le Musée sentimental de Cologne, S. 20.

35 Diesen privaten Gegenständen ist Andreas Seltzer in Wort und Bild nachgegangen. Vgl. A. Seltzer: Die unheiligen Dinge.

36 B. Brock, a. a. O., S. 23.

37 E. Buschor, a. a. O., S. 424.

38 E. H. Gombrich: Kunst und Illusion, S. 331.

39 Anonymus: Du lachst mit! Vergnügter Bummel durch das Valentin-Museum.

40 Vgl. D. Hanson: Erste Retrospektive des amerikanischen Bildhauers.

41 Karl Valentins Selbstbiographie, a. a. O., S. 14.

42 T. Riegler: Das Liesl Karlstadt Buch, S. 62 f. Die Kürzungen folgen H. Schwimmer: Karl Valentin, S. 114.

43 Zur Gothic Novel allgemein vgl. auch die kenntnisreiche Untersuchung von W. Trautwein: Erlesene Angst. Schauerliteratur im 18. und 19. Jahrhundert.

44 Anonymus: Du lachst mit! Vergnügter Bummel durch das Valentin-Museum.

45 Vgl. E. u. E. Münz, a. a. O., S. 228.

46 A. a. O., S. 103 f.

47 M. Schulte (1968), S. 78.

48 Vgl. Anonymus: Hier lacht Karl Valentin!

49 Vgl. Der Hang zum Gesamtkunstwerk. (Katalog).

50 Zu dieser Ausstellungsserie gehören u. a.: Wenn Attitüden Form werden (1969); Junggesellenmaschinen (1975); Monte Veritá (1980).

51 H. Szeemann: Museum der Obsessionen, S. 128 f.

52 A. a. O., S. 129.

53 A. a. O., S. 125 f.

54 Vgl. dazu die Beiträge in: M. Erlhoff (Hrsg.): Kurt Schwitters Almanach 1982, S. 16 ff.

55 Vgl. I. Lüscher: Dokumentation über A. S.

56 Vgl. S. Stauffer: Der Traum eines Briefträgers.

57 Vgl. die Titelvarianten der einzelnen Katalognummern in: M. C. Glasmeier: Rekonstruktion eines Katalogs des Valentin-Panoptikums. In: KVVD S. 128 ff.

58 P. Weibel: Komik als Kunst.

59 Vgl. J. Tinguely: Meta-Maschinen.

60 Vgl. S. Poley: Unter der Maske des Narren.

61 Eine vergleichende ikonographische Untersuchung könnte überraschende Ergebnisse zutage fördern. Peter Weibel z. B. stellt einige Objekte in Beziehung zu Oppenheim, Duchamp und Beuys (vgl. P. Weibel: Komik als Kunst). Neben den von mir erwähnten Künstlern ließen sich noch augenfällige Verbindungen knüpfen zu Man Ray, Daniel Spoerri, Timm Ulrichs, Bruce Naumann und Yves Klein. Solchen ikonographischen fröhlichen Studien sollte jedoch eine eigene Untersuchung gewidmet sein.

62 H. Ball: Die Flucht aus der Zeit. In: R. Huelsenbeck (Hrsg.): Dada, S. 154.

63 Vgl. M. Schulte (1968), a. a. O., S. 114.

64 H. Bergius: Der Da-Dandy – Das ›Narrenspiel aus dem Nichts‹. In: Tendenzen der Zwanziger Jahre. Bd. 3, S. 21.

65 Um dieser enzyklopädischen Vielfalt gerecht zu werden, habe ich die »Rekon-

struktion eines Katalogs des Valentin-Panoptikums« nach Dingen geordnet. Nur so wird anschaulich, wie unterschiedlich die Gebiete sind, die Valentin mit seinen Objekten berührt.

66 Vgl. Abbildung in R. Hausmann: Am Anfang war Dada, S. 125.

67 A. Mette. Zit. nach B. Valentin, a. a. O., S. 136.

68 Auf der Schallplatte »Karl Valentin. Das große Erinnerungsalbum 1. Folge«.

69 Vgl. das Kapitel »Instrumentalmusik«.

70 Vgl. J. Berger u. a.: Sehen. Das Bild der Welt in der Bilderwelt, S. 78 ff.

71 Vgl. Kunst im 3. Reich. Dokumente der Unterwerfung.

72 A. Gereley: Der Volkssänger als Volksfeind. In: KVF 1, S. 9.

73 J. Kolbe: Ich weiß nicht was soll es bedeuten, S. 44.

74 Vgl. M. Broodthaers: Der Adler vom Oligozän bis heute.

75 Wie die Valentin-Ausstellung 1982 gezeigt hat, muß es nicht »Bitte nicht berühren!«, sondern »Bitte nichts berühren!« heißen.

Bibliographie

Die folgende Bibliographie gliedert sich in drei Teile. Ihr Schwerpunkt liegt nicht in der Auflistung der Werke Valentins. Daher erfasse ich im 1. Teil im wesentlichen nur die Werke, die ich auch zitiere. Dem Fehlen einer kritischen Gesamtausgabe und der ungeklärten Nachlaßsituation kann im Augenblick nur durch ein vorläufiges Werkverzeichnis entgegengearbeitet werden, wie es Helmut Schwimmer (s. u.) und Christine Schaumeier (s. u.) schon unternommen haben.

Nützlicher erscheint mir die Aufarbeitung der Sekundärliteratur. Die bisherigen Bibliographien dazu zitieren oft schwer auffindbare Titel, die sich im nachhinein als unwesentlich entpuppen, vernachlässigen bedeutende zeitgenössische Stimmen, vermengen Rezensionen von Valentin-Aufführungen nach 1945, Anekdoten und Untersuchungen miteinander und erschweren so die Valentin-Forschung. Aus diesem Grund kommentiere ich im 2. Teil die Titel durch kurze Charakteristika, Statements, Kritiken und Zitate. Mein Ziel ist es, der Forschung eine Art Lesebuch zu liefern, das ihr einen knappen Überblick zum Stand der Sekundärliteratur ermöglicht. Nicht aufgeführt werden Titel zum Verhältnis Valentin – Brecht, Valentin – Karlstadt und zu Valentin-Aufführungen nach 1945, da auf diesen Gebieten spezielle Forschungen erforderlich sind.

Der 3. Teil umfaßt theoretische, literarische und künstlerische Werke, die mir Argumente für meine Arbeit lieferten, die ich zitiere oder die mir im Umfeld des Themas fruchtbar erscheinen.

Die Abkürzungen bleiben auch für die Bibliographie gültig.

Die mit einem * hinter der Jahreszahl gekennzeichneten Titel erreichten mich erst nach der Fertigstellung des Manuskripts der vorliegenden Arbeit.

Karl Valentin: Werke

Allerlei Blödsinn. Vorträge. München (um 1919).

Versteigerung. In: H. König (Hrsg.): Das Bilderbuch vom Karl Valentin. München 1975. S. 78 f.

Still ruht der See. In: A. Förg (Hrsg.): Heut geh'n ma zu de Komiker. Von Papa Geis bis Karl Valentin. Rosenheim 1976. S. 166 f.

Karl Valentins Filmpech. Zuerst in: B. Valentin: »Du bleibst da, und zwar sofort!« Mein Vater Karl Valentin. München 1971. S. 157 f.

Das Karl Valentin Buch. Erstes und einziges Bilderbuch von Karl Valentin über ihn und Liesl Karlstadt. München 1932.

Valentin-Zeitung. Hrsg. v. K. Valentin u. L. Karlstadt. Nr. 1 (1935).

Valentinaden. Ein buntes Durcheinander von Karl Valentin. München 1941.

Wer will unter die Soldaten. In: P. Wolfram: »Das kann nur München sein«. München 1943. Neu in KVF 2. S. 3c f.

Pallmann, Gerhard (Hrsg.): Karl Valentin's Lachkabinett. Acht Stegreifkomödien. München 1950.

Pallmann, Gerhard (Hrsg.): Karl Valentins Panoptikum. Neun Stegreifkomödien. München 1952.

Karl Valentin's gesammelte Werke. München 1961.

Drei Moritaten von Karl Valentin. In: H. König (Hrsg.): Karl Valentin. Anekdoten. Freiburg i. Br. 1967. S. 135 ff.

Schulte, Michael (Hrsg.): Karl Valentin: Sturzflüge im Zuschauerraum. Der gesammelten Werke anderer Teil. München 1969.

Schulte, Michael (Hrsg.): Das große Karl Valentin Buch. München 1973.

Schulte, Michael (Hrsg.): Alles von Karl Valentin. München 1978.

Schulte, Michael/Syr, Peter (Hrsg.): Karl Valentins Filme. München 1978.

Karl Valentin: Gesammelte Werke. Jubiläumsausgabe in vier Bänden. München 1981.

Discographie

Alles von Karl Valentin und Liesl Karlstadt. DLP. Electrola 1 C 148-29 788/89.

Karl Valentin. Die alten Rittersleut. LP. Telefunken 6.21323 AF.

Karl Valentin – Liesl Karlstadt. DLP. Ariola 89 555 XBW.

Karl Valentin. Das große Erinnerungs-Album 1. Folge. DLP. Telefunken TS 3140/1-2.

Karl Valentin. Das große Erinnerungs-Album 2. Folge. DLP. Telefunken TS 3170/1-2.

Karl Valentin's Lachmusäum. LP. Ariola 27978 IW.

Unvergessen. Karl Valentin & Liesl Karlstadt. LP. Ariola 86933 IW.

Ausgewählte und kommentierte
Bibliographie der Sekundärliteratur

Abendroth, Walter: Brecht, Valentin und das Oktoberfest. In: Die Zeit 25. 9. 1959. Neu in: KVF 4. S. 56 f.
Über die Ausstellung »Brecht auf der Bühne« von Carl Niessen in München und das »Valentin-Volkssänger-Museum« (heute Valentin-Musäum). »Haftet nicht der Kunst Bert Brechts, ihrer Technik und ihren Wirkungsmitteln, immer etwas Jahrmarkthaftes an, und birgt die Kleinkunst Valentins nicht ebenso viel geheimes tragisches Pathos wie Brechts Welttheater?«

Achternbusch, Herbert: Logo Togo. Zuerst in: KVVD S. 22 ff.
Kurzer Text zum Intimverhältnis Autor–Valentin.

Achternbusch, Herbert: Neues von Ambach. Zuerst in: Filmkritik 8 (1976).
S. 338 ff.
Über die Tochter des Autors, die Polizei, das Radio, Bayern und Valentin. »Woher
soll ein Haus sein Hirn nehmen, wenn der Hausbesitzer keins hat? Und woher soll
ein Hausbesitzer ein Hirn nehmen, wenn alle Hausbesitzer keins haben? Den Karl
Valentin soll man endlich verbieten, dann tauchen so saublöde Fragen überhaupt
nicht mehr auf. ›Nimm einem ein Hirn, der keins hat, dieser Staat.‹ Sehen Sie, so
gefährlich ist der.«
Adam, Herbert: Valentin. In: KVF 2. S. 22 ff.
Kurzer Abriß zum Dinggebrauch Valentins. »Er wirft sich in die Schlacht mit den
Dingen, Menschen sind erstmal den Dingen gleichgestellte Objekte, und fängt sich
als deformierter Spielball von den Dingen zurückgeworfen wieder auf.«
Ambesser, Axel von: Ist Valentin burgtheaterwürdig? In: Programmheft, Burgtheater
im Akademietheater, Wien, Febr. 1961. Neu in: KVF 4. S. 81 f.
Zur Modernität Valentins.
Ambros, Johannes: Karl Valentin. In: J. A.: Münchner Anekdoten. Pfaffenhofen/Ilm
1966. S. 96 ff.
Anonymus: Bei Valentin im Grusel-Keller... In: Das illustrierte Blatt 1 (1935?).
Über das Panoptikum mit Fotografien des »Fischgemsigeldackelentenelsterschlan-
genhasenkarpfenrollenhirschbartsaurus«, des Drachens, des Film-Publikums, der
Schneeplastik, des blühenden Kohlenschaufelstiels und des Professors Piccard.
Anonymus: Du lachst mit! Vergnügter Bummel durch das Valentin-Museum. In:
Nordbayerische Zeitung 22. 1. 1938.
Journalistisches Dokument mit Abbildungen.
Anonymus: Eine Falschmeldung der »Münch. Telegramm-Zeitung«: In: Bayerischer
Kurier 21. 8. 1931. Neu in: KVF 4. S. 94 f.
Dokument zum Skandal über das Foto vom »Firmling«, an dem die Kirche Anstoß
genommen hatte.
Anonymus: Karl Valentin – der große Guru des Nonsens. In: Pardon 12 (1975).
S. 31 ff.
Bilder und Zitate.
Anonymus: Karl Valentin veranstaltet: »Altmünchener Ausstellung 1934«. In: Welt
am Sonntag 18. 2. 1934.
Vorstellung eines Ausstellungsprojekts mit fotografischen Stadtansichten aus der
Sammlung Valentins.
Anonymus: »Der rettende Engel«. Ein vielversprechender Titel für den neuen Film
der Arnold & Richter-Produktion. In: Deutsche Filmzeitung 27 (1939).
Hinweis, daß der Film teilweise mit den zeroplastischen Figuren aus Valentins
Panoptikum gedreht wurde.
Anonymus: Der Stein, auf dem Mariechen saß... Das originellste Museum der Welt.
In: Süddeutsche Sonntagspost 4. 11. 1934.
Journalistisches Dokument. Fotografien der Geistertrommel, des »Fischgemsi-
gel...«, der »Steuerschraube«, der »Berliner Luft«, der »Deutschen Bank«, des
Bierkrugs (»Bitte nichts berühren!«) und einer Innenaufnahme des Folterkellers.

Anonymus: Der unerwünschte Firmling. Karl Valentin muß aus dem Schaufenster! In: Telegramm-Zeitung 20. 8. 1931. Neu in: KVF 4. S. 93 f.
Zum Skandal um den »Firmling« mit einer Äußerung Valentins. »Plötzlich, vor ein paar Tagen, kommt einer daher und verlangt, mir sollten das Bild raustun (aus dem Schaukasten des Fotografen Hilbinger, d. Verf.), weil an der Darstellung des Firmlings Anstoß genommen wurde. Ich hab gesagt: Wieso? Und da sagt man, der Firmling machte so blöde Augen, und das wäre eine Verhöhnung, und das Bild müßte weg... Aber jetzt ham mer's satt: Im September gehen wir nach Berlin. Ja, München sieht uns nicht mehr!«
Anonymus: Valentin im Filmpalast. In: Münchner Neueste Nachrichten 15. 4. 1929. Neu in: KVVD S. 193.
Expanded Cinema: Valentin täuscht einen Tonfilm vor.
Anonymus: Valentins Münchner Bilderbuch. Wie es einmal in unserer Stadt aussah. Münchner Neueste Nachrichten 6. 12. 1936.
Journalistisches Dokument zur Sammlung Valentins.
Appignanesi, Lisa: Der Volkskomiker Karl Valentin. In: L. A.: Das Kabarett. Stuttgart 1976. S. 143 ff.
Porträt.
Arens, Hanns: Bertolt Brecht und Karl Valentin./ Das kauzige Genie./ Seine Bewunderer und Freunde./ München verlor etwas Unwiederbringliches./ Valentin, der Philosoph. In: H. A.: Unsterbliches München. Streifzüge durch 200 Jahre literarischen Lebens der Stadt. München 1968. S. 741 ff.
Zitatporträt.
Auer, Max: Der Hintergrund von Karl Valentins Komik. Eine psychologische und philologische Untersuchung. (Mskr.) Neuburg a. d. Donau 1977.
Der Psychologe: »Melancholie, Introvertiertheit und Schizothymie prägten bei KV individuelle Psychopathien, die wiederum ihren Niederschlag in seinem Bühnenschaffen fanden, nämlich Hypochondrie und Neurasthenie.« Der Philologe: »Bei einer genauen Analyse der Werke KVs ergibt sich also die überraschende Tatsache, daß der Komiker, der scheinbar eigenbrötlerisch an den kulturellen Ereignissen seiner Epoche vorbeilebte, doch eine ganze Reihe von Wesenszügen des zeitgenössischen lyrischen und dramatischen Schaffens in sich aufnahm. Sicherlich waren ihm diese Einflüsse selbst nicht restlos bewußt; er besaß die unerklärliche und unnachahmliche Begabung aller Genies, das aus sich heraus zu gestalten und zu formulieren, was der Zeitgeist dumpf und unartikuliert erahnt.«
Auer, Max: Der Philosoph aus der Au. Vor 30 Jahren starb Karl Valentin. In: Münchner Merkur 9. 2. 1978.
Kurze Zusammenfassung der Valentin-Rezeption nach 1948.

Bach, Rudolf: Liesl Karlstadt. Kameradin, Partnerin, Meisterin. In: R. B.: Die Frau als Schauspielerin. Tübingen 1937. S. 79 ff.
Bach schildert u. a. das Entstehen der Stücke und Szenen Valentins aus dem Geist der Improvisation und den Anteil Liesl Karlstadts.
Bauer, Richard: »A oids Buidl vo München is mehra wert ois a Brillant« – oder: Karl

Valentins Altmünchner Bildersammlung. In: KVVD S. 154 ff. Überarbeitete Fassung in: R. B.: Das alte München. Photographien 1855-1912. Gesammelt von Karl Valentin. München 1982. S. 9 ff.
Der Leiter des Münchner Stadtarchivs gibt hier erstmalig einen umfassenden Überblick der Fotosammlung Valentins. Ein materialreicher, selbstkritischer Text, der Hoffnung macht auf weitere Publikationen. Vgl. das Kapitel »Der Sammler«.

Bausinger, Hermann: Alltag, Technik, Medien. In: H. Pross/C.-D. Rath (Hrsg.): Rituale der Medienkommunikation. Gänge durch den Medienalltag. Berlin/Marburg 1983*. S. 24 ff. I. b. S. 35 f.
U. a. erfundener Dialog von Karlstadt und Valentin vor dem Fernseher. »Ich meine jedenfalls, daß der Absurdität unserer Medienwelt, die eben nicht nur aus dem Inhalt der Medien besteht, sondern die gerade das verwirrende Spiel aus intentionalen und nichtintentionalen Akten, aus medienbezogenen, personen- und umweltbezogenen, aus konzentrierten und beiläufigen Handlungen, das ganze undurchsichtige Alltagsspiel einbegreift, daß dieser Quasi-Absurdität nur mit einer Art Mimikry beizukommen ist. Freilich: BENJAMIN wurde nicht habilitiert, und daß dem führenden Poststrukturalisten Karl VALENTIN der Doktor angeboten wurde, ist auch nicht bekannt.«

Becher, Johannes R.: Das poetische Prinzip. Berlin 1955*. S. 35 f. u. S. 65.
Anmerkungen.

Behr, Hermann: Ulk auf der Nadelspitze. In: H. B.: Die Goldenen Zwanziger Jahre. Das fesselnde Panorama einer entfesselten Zeit. Hamburg 1964. S. 39 ff.
Reißerisch geschriebene Mischung aus Tatsachen und Anekdoten mit vielen Abbildungen.

Bemmann, Helga: Kabarett der Komiker. In: H. B.: Berliner Musenkinder-Memoiren. Eine heitere Chronik von 1900-1930. Berlin 1981. S. 131 ff.
Nacherzählung der Szene »Im Photoatelier«. Plaudereien über Stars und Gäste dieses berühmten Etablissements.

Bergs, Jürgen: Haben Sie Valentin gesehen? Gestern hat er noch gelebt! In: KVF 2. S. 65 f.
Über den Film »Die Erbschaft«.

Berswordt, Eberhardt v.: Discographie. In: KVVD S. 302 ff.
Vollständige Auflistung aller Schallplatten- und Bandproduktionen von Karlstadt und Valentin mit Ausnahme der Rundfunksendungen Karlstadts nach dem Tod Valentins.

Bierich, E.: Der Fettfleckphotometereffekt. In: Konkret 12 (1984)*. S. 68 ff.
Valentin im Umkreis bildender Künstler wie Tomas Schmit, Georg Herold, Fischli/ Weiss und Thomas Kapielski.

Bihlmeier, Wolfgang: »So ein Theater« oder »Vorstadttheater« (Filmprotokoll). In: KVF 2. S. 74 ff.

Bihlmeier, Wolfgang: »Der Theaterbesuch« (Filmprotokoll). In: KVF 2. S. 77 ff.

Birndorfer, Anton: Karl Valentin in der unbekannten Skifahrerrolle. In: Charivari 9 (1984)*. S. 46 ff.

Blädel, Georg: Mein letztes Beisammensein mit Karl Valentin. In: Münchner Stadt-zeitung 27. 4. 1951.
Anekdoten und Verteidigung der Valentin-Interpretrationen des Autors.
Blei, Franz: Der Clown Valentin. In: Der Querschnitt 4 (1924). S. 249 f. Neu in: KVVD S. 8 f.
Porträt. Erster Vergleich mit dem Dadaismus.
Blei, Franz: Karl Valentin. In: F. B.: Schriften in Auswahl. München 1960. S. 329 ff.
Diese Skizze aus dem »großen Bestiarium« wurde immer wieder veröffentlicht oder zitiert. Zurecht, denn sie zeichnet komprimiert die Grundzüge der Person und Komik Valentins.
Bloch, Ernst: Über Karl Valentins »Die Entn«. In: K. Weigand (Hrsg.): Bloch-Alma-nach. 2. Folge. Ludwigshafen 1982*. S. 84 ff.
Ausschnitt aus einem Rundfunkgespräch vom 21. 2. 1963. »Da haben wir also das Ineinandergehen – was ist Traum, was ist Wirklichkeit? Träum ich oder wach ich? Wo nehme ich das Kriterium her, daß ich jetzt nicht träume? Woher weiß ich, daß ich wache? Das nun entzündet an einem Traum mit einer eigentümlichen Verstellung aller möglichen Kategorien, mit Montage; das geht hier um ohne jeden Zwang und ohne jede Notwendigkeit. Einer hat sogar gesagt wegen der Scharfsin-nigkeit und der – scheinbaren – Überflüssigkeit: ›bayerischer Talmud‹.«
Bloch, Ernst: Und wir bringen das Original, und alles andere ist Schwindel. Auszüge aus einem Gespräch. In: Ästhetik und Kommunikation 36 (1979) S. 93 ff. I. b. S. 97.
»Wenn man Platten von Valentin gehört oder Filme von ihm gesehen hat, dann kann man dort mit der schärfsten Lupe nachsehen, bis man einen Nazi-Ton findet und bei seinem Publikum auch nicht, und das in München. Sehr auffallend.«
Böheim, Bertl: Karl Valentin – privat. In: Valentin-Zeitung 00-01 (1959). O. S.
Erinnerung der Tochter Valentins an dessen Ideenproduktion und Sammelleiden-schaft.
Bohn, Volker: Nichts besonders Gutartiges. Die Sprache und das Schweigen des Karl Valentin. In: Frankfurter Rundschau 24. 12. 1982*.
Bois, Curt: Groteske spielen (1929). In: KVF 4. S. 73 f.
»Groteske ist das letzte Ende des tragischen Begebnisses, Karl Valentin der letzte geniale, tragische Clown dieser Zeit.«
Borngässer, Rosemarie: Mögen täten wollen. Das Valentin-Musäum wird 25 Jahre alt. In: Die Welt 12. 12. 1984*.
Borngässer, Rosemarie: Seine Größe bleibt länglich. Unbekannte Filme Karl Valen-tins stehen im Mittelpunkt einer neuen Renaissance. In: Die Welt 19. 8. 1976. Neu in: KVF 2. S. 6 ff.
Zur Valentin-Filmretrospektive im Münchner Stadtmuseum 1976.
Brandenburg, Hans: Im Feuer unserer Liebe. Erlebtes Schicksal einer Stadt. Mün-chen 1956. S. 164.
Valentin improvisiert auf einem Künstlersommerfest das nicht überlieferte Solo »Die Rasenbank am Elterngrab«.
Brandlmeier, Thomas: Auskünfte über uns selbst: Das Jiddische und das Kino. In: Kirche und Film 6 (1982). S. 16 ff. I. b. S. 19.

»Es ist mir unverständlich, daß bislang noch niemand die Verwandtschaft von
jiddischem und valentineskem Wortwitz aufgefallen ist (aber auch genauso der
Mut zur grotesken Körperlichkeit).«
Brandlmeier, Thomas: Filmographie. In: KVVD S. 261 ff. Und in: KVF 4. S. 99 ff.
Brandlmeier, Thomas: Fred Astaire, Karl Valentin, Max Linder und der Hl. Anto-
nius von Padua. Georges Méliès im Münchner Filmmuseum. In: KVF 4. S. 21 ff.
Filmhistorische Parallelen und Voraussetzungen der Groteskfilme Valentins.
Brandlmeier, Thomas: Karl Valentin. In: Film & Ton-Magazin 10 (1980). S. 63 f.
Artikel für ein »Kleines Lexikon der Film-Komiker von A-Z« (20. Folge).
Brandlmeier, Thomas: Karl Valentin. In: Th. B.: Filmkomiker. Die Errettung des
Grotesken. Frankfurt a. M. 1983* (= Fischer Taschenbuch 3690). S. 150 ff. u.
S. 262 f.
Im Augenblick die kompetenteste zusammenhängende Darstellung und Interpreta-
tion der Filme Valentins. Hier findet die jahrelange Beschäftigung des Autors, der
schon Proben seiner Arbeit als André Gerely veröffentlichte, ihre adäquate Bünde-
lung. Brandlmeier räumt mit vielen Vorurteilen auf, berücksichtigt die For-
schungsliteratur und vergleicht Valentin mit den anderen Filmkomikern. Einige
seiner Schlußfolgerungen unterstützen meine Ausführungen im Kapitel »Der
Schauspieler«.
Brandlmeier, Thomas: Kommentar zur Filmographie von Karl Valentin. In: KVVD
S. 256 ff. Und in: KVF 4. S. 26 ff.
Neues Forschungsmaterial zu bis heute ungeklärten Fragen des filmischen Nach-
lasses.
Braun, Hanns: Zum Tode eines großen Clowns. In: Süddeutsche Zeitung 10. 2.
1948. Neu in: KVF 1. S. 67 ff.
Brecht, Bertolt: Karl Valentin. In: B. B.: Gesammelte Werke. Frankfurt a. M. 1967.
Bd. 15. S. 39.
Unverhältnismäßig kurze Porträtskizze, bedenkt man, was Brecht Valentin ver-
dankte. Ihre sprachliche Dichte verführt immer wieder zum beliebigen Einsatz als
Zitat.
Bronnen, Arnolt: Karl Valentin. In: A. B.: Begegnungen mit Schauspielern. Zwanzig
Porträts aus dem Nachlaß. Berlin 1977. S. 124 ff. Neu in: KVF 3. S. 124 ff.
U. a. Erinnerung an die zwölf dümmsten Männer Münchens, die Valentin in die
Kammerspiele bestellt hatte.
Budzinski, Klaus: Absurde Volkskomik. Karl Valentin. In: K .B.: Pfeffer ins Getriebe.
So ist und wurde das Kabarett. München 1982. S. 85 ff.
»Trotz vieler Berührungspunkte war Karl Valentin kein ›Kabarettist‹,... Doch er
gehört zumindest kategorial zum Kabarett als ein wundersames, vorbildloses und
unnachahmliches Phänomen zwischen Literatur und Volkstheater, dem als geo-
graphischer Ort nur das zwischen beiden aufgeschlagene Brettl blieb.«
Budzinski, Klaus: Karl Valentin. In: K. B.: Die Muse mit der scharfen Zunge. Vom
Cabaret zum Kabarett. München 1961. S. 176 ff.
Dieser Text wurde für die Neuveröffentlichung des Autors verändert und überarbeitet (s. o.).

Bundschuh, Ulrike: Fremder in der Fremde. Valentin ist kein Dadaist. In: Münchner Stadtzeitung 8 (1982). S. 84 f.
Rezension zur Valentin-Ausstellung 1982.

Buschor, Ernst: Museumsdirektor Karl Valentin. In: Karl Valentin's gesammelte Werke. München 1961. S. 419 ff.
Das wichtigste Dokument zum Panoptikum Valentins von einem kompetenten Fachmann. Es ermöglicht einen sinnlichen Eindruck der dort ausgestellten Objekte und der gesamten Atmosphäre, zumal Buschor die Museumsobsession Valentins ernst nimmt. »Wenn die Direktoren der wissenschaftlichen Museen sich zur Besprechung versammelten, fehlte eigentlich seine (Valentins, d. Verf.) verehrungswürdige Gestalt. Zugegeben: dieses Museum tanzte aus der strengen Reihe; es war vorläufig noch zu unhistorisch, zu phantastisch, zu persönlich. Aber sein Direktor konnte es mit jedem von uns an Genialität der Erfindung, an peinlicher Gründlichkeit, an Schärfe des Denkens und Sauberkeit der Methode, an unverdrossenem Einsatz von Zeit und Hab und Gut aufnehmen.«

Clason, Synnöve: Die Welt erklären. Geschichte und Fiktion in Lion Feuchtwangers Roman »Erfolg«. Stockholm 1975 (= Acta Universitatis Stockholmiensis 19). I. b. S. 57 u. S. 100.
In »Erfolg« ist Valentin Vorbild für die Gestalt und den Auftritt des Komikers Balthasar Hierl.

Cop, Karen: »Jetzt ist alles entdrei...«. In: Münchner Theaterzeitung 8 (1982). S. 74 f.
Rezension zur Valentin-Ausstellung 1982.

Dahle, Wendula: Karl Valentin – keine Charakterfrage. In: KVF 4. S. 32 ff.
Kritische Anmerkungen zum Charaktergutachten über Valentin von Ernst Hoferichter. Dahle wendet sich gegen psychologisierende Interpretationen und Vereinnahmung.

Dietl, Eduard: Der Vater unseres Jahrhunderts oder: der unbekannte Karl Valentin. In: E. D.: Clowns. München 1966. S. 54 ff.
Populäre, humoristische Interpretrationsversuche.

Doinet, Rupp: Das verrückteste Museum der Welt. In: Der Stern 12 (1974). S. 195 ff.
Zum Valentin-Musäum.

Drescher, Horst: Interview auf dem Parnaß. In: H. D.: (Hrsg.): Karl Valentins Lach-Musäum. Leipzig 1978 (= Reclams Universal-Bibliothek 611). S. 276 ff.
Hier wurde die Möglichkeit vertan, im Rahmen einer preiswerten Textsammlung dem Leser zusätzliche Informationen zu liefern.

Eisner, Lotte H.: Aus der Kinderstube des Films. In: Filmkurier 4. 3. 1929. Neu in: KVF 2. S. 37 f.
»Natürlich, die zwei Filme – ›Valentins Hochzeit‹ und selbst die spätere ›Oktoberwiese‹ – haben noch die Komik von gestern. Aber da sind Momente, vorgeahnte Chaplinaden im Lachkabinett, in den Jahrmarktbuden, Daumierkarikaturen des

trauten Bürgerheims vor einer Sternheim-›Hose‹. Wer hat den Mut, dort wieder zu beginnen?«
Eiswaldt, Edith: Eintritt: 51 Pfennig. In: Süddeutsche Zeitung 17. 9. 1959.
Zur Eröffnung des Valentin-Musäums.
Endres, Ria: Abwege ins Leben. Eine Verwandlungskünstlerin: Liesl Karlstadt. In: Die Zeit 30 (1980).
Kritische Reflexionen zum Verhältnis Valentin – Karlstadt.
Engels, Erich: Philosophie am Mistbeet. Ein Karl-Valentin-Buch. München 1969.
Erinnerungen des Regisseurs bayerischer Heimatfilme an die Arbeit mit Valentin, und wie er ihn immer wieder rumgekriegt hat, an diesen Filmen mitzuwirken.

Faktor, Emil: Karl Valentin. In: Berliner Börsen Courier 16. 9. 1924. Neu in: KVF 4. S. 66 ff.
Porträt und Bericht der Aufführung »Theater in der Vorstadt« in Berlin. »Dort steht er (Valentin, d. Verf.) und bricht den Globus entzwei. Ein Heros verlorener Geistesgegenwart.«
Fauth, Walter: Karl Valentin. In: Die neue Schaubühne 1 (1923). S. 20.
Porträt. »Die Kunst, alle äußeren Zeichen und Bewegungen der Menschen darzustellen, gleichzeitig aber die weite Entfernung dieser automatisierten Bewegungen und Äußerungen von dem, was der Mensch eigentlich ist, zu zeigen, diese Kunst, von der die meisten Schauspieler keine Ahnung haben, wurde die Grundlage von Valentins Darstellung.«
Feld, Hans: Karl Valentin im Kabarett der Komiker. In: Filmkurier 30. 1. 1928.
Feldmann, Sebastian: Karl Valentins Filme. In: Rheinische Post 8. 11. 1980.
Rezension zur Filmretrospektive in Düsseldorf.
Feldmann, Sebastian: »Besser is scho wie gar nix«. Zum 100. Geburtstag von Karl Valentin. In: Rheinische Post 5. 6. 1982.
Porträt.
Feuchtwanger, Lion: Erfolg. Drei Jahre Geschichte einer Provinz. Berlin/Weimar 1973.
Zu den Höhepunkten des Romans zählt die dichte Beschreibung der Atmosphäre bei der Aufführung der »Orchesterprobe«. Vgl. S. Clason: Die Welt erklären. A. a. O.
Feuchtwanger, Marta: Nur eine Frau. Jahre.Tage.Stunden. München/Wien 1983. I. b. S. 105 ff.
Erinnerungen.
Finkenzeller, Roswin: Mög'n täten wir schon wollen. Das Valentin-Musäum im Isartor zu München. In: Frankfurter Allgemeine Zeitung 10. 4. 1976.
Fisch, Ludwig: Karl Valentin und seine Nichtobstbäume. Alte Münchner erzählen von ihren Begegnungen mit dem großen Komiker. Er starb heute vor 25 Jahren. In: Süddeutsche Zeitung 9. 2. 1973.
Anekdoten von Bertl Böheim-Valentin, Hannes König, Georg Blädel, Amalie Wellano, Erich Engels, Fritz Fischer, Erni Singerl, Karl Ude, Theo Riegler.

Fischer-Grubinger, Anne-Marie: Mein Leben mit Karl Valentin. Rastatt 1982
(= Moewig Taschenbuch 4118).
Annemarie Fischer war die Partnerin Valentins in der »Ritterspelunke«. Ihre Erinnerungen an diese Zeit lohnen die Lektüre, da für diesen Abschnitt im Leben
Valentins kaum Material zu finden ist. Zudem berichtet die Autorin über die
Arbeitsweise des Komikers und zitiert unveröffentlichte Dokumente aus ihrem
Besitz. Allerdings darf man ihrer Darstellung nicht vorbehaltlos zustimmen. In
manchen Teilen gleicht sie zu sehr einer Liebeserklärung, wie es vor allem an ihren
Ausfällen gegenüber Liesl Karlstadt abzulesen ist.

Foitzick, Walter: Karl Valentin zum Gedenken. In: Neue Zeitung 12. 2. 1948. Neu
in: KVF 3. S. 96 f.
Nekrolog.

Frank, Niklas: »Du bleibst da, und zwar sofort!« Vor 100 Jahren wurde in München
der Komiker Karl Valentin geboren. Heute spielt und liest ihn die ganze Welt. In:
Der Stern 23 (1982). S. 146 ff.

Frank, Rudolf: Spielzeit meines Lebens. Heidelberg 1960. I. b. S. 270 f. Neu in:
KVF 3. S. 119.
Wie es zu Valentins Nachtvorstellungen in den Kammerspielen kam.

Freisleder, Franz: Valentins Geist spukt im Turm herum. Errichtung einer Erinnerungsstätte über dem Isartor. In: Süddeutsche Zeitung 3. 6. 1959.

Freund, Rudolf: Hundert Jahre Valentin. In: Filmspiegel 10 (1982). S. 18 f.
Würdigung der Filme.

Friedmann, Werner: Der weise Komiker. In: Süddeutsche Zeitung 22. 3. 1946. Neu
in: KVF 1. S. 54 f.
Valentin über sich und die Nazis. »Wiss'n S', i bin koa Held. Des war ganz einfach
a Massl, dass i net bei der Partei war. Niemand hat's von mir verlangt und von
selber wär i nia dazua ganga. A Komiker muass halt neutral sei. Aber wenn mi
oaner zwunga hätt', dann war i halt wahrscheinli a neiganga, weil i mi g'fürcht
hätt' dass mi ei'sperrn.«

Fritsch, Werner: Annäherung an Herbert Achternbusch. In: Drews, Jörg (Hrsg.):
Herbert Achternbusch. Frankfurt a. M. 1982* (= suhrkamp taschenbuch 2015).
S. 100 ff. I. b. S. 114 ff.
Erster gründlicher Vergleich Valentin–Achternbusch mit Ausführungen zur Aktualität Valentins.

Friz, Johannes: Karl Valentin. Zwischen Münchner Volkssängertum und Moderne –
Aspekte seines Werks und seiner Wirkung. (Staatsexamensarbeit, maschinenschriftlich) Tübingen 1981. (mit Bibliographie)
Fundierte Untersuchung, die, ausgehend vom Volkssängertum, in Einzelanalysen
Valentins Sprachgebrauch, -spiel nachspürt. Friz stellt Parallelen zu einer modernen Poetik fest, doch bleibt für ihn der Komiker in seinem »naiven Selbstverständnis« der Tradition verhaftet. Er schreibt über Valentins »Auseinandersetzung mit
den avantgardistischen Kunstströmungen seiner Zeit«: »Wenn er deren Intentionen und kunsttheoretischen Ambitionen auch letztendlich nie vollkommen verstanden hat, so zeigt Valentin doch die Bereitschaft, sich von der modernen Kunst

anregen und inspirieren zu lassen, eine Haltung, die die wenigsten Volkssänger auszeichnete. Dennoch blieb Valentin Volkssänger. Auch dies ist ein Widerspruch, der bei der Einordnung von Valentins Werk bestehen bleibt.«

Gansera, Rainer: Filmographie Karl Valentin. In: Filmkritik 8 (1976). S. 368 ff.
Vergleichende Filmographie mit Kommentaren. Neben Zeitungsnotizen und Zitaten größere Untersuchungen von Rainer Gansera über den »Firmling« und von Herbert Fell über »Donner, Blitz und Sonnenschein«.

Gaultier, Gilles: L'univers corrosif de Karl Valentin »Original« méconnu. In: Cinema 267 (1981). S. 4 ff. Dt. in: KVF 4. S. 8 ff.
Unvoreingenommen macht der Autor die schönsten Entdeckungen an den Filmen Valentins. Besonders seine Bemerkungen zum Körper des Komikers verdienen Beachtung. Mit dem Tonfilm wird für ihn der Gersichtsausdruck immer wichtiger. »Die Physiognomie Valentins ist ebenso ausdrucksstark wie die (...) Körpersprache. Das Gesicht beseelt sich, erhält Leben durch das Wort. Abgestumpft, debil, bösartig, erheitert, verzweifelt in Tränen, selbstsicher, demütig, wirkt dieses Gesicht ebenso attraktiv wie faszinierend.«

Gebhardt, Heinz: Warum nicht noch mehr zur Leich' von Karl Valentin kamen. Er starb am 9. Februar vor 30 Jahren. In: tz 8. 2. 1978.
Zu der Beerdigung Valentins.

Geier, Manfred: Der »Effekt Valentin«. Versuch über den sprachkritischen Blödsinn eines »gewesenen Kindes«. In: Zeitschrift für germanistische Linguistik 1 (1979). S. 2 ff.
Sprachpsychologische Analyse (Lacan, Freud). »Man lacht nicht Valentin aus, wenn man über seine sprachdestruktiven Verwirrungen lacht, die die vernünftige Sprache seiner Gegenspieler radikal in Frage stellen. Der komische ›Effekt Valentin‹ lebt vielmehr aus der Spannung, die zwischen dem Gesetz der Sprache (d. h. der von ihr erzwungenen Distanz zur Wirklichkeit und zu sich selbst) und dem vor-sprachlichen Zentrum besteht, von dem aus Valentins hartnäckig sprachzerstörerischer Impuls seine Intensität bezieht. Man verbündet sich mit ihm, weil in seiner Infantilität ein Leben durchscheint, das noch nicht durch die ›große kulturelle Leistung‹ der sprachlich symbolischen Signifikation gebrochen worden ist.«

Geisel, Sabine: Mehr als nur Gaudi. Ausstellung zur 100. Wiederkehr von Karl Valentins Geburtstag. In: Der Tagesspiegel 1. 10. 1982.

Gerely, André: Valentin und Perspektive. Eine Besprechung von Axel Hauffs ›Die einverständigen Katastrophen des Karl Valentin‹. In: KVF 2. S. 25 ff.

Gerely, André: Der Volkssänger als Volksfeind. In: KVF 1. S. 7 ff.
Vgl. Th. Brandlmeier: Filmkomiker. Die Errettung des Grotesken. A. a. O.

Gersch, Wolfgang: Früher Film von Brecht und Engel. In: Film und Fernsehen 4 (1975). S. 47.
Material zum Film »Mysterien eines Frisiersalons«.

Geyrhofer, Friedrich: Materialfetischismus. Karl Valentins Bedeutung für den Film. In: Neue Zürcher Zeitung 14. 12. 1968. Neu in: KVF 1. S. 78 f.
Essay. »Die Verfremdung, wie Valentin sie übt, ist der verstörte Blick des Kranken,

der die normalen, gesunden Zusammenhänge zwischen Sätzen und Gedanken, Sprechen und Handeln nicht mehr wahrzunehmen versteht. Valentin bricht gleichsam Stücke aus der Realität heraus, um sie in den verrücktesten Zusammenstellungen zu montieren. Hier ist die Wurzel seiner schamlosen Neugierde und Nachahmungslust. Denn bei Karl Valentin heißt Verfremdung beileibe nicht Veränderung der Realität, sondern ihre exakte, servile Wiedergabe. Das Ärgernis, das die Verfremdung bereitet, gründet in ihrem scharfen Realismus.«

G. G.: Karl Valentin im Simpl. In: Süddeutsche Zeitung 13. 1. 1948. Neu in: KVF 1. S. 65 f.
Zu einem Nachkriegsgastspiel.

Gidal, Tim N.: Reporter in Krieg und Frieden. In: ZEITmagazin 37 (1983). S. 56 ff.
Erinnerungen des Erich-Salomon-Preisträgers 1983 an Valentin, über den er 1930 seine erste Reportage machte. Mit einem Foto von Valentin und Bobsi.

Glasmeier, Michael C.: Die Geschichte des Valentin-Panoptikums. In: KVVD S. 118 ff.

Glasmeier, Michael C.: Das Panoptikum der Künste. In: KVVD S. 104 ff.

Glasmeier, Michael C.: Rekonstruktion eines Katalogs des Valentin-Panoptikums oder Catalogus rerum tam artificiosarum, quam naturalium – tam antiquarum, quam recentium – tam exoticarum, quam domesticarum. In: KVVD S. 128 ff.
Zu diesem Versuch einer Katalogrekonstruktion sind Ergänzungen zu machen. So zeigte der Nachbau des Panoptikums in der Valentin-Ausstellung 1982 noch folgende Objekte: Kuvert mit handgezeichneter Briefmarke unter dem Titel »Fälschung«, eine zeroplastische Putzfrau bei der Arbeit, »Getrockneter Schnee« und das »Scheunenbrett mit Einschüssen von der Belagerung des Räuberhauptmann Kneißl«. Ferner fand sich eine Zeichnung von Ludwig Greiner mit dem Titel »Bussard«, die einen geschlossenen Regenschirm mit Pfeilspitze auf einem Ständer darstellt (vgl. Abb. in KVVD S. 151).

Glasmeier, Michael C.: Sakra, jetzt papp i aa. Der Unsinn und die Wissenschaft. In: Sprache im technischen Zeitalter 68 (1978). S. 373 ff.

Glasmeier, Michael C.: Valentin lesen. In: KVF 4. S. 44 f.

Glasmeier, Michael C.: Die Valentin-Rezeption nach 1945. In: KVVD S. 270 ff.

Glasmeier, Michael C.: Vesuv raucht nicht, er weiß, in der Ausstellung ist Rauchen verboten. Das Panoptikum des Karl Valentin. In: Solo. Eine Zeitschrift. Berlin 1981. S. 12 f. Neu in: KVF 4. S. 45 ff.

Goldschmit, Rudolf: Nachwort. In: Valentin, K.: Buchbinder Wanninger. Stuttgart 1978 (= Reclam Universal-Bibliothek 9925).
Hier wurde die Möglichkeit vertan, im Rahmen einer preiswerten Textauswahl dem Leser zusätzliche Informationen zu liefern.

Graf, Oskar Maria: Bayrischer Königstraum. In: O. M. G.: Notizbuch des Provinzschriftstellers Oskar Maria Graf. Basel/Leipzig/Wien 1932. S. 85 ff.
Ein erträumter Valentin als König von Bayern.

Graf, Oskar Maria: München verlor etwas Unwiederbringliches. Zum Tode des großen Komikers Karl Valentin. In: O. M. G.: Aus manchen Tagen. Frankfurt a. M. 1961. S. 348 ff. Neu in: KVF 1. S. 28 f.

Greiner, Therese: Mei Zimmerherr, der Valentin. In: Valentin-Zeitung 00-01 (1959), O. S.

Erinnerungen der Frau Ludwig Greiners an die ersten Auftritte Valentins.

Greither, A.: Anthropologie der Musikinstrumente. In: Gadamer, Hans-Georg/Vogler, Paul: Neue Anthropologie. Bd. 4. Kulturanthropologie. Stuttgart 1973 (= dtv Wissenschaftliche Reihe 4072). S. 446 ff. I. b. 464.

Hinweis auf das Orchestrion Valentins. Mit Abbildung.

Greul, Heinz: Bretter, die die Zeit bedeuten. Die Kulturgeschichte des Kabaretts. Köln/Berlin 1967. I. b. 282 f. Durchgesehene und erweiterte Ausgabe: München 1971 (= dtv Taschenbuch 743). I. b. S. 250 ff.

Kurze Eingliederung in die »Münchner Kleinkunstjahre«.

Gritschneder, Otto: Karl Valentin vor dem Reichsgericht. In: Münchner Stadtanzeiger 29. 9. 1967.

Zusammenfassung eines Urteils von 1928, das Valentin von der Anklage des Ronald Jeans freisprach, das Stück »Im Rundfunksenderaum« sei ein Plagiat.

Gritschneder, Otto: Karl Valentin vor dem Reichsgericht. Ein Gedenkblatt für das Münchner Original zu seinem 32. Todestag am 9. Februar. In: Münchner Stadtanzeiger 8. 2. 1980.

Ausführlichere Kommentierung des Urteils mit vollständigem Textabdruck. Richter urteilen bemerkenswert hellsichtig über Kunst und liefern eine beispielhafte Interpretation des Stücks.

Groll, Gunter: Wiedersehen mit Valentin. »Das Lachkabinett«. In: G. G.: Lichter und Schatten. München 1956. S. 119 ff. Neu in: KVF 1. S. 44.

Porträt mit Anmerkungen zu der filmischen Valentin-Anthologie »Das Lachkabinett«.

Gronenborn, Klaus: Karl Valentin. Komiker und Medien-Handwerker. 1. Teil in: Zelluloid 4 (1978). S. 21 ff.; 2. Teil in: Zelluloid 5 (1978). S. 49 ff.; 3. Teil in: Zelluloid 6 (1978). S. 50 ff.

Nach einem kurzen Überblick zur Materiallage der Literatur und Filme versucht der Autor, dem einzelnen Mediengebrauch Valentins nachzugehen. Sein »Interesse am Werk Karl Valentins: Weder linguistische noch poetologische, noch genrespezifische Analyse seiner ›Komik‹; untersuchenswert auch als eine Form von Mediengeschichte am konkreten ›Fall‹ scheint uns die künstlerische Produktionsweise Valentins.« In diesem Punkt trifft sich Gronenborn mit meinen Intentionen. Im folgenden stellt er den Musikalclown und den frühen Filmer vor. Doch richtet sich sein Blick mehr auf die Sichtung und Einordnung von Dokumenten, mit denen er oft überraschende Funde präsentiert, als auf einen Vergleich oder Zusammenhang mit modernen ästhetischen Produktionsformen. Leider blieb seine Arbeit Fragment. Dazu der Autor: »Meine Recherchen (...) sind aus den verschiedendsten – subjektiven wie objektiven – Gründen noch nicht so weit gediehen, daß eine Veröffentlichung hier und jetzt über den, wie ich meine, zwar notwendigen, nicht aber hinreichenden Daten- und Materialaspekt hinauskäme.«

Grüße an Karl Valentin. In: Die Frechheit 11 (1929). Neu in: KVF 1. S. 23 ff.

Zum Gastspiel im Kabarett der Komiker (Berlin) übermitteln handschriftliche, faksimilierte Grüße: Heinrich Mann, Max Halbe, Carl Zuckmayer, Paul Morgan, Fred A. Angermayer, Max Herrmann (Neisse), Kurt Pinthus, Theobald Tiger, Roda Roda, Egon Erwin Kisch.

Grun, Bernard: Von Mondraketen, Semmelknödeln, Raubrittern und Radfahrern. In: B. G.: Aller Spaß dieser Welt. Wien/München 1965. S. 331 ff.

Porträt mit Anekdoten und Erinnerungen an die Aufführung von »Tingeltangel«.

Günther, Herbert: Karl Valentin. In: H. G.: Künstlerische Doppelbegabungen. München 1960. S. 181 f.

Kurzporträt.

Gürster, Eugen: Karl Valentin. In: Die Weltbühne 52 (1922). S. 690. Neu in KVF 3. S. 91 f.

»Ich entsinne mich keines lebendigen Beispiels, um hier vergleichsweise anzudeuten, in welche Richtung Karl Valentins komische Möglichkeiten gehen. Nur so viel: Seine Komik ist lautlos, ist schweigend, sie lebt von den Pausen zwischen den Worten, von dem hilflosen Erstaunen vor den Hemmnissen der Begriffe und Sätze.«

Gulbransson, Olaf: Und so weiter. München 1954. I. b. Blatt 33. Neu in KVF 4. S. 68.

Zeichnung mit kurzer Anekdote.

Hahn, Alois: »Karl Valentin« stand innen an der Tür. Süddeutsche Zeitung 2. 12. 1970.

Anekdoten.

Handke, Peter: Anneliese Rothenberger & Karl Valentin. In: P. H.: Ich bin ein Bewohner des Elfenbeinturms. Frankfurt a. M. 1976[4] (= suhrkamp taschenbuch 56). S. 231 ff.

In eine deutsche Fernsehshow verirrt sich Valentin.

Handloser, Marina: Wie Valentin in der Vaterrolle war. In: Süddeutsche Zeitung 24./ 25. 7. 1971.

Hantzsch, Friedrich Georg/Pfauntsch, Otto: Humor mit Pfiff. In: F. G. H./O. Pf.: Solang der Alte Peter. Anekdoten und Berichte über den Rundfunk in Bayern. München 1964. S. 36 ff.

Anekdoten.

Harten, Jürgen/Kurnitzky, Horst (Hrsg.): Museum des Geldes. 2 Bde. (Katalog) Düsseldorf 1978. Bd. 1, S. 74 u. Bd. 2, S. 106.

Abbildung und Katalogbeschreibung des für diese Ausstellung rekonstruierten Objekts »Deutsche Bank 1923«. Vgl. Kat.-Nr. 4.

Hartung, Rudolf: Karl Valentin. In: Der Monat 160 (1962). S. 58 ff.

Ausführliche Rezension über Karl Valentins »Gesammelte Werke«. »Was jedoch gegen die echte und ganze Tragik hier schützt, ist ein tiefer Mangel an Ernst: ernst nahm Karl Valentin den Spaß, die groteske Diskrepanz von Vorhaben und Ausführung, ernst nahm er den hintergründigen Tiefsinn und das dialektische Bohren am absurden Problem, nicht aber den Menschen selbst.«

Hasse, Otto Eduard: Karl Valentin. In: O. E. H.: Unvollendete Memoiren. München 1979. S. 211 ff.
Präzise, unsentimentale Erinnerungen an »Der Müller und sein Kind«, Valentins Improvisationskunst und Anekdoten.

Hasse, Otto Eduard: Karl Valentin. In: KVF 3. S. 99 ff.
U. a. Erinnerungen an Valentins Reisephobie, Hypochondrie, Freakpartner auf der Bühne.

Haucke, Lutz: Offene Fragen in einer offenen Diskussion oder Was wäre noch bei B. B. zu erben? In: Film. Wissenschaftliche Beiträge 1 (1978). S. 214 ff. I. b. S. 223 ff.
Interpretation des Films »Mysterien eines Frisiersalons«.

Hauff, Axel: Die einverständigen Katastrophen des Karl Valentin. In: Das Argument. Sonderband AS 3 (1976). S. 244 ff. Neu: Berlin 1978 (= Argument Studienheft 21).
Erste literaturwissenschaftliche Untersuchung, die versucht – materialistisch orientiert –, Valentin zum klassenkämpferischen Kleinbürger umzuinterpretieren. Diese Funktionalisierung im Sinne einer ›Kapitalkurs‹-Ideologie wirkt durchgehend verkrampft, bietet aber Proben aus dem noch unveröffentlichten Spätwerk Valentins. Gerely schreibt in seiner Kritik: »Hauffs Fazit: ›Die Rebellion im Bereich der Kunstproduktion (also doch Produktion?) bleibt jedoch perspektivlos.‹ Und damit gibt Hauff die idealistische Methode seines Wahnsinns zu erkennen: er will die Kunst nicht an dem messen, was sie ist, sondern was sie sein soll, er will die Kunst auf seine Weise in die Pflicht nehmen, sie soll Perspektive haben, und liefert damit seinen Beitrag zur Zerstörung der Kunst; nicht die Kunst, sondern die richtige Einstellung ist erwünscht.« A. Gerely: Valentin und Perspektive. A. a. O.

Hausenstein, Wilhelm: Der andere Valentin ... In: Telegramm-Zeitung 14. 11. 1930.
Zur Szene »An Bord«. »Das Publikum lacht. Das Publikum klatscht. Aber man fühlt, daß es mit der Szene ganz und gar nicht einig geworden ist. Es bleibt ein Rest Verwunderung. Die Szene ist nicht so drastisch wie andere Valentinsche Dramen. Sie ist nicht so aberwitzig ins Närrische verstrickt und ans Verrückte preisgegeben wie sonst. Da ist gewissermaßen ein soziologisches Charakterstück, nicht ohne einige Bitterkeiten, nicht ohne einen Schuß ›Simplizissimus‹ und Th. Th. Heine. Dieses neue Stück besitzt einen merkwürdig-unmittelbaren Ernst. Es ist der Wirklichkeit auf eine fast erschreckende Weise porträtähnlich.«

Hausenstein, Wilhelm: Grock, der Komiker. In: W. H.: Drinnen und draußen. Ein Tagebuch über Landschaften und Städte, Tiere und Menschen. München 1930. S. 76 ff.
»Valentin ist der klassische Clown des sozialen und persönlichen Pessimismus; alles geht auf allen Wegen schief; alles ist Pech. Grock ist der klassische Clown des individuellen und gesellschaftlichen Optimismus; alles geht gut – Ende gut, alles gut; alles ist Glück, ja paradiesische Zufriedenheit!«

Hausenstein, Wilhelm: Karl Valentin, der große Komiker. Zuerst: W. H.: Die Welt um München. München 1929. S. 133 ff.
Feinsinniges Porträt. »Wer das Geheimnis der Erscheinung, das Geheimnis dieses Wesens nicht gefühlt hat, wird hinausgehen wie jenes Dienstmädchen, das sein

Eintrittsgeld mit den Worten zurückhaben wollte: ›der kann ja nix'n‹. Nebenbei: Valentin bucht dies Ereignis unter seine stärksten Erfolge.«

Hausenstein, Wilhelm: Karl Valentin und Don Quijote. In: W. H.: Wege eines Europäers. (Katalog) München 1967. S. 132 ff.
Tagebuchnotizen und Pläne Hausensteins zu Valentin, mit dem sich der Büchermensch und spätere Botschafter immer wieder auseinandergesetzt hatte. Am 9. 2. 1948 schreibt Hausenstein an seine Tochter in Amerika: »... soeben erhalte ich die Nachricht, daß Karl Valentin gestorben ist: an einer Lungenentzündung. All diese Menschen haben wegen der jahrelangen schlechten Ernährung und des zwölfjährigen psychischen Drucks keine Reserven, keine psychischen und moralischen Widerstandskräfte. Dieser Tod geht mir sehr nahe. Valentin war mit mir genau gleichaltrig (im Juni 82 geboren), und ich habe eben zu Mama gesagt, es sei mir, als hätte ich einen Bruder verloren, zu dem ich zwar in losen Beziehungen stand – aber immerhin, objektiv gesprochen, einen Bruder.«

Hausenstein, Wilhelm: Die Masken des Komikers Karl Valentin. Zuerst: München 1948. Neue und erweiterte Ausgabe: München 1976.
Mit einem Vorwort von Hans Egon Holthusen und Briefen von Hausenstein an Valentin. Ca. 50 Fotografien zeigen Valentins meisterliche Maskenkunst. Allerdings fehlen zu ihnen die Quellenangaben. Für die Taschenbuchausgabe (München 1980. = dtv Taschenbuch 1510) hat Hannes König versucht, die Masken zu identifizieren, doch scheinen mir seine Titel teilweise fragwürdig. Der Text Hausensteins zählt zu den bedeutendsten Essays über den Komiker, wenn auch seine psychologisierende interpretatorische Ausrichtung den Beobachtungen etwas die Schärfe nimmt.

Hausenstein, Wilhelm: Valentins letzte Maske. In: Münchner Tagebuch 21. 2. 1948.
Zur Beerdigung.

Hecht, Carolus: Das Valentin-Musäum. In: Süddeutsche Zeitung 27. 12. 1982.

Henning, Bernhard: Tagesschau. Warum nicht Karl Valentin? In: Filmkurier 19. 2. 1938. Neu in: KVF 2. S. 56 ff.
Valentin und der deutsche Film. »Karl Valentin ist eine einmalige Erscheinung unter den deutschen Komikern, und mit ihm kann man und soll man keine filmische Dutzendware drehen. Man soll seiner Eigenart nachgehen, soll sich um ihn bemühen. Und wer nicht die Liebe mitbringt, die zu der Mühe befähigt, der soll getrost die Finger davon lassen.«

Henrichs, Benjamin: Komik aus dem Kopf. Am 4. Juni wäre Karl Valentin 90 Jahre alt geworden. In: Die Zeit 2. 6. 1972. Neu in KVF 1. S. 81 f.
Würdigung. »Noch ärmlicher gerieten Valentins Attacken auf moderne Dichtung, moderne Malerei, die er in verquälten Nonsens-Collagen zu parodieren glaubte. Ein Satiriker war Valentin nicht; spielen konnte er nicht mit den Wörtern, nur sich den Kopf an ihnen wundstoßen; zum Opfer der Sprache war er geboren, nicht zu ihrem Jongleur.«

Henscheid, Eckhard: »Ja, ich bin ja so sprachlos!«. Wahnsinn im Bürgerkleid des Schlachthausviertels oder Karl Valentin als Onomatopoet. In: Frankfurter Rundschau 5. 7. 1980.

Glänzender Essay über die Sprache Valentins am Beispiel der »Frau Huber«-
Aufnahmen. Der Satiriker Henscheid konstruiert nicht die Modernität Valentins,
er demonstriert sie mit der genauen Beobachtung eines Materials, das scheinbar zu
den Nebenprodukten Valentins zählt. »Daß die entwickelte Rede zurück zur
Sprachlosigkeit drängt, haben neuere Poeten von Hölderlin über Rimbaud bis
Beckett immer wieder und sehr unterschiedlich vorgeführt und vorgelebt. Ihnen
weiß sich Valentin verwandt (oder auch nicht) – seine künstlerische Leistung bleibt
singulär: der Überschuß an Wort noch im Stadium des Verstummens wäre nämlich, wollte man sehr große Töne klotzen, Valentins Humanes aus dem Geist der
Musik. Sprachkritik, Frau Huber demonstriert es, läuft eben doch nicht so glatt
auf Gesellschaftskritik hinaus, wie die Linke es, auch im Fall Valentin, gern
möchte. ›Mir ist so mies vor diesem Universum‹, soll die Frau des Philosophen
Mendelssohn geseufzt haben. Das wäre schon eher valentinisch empfunden.«

Henscheid, Eckhard: Kohl und Karl Valentin. In: Vorwärts 2. 2. 1984*.
Zur Verleihung des Valentin-Ordens 1984.

Henseleit, Felix: Blick in die Ateliers. Begegnung mit der »Unbekannten«. In: Licht-
bildbühne 20. 8. 1936. Neu in: KVF 2. S. 53 ff.
Besuch bei den Dreharbeiten zu »Donner, Blitz und Sonnenschein«.

Herrmann-Neiße, Max: Karl Valentin. In: KVF 4. S. 76 f.
Porträtessay. »Er lullt nicht in Behaglichkeit ein, er macht Geist und Gefühl hell
und scharf. Er kann jedes Kind ergötzen und jedem reif gewordenen, auch dem
noch so überlegenen, Manne entzaubern, was sein Herz bedrückt. Er leidet an den
Dingen, daher macht er sie grimmig lächerlich, um den Preis, sich selber lächerlich
zu machen, und wenn die Menschen über ihn lachen, so hat er damit für diesen
Augenblick ihr eigenes Leid aufgehoben.«

Herrmann, Karl: »Man sagt eben so…«. Der Linguist Karl Valentin. In: Fono
Forum 4 (1972). S. 279 ff.
Zur Sprache und Rezeption Valentins. Mit Schallplattenempfehlungen.

Herrmann, Thomas: Von der Komik tief beeindruckt. In: Bayerland 8 (1967). S. 46 ff.
Erinnerungen des ehemaligen Volksschauspielers und Mitarbeiters Valentins.

Hesse, Hermann: Ein Abend in den Kammerspielen. In: H. H.: Die Nürnberger
Reise. Frankfurt a. M. 1963. S. 233 f.
Erinnerung an die »Raubritter vor München«.

Hinck, Heinrich: Karl Valentin zu Hause. Der größte Sammler von Münchener
Merkwürdigkeiten. In: Völkischer Beobachter 8. 7. 1937.
Wichtigstes journalistisches Dokument zur Sammlung Valentins.

Hömberg, Hans/Hoferichter, Ernst: Die Herren Fey und Weisheitinger. In: H. H./E.
H.: Mein liebes München. Wien/Hannover 1966. S. 41 ff.
Zitatporträt und Anekdoten.

Hörmann, Walter: Valentin als Pistenschreck. In: Der Stern 6 (1985)*. Münchner
Ausgabe.

Hoferichter, Ernst: Am Stammtisch von Karl Valentin. In: Neue Zeitung 26. 2.
1952. Neu in KVF 3. S. 107 ff.
Erinnerungen.

Hoferichter, Ernst: An Karl Valentins Stammtisch. In: Ude, Karl (Hrsg.): Das Ernst Hoferichter Buch. Erzähltes aus Bayern nebst anderen Erdteilen. Rosenheim 1977. S. 99 ff.
Erinnerungen.
Hoferichter, Ernst: Am Stammtisch von Karl Valentin. In: E. H.: Bayrischer Jahrmarkt. München 1959. S. 163 ff.
Erinnerungen.
Hoferichter, Ernst: Charaktergutachten über Karl Valentin. In: Bayerland 5 (1979). S. 8.
Dazu merkt Wendula Dahle an: »Zum Glück mochte der Hoferichter seinen Valentin, wehe, wenn er als Gerichtsgutachter diesem als Deliquenten gegenübergestanden hätte: Dieses Individuum ohne eigene Eigenschaft als die, so leicht beeinflußbar zu sein, wäre sicherlich zum gemeingefährlichen Unmenschen geworden, allen Einflüsterungen der Verführungsmächte erlegen, so daß es mindestens hinter Gitter gehört hätte.« W. Dahle: Karl Valentin – keine Charakterfrage. A. a. O.
Hoferichter, Ernst: Erlebnisse mit Karl Valentin. In: E. H.: Jahrmarkt meines Lebens. Zwischen Hinterhöfen und Palästen. München/Basel/Wien 1963. S. 142 ff.
Hoferichter, Ernst: Karl Valentin. Blödian oder großer Humorist? In: E. H.: Das wahre Gesicht. Die Handschrift als Spiegel des Charakters. Icking/München 1966. S. 125.
Noch eine Beleidigung. »Er selbst wußte nicht, wer er wirklich war. Von Deutschlands gefürchtetsten Kritikern, die Hymnen auf ihn schrieben, kannte er nicht einmal die Namen. ›Je mehr d'Leut lacha‹, um so höher schätzte er sich ein und seinen Erfolg.«
Hoferichter, Ernst: Karl Valentin im Föhnwind. Zur Metaphysik seines Humors. In: Karl-Valentin-Zeitung 00-01 (1959). O. S.
»Und die Bilder, Gestalten und Szenen seiner (Valentins, d. Verf.) Welten wurden nicht geholt aus den Höhen des Geistes, wo die Miasmen des Lebens nicht gedeihen. Aus eigenem Urgrund, in der Tiefe jenes Seelenbezirks waren sie gebraut worden, wo gegeneinander wirken die Lemuren, Sibyllen, Molche, Sylphen, Undinen – und heute auch noch die Sulfonamide.«
Hoferichter, Ernst: Karl Valentin. In: E. H.: Sonderlinge und Originale. In: Proebst, Hermann/Ude, Karl (Hrsg.): Denk ich an München. Ein Buch der Erinnerungen. München 1966. S. 111 f.
Kurzes Psychoporträt.
Hoferichter, Ernst: Die Stadt des Humors. In: E. H.: München. Stadt der Lebensfreude. München 1958. S. 219 ff.
Kurzes Psychoporträt.
Hoferichter, Ernst: Der sterbende Humor. In: Neue Zeitung 1. 4. 1948.
Psychoporträt. Nekrolog.
Hoferichter, Ernst: Valentin und der Tod. In: Neue Zeitung 20. 2. 1949. Neu in: KVF 3. S. 103 ff.
U. a. zur Guillotine im Panoptikum Valentins. Vielleicht der brauchbarste Text

Hoferichters, da er bei seinem Thema bleibt und Valentins Beschäftigung mit dem Tod an Beispielen nachgeht.

Hoffmann, Heinrich: »Alles oder nix«. Aus den Erinnerungen von Hitlers Leibfotographen. In: Münchner Merkur 27./28. 7. 1974. Neu in KVF 1. S. 83 ff.
Hitler interessiert sich für Valentins Fotosammlung und will sie kaufen. Valentin verlangt 100 000 Mark. Hitler läßt sich darauf ein, stellt aber die Bedingung, daß Valentin mit dem Geld keine Filme finanziert. Valentin lehnt dies ebenso ab wie das Angebot einer lebenslänglichen Rente. Valentin: »Sagen S' dem Herrn Führer an schönen Gruß, wenn er mir die 100 000 Markln net auf einmal gibt, nacha soll er sich sei' Geld am Huat aufistecken! I möcht' mei Film macha. Da bin i wia er – alles oder nix!«

Hohenemser, Herbert: Hat der Valentin wirklich gelebt? In: Münchner Merkur 16. 2. 1948. Neu in: KVF 4. S. 91 f.
Nekrolog. »Vielleicht am verständlichsten war Valentin, wenn er nicht sprach. Er mag in solchen minutenlangen Szenen schweigenden Daseins auf der Bühne am tiefsten im Einklang gewesen sein mit der gehaßten, geliebten Welt. Im Schweigen erstirbt alles Mißverständnis. Im Schweigen werden auch alle Schwierigkeiten einfach. Einfacher noch als in Valentins kargen Dialogen. Man macht sich ›keine Umständ‹ mehr.«

Hohmann, Arnold: Verdrehte Konstruktion. Karl Valentin und Fritz Lang. In: Süddeutsche Zeitung 6. 4. 1984*.

Hohoff, Curt: Gespräche mit Britting. In: C. H.: Unter den Fischen. Erinnerungen an Männer, Mädchen und Bücher 1934-1939. Wiesbaden/München 1982*. S. 62 ff.
Britting und Hohoff besuchen eine »Firmling«-Aufführung bei Benz.

Hohoff, Curt: Karl Valentin. In: C. H.: München. München 1970. S. 310 ff. Neu in: KVF 4. S. 79 ff.
Porträt. »Er (Valentin, d. Verf.) spielte nur selbstkonstruierte Szenen, verbesserte und verfeinerte sie laufend und gab ihnen schließlich jene persönliche Note, welche sie zu Kunstwerken machte. Sie waren nicht witzig, nur bedingt komisch und auch nicht volkstümlich, dazu war ihr Charme zu tiefsinnig, verspielt und tükkisch, und doch waren sie wie alle guten Schwänke zum Todlachen.«

Hollweck, Ludwig: Aus dem Altmünchner Blätterwald. Der Vale und die Liesl. In: Münchner Leben 2 (1969). S. 16 f.

Hollweck, Ludwig: Erinnerungen. In: Bayerland 8 (1967). S. 19 ff.
Zusammenstellung einschlägiger Zitate zu Valentin.

Hollweck, Ludwig: Humor im Isartor. In: Bayern-Magazin 5 (1972). S. 14 ff.
Rundgang durch das Valentin-Musäum.

Hollweck, Ludwig: In ihrer Erinnerung lebt Karl Valentin. In: Bayern-Magazin 5 (1972). S. 9 ff.

Hollweck, Ludwig: Tiefsinn im Blödsinn. Karl Valentin im Urteil seiner Zeitgenossen. In: Münchner Merkur 5./6. 1. 1984*.
Zusammenstellung einschlägiger Zitate zu Valentin.

Hollweck, Ludwig: Das Valentin-Musäum. Ein Denkmal für Münchens Volkssänger. In: Bayerland 5 (1979). S. 64 ff.

Hollweck, Ludwig: Valentin Volkssänger Musäum. Münchner Curiositätenschau im Isartor Tal. In: Bayerland 7 (1968). S. 34 f.

Hoppe, Hans: Das Theater der Gegenstände. Bensberg-Frankenforst 1971 (= Theater unserer Zeit 10). I. b. S. 29 ff.

Interpretationen der Szenen »Der Umzug« und »Die verhexten Notenständer«. Für Hoppe sind u. a. diese beiden Szenen Vorläufer eines modernen Theaters, in dem nicht mehr allein der Mensch Aktionsträger ist, sondern Gegenstände und vermenschlichte Kunstfiguren Rollen übernehmen. »Die zufällige Behinderung des subjektiven Willens durch den Widerstand, die Sperrigkeit der ihn umgebenden Dingwelt, verbunden mit deren Mystifikation durch das szenische Subjekt, und die zusätzliche Potenzierung solcher Verwicklungen durch die Ungeschicklichkeit des Menschen stellen sich einer Weltsicht, die auf die Überzeugung von der menschlichen Autonomie gründet, als ein lächerliches Mißverhältnis dar. Dieser primären Form komischer Verwicklung begegnet man seltener in den traditionellen Komödien, häufiger in den Spielen der Mimen, der Clownerien im Zirkus oder auch in den Stummfilmen eines Charlie Chaplin oder Buster Keaton. Unter den zahlreichen komischen Gestaltungsmitteln Karl Valentins nimmt diese Art Komik einen bevorzugten Platz ein.«

Horn, Effi: Ahnengalerie der Volkssänger. In: Flügel, Rolf (Hrsg.): Lebendiges München. München 1958. S. 371 ff.

Kurze Geschichte der Volkssänger und Porträt Valentins.

Horwitz, Kurt: Erinnerung. In: Schulte, Michael (Hrsg.): Das große Karl Valentin Buch. A. a. O. S. 116 f. u. S. 137 u. S. 354 ff.

Zur Aufführung des »Firmling«, der »Raubritter vor München« und Bemerkungen Valentins zu Feuchtwanger und zum dritten Reich.

Horwitz, Kurt: Karl Valentin in einer anderen Zeit. In: Schulte, Michael (Hrsg.): Sturzflüge im Zuschauerraum. A. a. O. S. 9 ff.

Beschreibung der Atmosphäre der 20er Jahre in München und der Auftrittsorte Valentins. Erinnerung an die »Mysterien eines Frisiersalons« und ein kritischer Überblick zur Valentin-Rezeption.

Hupfer, Carl: Ein deutscher Charlie Rivel. In: Süddeutsche Zeitung 17./18./19. 4. 1976.

Hinweis auf den Artisten Johann Rott, der zeitweise im Programm von Valentin auftrat.

Jäger, Ernst: Zwei Menschen aus München. In: Filmkurier 16. 1. 1928. Neu in KVF 2. S. 32.

Kurze euphorische Würdigung zum Auftritt in Berlin. »Ihr Filmleute, ihr Filmleute. Ihr werdet nie spüren, was Heiterkeit bedeutet, wenn ihr die Beiden nicht begreift (Valentin/Karlstadt, d. Verf.).

Wenn sie in Filmen spielten, hätten wir wirklich: *zwei Menschen* im Film. (Aber sie filmen nicht).«

Janosch: Karl Valentin für Kinder. München 1984*.

Jansen, Peter W.: Karl Herbert und die anderen. In: Herbert Achternbusch. München/Wien 1984* (= Reihe Film 32). S. 29 ff.
Zum Verhältnis Achternbusch–Valentin.

Jerven, Walter: Als Karl Valentin noch filmte. In: Filmkurier 22. 9. 1929. Neu in: KVF 2. S. 35 f.
Erinnerungen an die kinematographische Frühzeit Valentins.

Jerven, Walter: Hier lacht Karl Valentin! Karl Valentin, der bekannte Münchner Komiker, zeigt sein lustiges Panoptikum. In: Münchner Illustrierte Presse 44 (1935).
Mit Fotografien von Helmuth Kurth: »Der Parkplatz«, »Wachsplastik Herzog Heinrichs XII.«, »Die Heimkehr der Liliputaner«, der als Napoleon verkleidete Liliputaner, der Beduine, die Nasenbohrmaschine, »Die Kinderpflegerin« und Valentin mit dem Schild »Eingang zum Panoptikum«.

Jerven, Walter: Der Komiker Valentin. In: Münchner Illustrierte Presse 5 (1926).
Porträt mit Fotografien von Hilbinger, u. a. die »Hausguillotine«, ein selbstgefertigter Zigarrenabschneider.

Jerven, Walter: Neues von Karl Valentin. In: UHU 9 (1928). S. 38.
Anekdoten.

J. M.: Der Komiker Karl Valentin. In: Die Zeit 19. 2. 1948. Neu in: KVF 3. S. 98 f.
Nekrolog.

Kalter, Max: Erinnerungen des Knaben Max. In: Süddeutsche Zeitung 20. 8. 1982.
Aufzeichnungen des 1937 in die USA emigrierten Autors an die Kanalstraße 8, in der Valentin wohnte.

Kappler, Arno: Karl Valentin. Ein Komiker von höchster Vollendung, dem alles daneben ging. In: Die Waage. Zeitschrift der Grünenthal GmbH 18 (1979). S. 23 ff.
Porträt.

Karasek, Hellmuth: Nestroys großer Nachfahr. Zu Karl Valentins Monologen, Szenen und Couplets. In: Die Zeit 10. 10. 1969.
Ausführliche Rezension der Textsammlung: Schulte, Michael (Hrsg.): Sturzflüge im Zuschauerraum. A. a. O.
»Valentin ist wie Nestroy ein Meister der Genauigkeit des Ungenauen. Da sich seine Logik in der Sprache und in den Situationen hartnäckig verbeißt, zersetzt sie die Scheinlogik der Wirklichkeit bis zu deren Auflösung.«

Karlstadt, Liesl: Ich und der Film. In Süddeutsche Zeitung 7. 6. 1952.
Äußerungen zum Heimatfilm. »Wenn ich mir gewisse Heimatfilme ansehe, muß ich immer an meine erste eigene Filmfirma mit Karl Valentin denken. Damals ham wir uns als Atelier den Lagerraum einer Käsehandlung gemietet. Seit der Zeit scheint der Käse beim bayrischen Heimatfilm – aber die Betrachtung würde zu weit führen.«

Keller, Josy: Valentin in der Ritterspelunke. In: Bayerland 8 (1967). S. 26 ff.

Kerler, Richard (Hrsg.): München anekdotisch. München 1970. I. b. S. 23, S. 64, S. 70 f., S. 78 f.

Kerr, Alfred: Karl Valentin. Grundzüge. In: A. K.: Die Welt im Drama. Hrsg. v. G. F. Hering. Köln/Berlin 1964². S. 524 f.

Ungeachtet der Einwände von Karl Kraus immer wieder neu veröffentlicht oder zitiert. Vgl. Karl Kraus: Beweise für die Humorlosigkeit des Alfred Kerr. A. a. O.

Klein, Tim: Der Komiker Karl Valentin. In: Münchener Neueste Nachrichten 29. 1. 1929. Stark überarbeitet in: Das Karl Valentin Buch. A. a. O. S. 7 ff. Neu in: Schulte, Michael (Hrsg.): Das große Karl Valentin Buch. A. a. O. S. 251 ff.

Essay. »Karl Valentin denkt, ja, er denkt vielleicht zuviel; oder er denkt in einer falschen Richtung, oder er denkt in Worten und nicht abstrakt. Sein Wort entspricht durchaus diesem Denken. Seine Sprache kann knapp und weitschweifig sein. Aber wie Holzwolle, die einen vielkantigen Maschinenteil einhüllt, sich immer wieder an einer Spitze verhängt, so bleibt seine Rede an irgend einem äußerlichen Vorgang hängen, er spinnt sie weiter, bricht ab, setzt wieder an, bis er selber den Kampf aufgibt und kapituliert.«

Klemm, Eberhardt: Karl Valentin und die Musik. Zur 100. Wiederkehr seines Geburtstages am 4. Juni 1982. In: Kassette. Ein Almanach für Bühne, Podium und Manege 6 (1982)*. S. 21 ff.

An einzelnen Beispielen analysiert der Autor Valentins Auseinandersetzungen mit der Musik. In manchen Punkten treffen sich seine Überlegungen mit meinen. Valentins »Verständnis für die Hintergründigkeit und zugleich Fragwürdigkeit alles dessen, was Kunst ist oder zu sein vorgibt, transzendiert den scheinbaren Ulk, der seinen Musiknummern anhaftet, den Spaß, den sie bereiten. Es ist daher durchaus statthaft, jede Pause, jeden Ton, jede Unterbrechung eines wenn auch nur brüchig Zusammenhängenden bei Valentin so ernst zu nehmen wie eine Pause oder einen Ton in einer Fuge, wie auch die Konzertbedingung, unter der eine solche Fuge – ohne Unterbrechung – zum Erklingen gebracht wird.«

Klug, Dieter: Der Literat und Dramatiker Karl Valentin. Werk, Wirkung und Einfluß auf Bertolt Brecht. (Staatsexamensarbeit, maschinenschriftlich) München 1977. (mit Bibliographie)

Nach einem Bericht über die Forschungs- und Quellenlage interpretiert der Autor einige Stücke Valentins. Methodisch folgt er Vladimir Propps »Morphologie des Märchens« und unterscheidet »Katastrophenstücke«, »Blödsinns-Monologe« und »Tücke-des-Objekts-Szenen«. Allerdings führt diese Schematisierung nicht weiter, und Klug stellt andere Probleme der Valentin-Forschung vor. Die umfangreiche Bibliographie, die auf Vollständigkeit angelegt ist, irritiert den Benutzer, da wichtige Titel mit belanglosen alphabetisch zusammenrücken, Rezensionen von Aufführungen nach 1945 neben literaturwissenschaftlichen Untersuchungen stehen und für die Forschung bedeutende Titel fehlen.

Koch, Gertrud: Der Sonderling. In: Frankfurter Rundschau 29. 1. 1977. Neu in: KVF 2. S. 43 f.

Köbelin: Karl Valentin an der Hobelbank. Wiedersehen mit Münchens originellstem Komiker. In: Süddeutsche Zeitung 1. 1. 1946. Neu in: KVF 1. S. 53 f.

Über Pläne und Hoffnungen Valentins nach 1945.

Köhl, Gudrun: Die Geschichte des Münchner Komikers Karl Valentin für Groß und Klein erzählt und bebildert. München 1977.
Kinderbuch.

Köhl, Gudrun: Glanz und Elend der Münchner Volkssänger. In: Bayerland 5 (1979). S. 20ff.
Mit Hinweisen auf Valentin.

Köhl, Gudrun: Liesl Karlstadt – Künstlerin – Münchnerin – Unvergessen! München 1971.
Kleines Heftchen.

Köhl, Gudrun: Liesl Karlstadt. Unsterbliche Partnerin Karl Valentins. München 1980.
Unkritisches »Lebensbild« mit vielen Fotografien, einer Auftrittschronologie und Discographie.

Köhl, Gudrun: Die Mondfahrt des Karl Valentin. München 1978.
Kinderbilderbuch.

Köhl, Gudrun: 90 Jahre Karl Valentin. München 1972.
Kleines Heftchen.

Köhl, Gudrun: Von Papa Geis bis Karl Valentin. München 1971.
Kleines Heftchen. Text identisch mit G. Köhl: Glanz und Elend der Münchner Volkssänger. A. a. O.

Köhl, Gudrun/Ortenau, Erich: 99 Jahre Karl Valentin. München 1981.
Ein Buch der Mitarbeiterin des Valentin-Musäums in der gewohnten Manier der Publikationen dieses Instituts: viele Fotografien, wenige kurze Texte. In diesem Fall wird der Rahmen gesprengt mit einer ausufernden quasi-philosophischen Interpretation Ortenaus.

Köhl, Gudrun/König, Hannes/Ortenau, Erich: Karl Valentin in der Geschichte der Komiker. München 1984*.
Mit vielen Fotos und den Verzeichnissen der vorhandenen Volkssänger-Programme und -Lokale.

König, Hannes: Bilanz des Curiosen? Valentin-Musäum. In: Volk & Kunst. Zeitschrift der Volksbühne München 50 (1960/61). S. 20 f.
Der Direktor des Valentin-Musäums stellt sein Musäum vor.

König, Hannes: Das Bilderbuch vom Karl Valentin. München 1975.
Viele Bilder mit gewollt witzigen Untertiteln und das Couplet »Die Versteigerung«.

König, Hannes (Hrsg.): Das Bilderbuch vom Karl Valentin und seinem Musäum. München 1961.
Kleines Heftchen.

König, Hannes: Der Bühnenbildner des Karl Valentin. In: Valentin-Zeitung 00-01 (1959). O. S.
Über Ludwig Greiner.

König, Hannes: (Karl Valentin). In: Bayerland 8 (1967). S. 6 ff.
Porträt.

König, Hannes: Ja so war's – das München. Eine ›Sightseeing-Tour‹ um die Jahrhundertwende mit der Postkartensammlung des Karl Valentin-Musäums. München 1976.

König, Hannes (Hrsg.): Karl Valentin Anekdoten. Freiburg i. Br. 1967.

König, Hannes: Unsterblicher Valentin. In: Bayerland 5 (1979). S. 3 ff. Porträt.

König, Hannes: Valentin Anekdoten. München 1979.

König, Hannes: Die 20 Weisheiten des Karl Valentin. München 1978. Graphische Umsetzung einiger Ideen Valentins.

König, Hannes/Ortenau, Erich: Das Curiositäten-Museum in München. In: H. K./E. O.: Panoptikum. Vom Zauberbild zum Gaukelspiel der Wachsfiguren. München 1962. S. 114 ff. Zum Valentin-Musäum.

Kolbe, Jürgen: Ein Gespenst in Dampf und Mampf. Zum hundertsten Geburtstag des Komikers Karl Valentin. In: Frankfurter Allgemeine Zeitung 4. 6. 1982. Porträt.

Kolbe, Jürgen: Ich weiß nicht was soll es bedeuten. Heinrich Heines Loreley. Bilder und Gedichte. München 1976. I. b. S. 44 f. Abdruck der Loreley-Parodie Valentins und kurzer Text dazu. Abbildungen von Kitschpostkarten aus den Beständen des Valentin-Musäums.

Kortner, Fritz: Aller Tage Abschied. München 1959. I. b. S. 569 f. Neu in: KVF 4. S. 74 f. Erinnerung. Valentin über Benzinmangel und Bomben.

Kracauer, Siegfried: Warum macht Karl Valentin keine Filme mehr. In: Frankfurter Zeitung 30. 4. 1929. Neu in: KVF 2. S. 39. Über den Film »Karl Valentins Hochzeit«. »Warum macht Valentin keine Filme mehr? Wir wissen aus seinem eigenen Munde, daß er sich zum Film zurücksehnt. Wir wissen aber auch, daß große Filmgesellschaften, denen sein Wunsch bekannt ist, ihm ihre Unterstützung versagen. Sie begeben sich damit aus unerfindlichen Gründen einer der paar Möglichkeiten, dem völlig herabgekommenen deutschen Film wieder aufzuhelfen. Es ist ihnen selbst kaum noch zu helfen, wenn sie einen Filmkomiker von der Größe Valentins abweisen.«

Krafft, Ludwig: Auf den Spuren von Karl Valentin. In: Au, Giesing, Haidhausen. 100 Jahre bei München. (Festschrift) München 1954. S. 138 ff.

Kramberg, Karl Heinz: Der Clown. Marginalien zur Narretei. München 1958. I. b. S. 17 ff. »Bei Valentin ist das System einer negativen, auf der Heimtücke der Materie errichteten Weltordnung bis zur göttlichen Perfektion gediehen. Die Clownerie wird zum Mirakel. Kein Ariadnefaden weist uns den Weg aus diesem Labyrinth.«

Kraus, Karl: Beweise für die Humorlosigkeit des Alfred Kerr. In: Die Fackel 668-675 (1924). S. 102. Neu in: KVF 4. S. 65 f. Sprachkritisches zu Alfred Kerr: Karl Valentin. A. a. O.

Kreimeier, Klaus: (Karl Valentin). In: Stadt-Revue (Köln) 6 (1978). S. 11. Über Valentins Umgang mit den Medien. »Karl Valentin (1882-1948) war einer der ersten Medientheoretiker; vor allem aber hatte sein Umgang mit den moder-

nen Massenkommunikationsmitteln absolut subversive, systemsprengende Qualitäten. Der Kulturbetrieb hat sich ihn als ›Münchner Volkskomiker‹ einverleibt –
was dabei unterschlagen oder übersehen oder für weniger wichtig gehalten wurde,
ist die Tatsache, daß K. V. ein Untergrundkämpfer in eben diesem Kulturbetrieb
war.«
Kristl, Vlado: Die Art des Sagens. In: KVF 1. S. 5 f.
Essay.»Valentin ist die Theorie der Desorganisation. Aber, Valentin selbst war nie
einer Wirtschaftstheorie fähig oder nur eines plausiblen Systems. Valentin blieb,
wie man in heutiger Umgangssprache spricht, ein Logikbrecher. Ein Antifaschist!
(...) Valentin bleibt das Antidogma des modernen Diktatormenschen.«
Kristl, Wilhelm Lukas: Der Recke Heinrich und die Liesl II. In: Bayerland 8 (1967).
S. 32 f.
Über die Proben zum »Ritter von Unkenstein« und Annemarie Fischer.
Kühn, August: Das einzige Musäum der Welt./ Valentinade im Supermarkt./ Valenti-
nade am Zeitungsstand./ Valentinade im Maklerbüro. In: A. K.: August Kühns
Münchner Geschichten. Frankfurt a. M. 1977 (= Fischer Taschenbuch 1887)
S. 86 ff.
Kühn, Volker: Das Kabarett der frühen Jahre. Berlin 1984*. S. 114.
Kurzhinweis.
Kuh, Anton: Der Vorstadthypochonder. In: KVVD S. 18 ff. Auch in: KVF 4. S. 61 ff.
Über Raimund und Valentin.
Kurowski, Ulrich: Clown und Dramatiker: Karl Valentin. In: Deutsche Post 4
(1969). S. 97.
Essay über München und Valentin. »Daß am Schluß von ›Die Raubritter vor
München‹, übrigens auch eine subtile Parodie auf die sogenannten Volksstücke,
Kanonenkugeln (Stoffballons) ins Publikum geworfen werden, kann auch bedeu-
ten, daß Valentin von diesem Publikum nicht die günstigste Meinung hatte. Das
Publikum hat Karl Valentin nicht immer verstanden, es hat ihn auch als ›Spinner‹
abgetan. Und noch heute widersetzt sich das Werk Valentins der Anpassung an
einen gängigen Geschmack.«
Kurowski, Ulrich: Donner, Blitz und Sonnenschein. In: Medium 8 (1973). S. 26 f.
Neu in: KVF 2. S. 61 f.
»Valentin wirkt in vielen Einstellungen von ›Donner, Blitz und Sonnenschein‹ gar
nicht mehr komisch. Die hagere Gestalt mit der schlotternden Kleidung, mit dem
unrasierten Gesicht vermittelt nicht mehr Lachen, sondern Gefühle der Angst.
Valentin ist unheimlich. Ohne Ironie, aber mit Trauer über verpaßte Gelegenheiten
gesagt. Welch hervorragender Frankenstein wäre dieser Darsteller gewesen!«
Kurowski, Ulrich: Jacob Geis. Über den Regisseur und Drehbuchautor der »Erb-
schaft« (Versuch). In: KVF 2. S. 67 ff.
Kurowski, Ulrich: Karl Valentin, die Dinge und die Gottesvorstellung. In: KVF 2.
S. 13 f.
Drei lange Zitate und ein kurzer Essay. »Valentin spielt. Er bedient sich der Rheto-
rik des lohnabhängigen Vorstadt-Münchners, der fünf Stunden braucht, um eine
ungeliebte Arbeit, die ihn eine Stunde in Anspruch nehmen würde, hinauszuschie-

ben, zu verhindern. Der dumpfe Caliban, dem alle Dinge gleich erscheinen. Aber Valentin war nicht Caliban. Er arbeitete ja. Er war der weiße (wissende) Clown, der den kindischen August-Caliban spielte, nachmachte, bewußtmachte. Bei Valentin wird das Es ein wenig zu Ich. Caliban gerät auf einen langen unabsehbaren Weg, an dessen Ende er ein politischer Mensch sein könnte.«

Kurowski, Ulrich: Komik am Rande des Abgrunds. Karl Valentin und seine Filme. In: Saarbrücker Zeitung 31. 8. 1973.
Kritische Würdigung.

Kurowski, Ulrich: Orgien auf einem Speicher an der Tengstraße (München). Undeutsches von Brecht/Valentin/Engel aus dem Jahr 22. Zuerst in: Filmkorrespondenz 4 (1975). Neu u. a. in: KVF 1. S. 86 ff.
Zum Film »Mysterien eines Frisiersalons«. Wichtigste Interpretation und filmhistorische Würdigung.

Kurowski, Ulrich: Statt eines Vorworts. In: KVVD S. 182 ff. Und in: KVF 4. S. 1 ff.
Essay zu den Filmen Valentins, Max Reinhardt und Valentins Hochradnummer »– 3×3× der gleiche Vorgang, mit Glockengeläute, Via dolorosa/ Todesfahrt durch Nacht und Nebel – verhält sich analog zu einer Heiligen Handlung.
Et eritis sicut dii: der Filmemacher kann Toten immer wieder zur Auferstehung verhelfen – der Panoptikumsdirektor kann Noch-Lebende in Todesstarre präsentieren.«

Kurowski, Ulrich: (= Dohter, Daniel): Der verhinderte Weltstar. Karl Valentin zur 25. Wiederkehr seines Todestags (9. 2.). In: Filmkorrespondenz 2 (1973). S. 20 f.
Filmhistorische Würdigung.

Kurowski, Ulrich: Die verkaufte Braut. In: Medium 2 (1973). Neu in: KVF 2. S. 64 f.
Essay.

Kusz, Fitzgerald: Drehtür des Denkens, Sprache als Slapstick. Jubilar Valentin: Sicher ist, daß nichts sicher ist, drum bin ich vorsichtshalber mißtrauisch! In: Nürnberger Zeitung (Wochenendbeilage) 5. 6. 1982*.
Essay. »Valentin und Goethe. Es gibt wohl kaum größere Gegensätze in diesem Jahr. Der eine ein Dichter, der andere schlichtweg ein Komiker. Da findet sie sich schon wieder, diese typisch deutsche Zweiteilung, die ich einfach nicht akzeptieren kann. Für mich ist Karl Valentin ebenfalls ein Dichter, denn die Kunst des Dialogs, in der er eine noch nie dagewesene Meisterschaft erreicht hat, ist bei uns arg unterentwickelt. Wir sollten froh sein, daß wir *überhaupt* einen Karl Valentin haben!«

Lachner, Johann: Ein komisches Genie. In: Süddeutsche Zeitung 3./4. 6. 1967.
Würdigung.

Lachner, Johann: Münchens großer Komiker. Karl Valentin wäre heute 80 Jahre alt geworden. In: Süddeutsche Zeitung 4. 6. 1962.
Würdigung.

Laederach, Jürg: Rost oder Das Denken ist immer. In: J. L.: Fahles Ende kleiner

Begierden. Vier minimale Stücke. Frankfurt a. M. 1981 (= edition suhrkamp 1075). S. 45 ff.
Ein Stück für »zwei Karl Valentins«.

Leyerer, Wolfgang: Was Valentin in seiner Figur des Buchbinders Wanninger darstellt und wie der Wissenschaftler H. Schwimmer dieses in ein Kommunikationsmodell verfabelt. In: KVF 4. S. 36 ff.
Interpretation des »Buchbinder Wanninger« und kritische Auseinandersetzung mit Helmut Schwimmer: Karl Valentin. A. a. O.

Liede, Alfred: Karl Valentin. In: A. L.: Dichtung als Spiel. Studien zur Unsinnspoesie an den Grenzen der Sprache. Berlin 1963. Bd. 1, S. 141 ff.
Vergleich Schwitters – Valentin und über das Panoptikum. »Das Lachen des Publikums, das der Sicherheit einer geistigen Ordnung und der Verständnislosigkeit für die namenlose Anarchie entspringt, beruhigt Valentins von Grauen zerrütteten Geist und sagt ihm, daß in der Welt vorläufig noch die ordnende Vernunft des Menschen triumphiert.«

Liesenborghs, Frauke: Ein Muss mit Mass. In: Weltwoche Magazin 23 (1982). S. 14 f.
Über das Valentin-Musäum.

Linder, Herbert: Karl Valentin in Stücken. Ein fragwürdiger Dokumentarfilm aus der DDR. In: Süddeutsche Zeitung 3. 12. 1968.
Verriß eines DDR-Fernsehfilms über Valentin.

L. L. (= Lade, Ludwig): Valentin ist gekränkt. In: Münchener Post 28. 8. 1931. Neu in: KVF 4. S. 95 f.
Zum Skandal um das Hilbinger-Foto vom »Firmling«.

Löffler, Adolf: Vom ewigen Münchner – Karl Valentin. In: A. L.: Stille Wanderung. München 1944. S. 60 ff.
Würdigung mit Beiträgen zum Panoptikum, Orchestrion und zur Sammlung Valentins.

Ludwig, Eberhard: Karl Valentin und Liesl Karlstadt: Der Firmling. Zweisprachlicher Text, Beschreibung, Fotos. In: Filmkritik 8 (1976). S. 342 ff.
Schön wär's, wenn es solche ausführlichen Transkriptionen für alle Filme Valentins gäbe!

Ludwig, Karl-Heinz: Platon und Karl Valentin. Von der Vergleichbarkeit des Unvergleichbaren. In: Neue Rundschau 1 (1977). S. 91 ff.
Dazu Brandlmeier: »Hier erfahren wir, daß sich die beiden Herren eigentlich unterscheiden, weil der eine mit der Begründung logischer Systeme zu tun hatte, der andere aber an Vernunft und Logik verzweifelt sei. Nach dieser Exposition geht es nur noch darum, überall, wo Valentin den zweckrationalen Mißbrauch von Vernunft und Logik aufzeigt, Valentin obiges Problem anzudichten. (...) Mit der Popperschen Nutzanwendung versucht hier die positivistische Wissenschaftsfeindlichkeit auf Valentins Kosten ihr affirmatives Süppchen zu kochen: Wenn Erkenntnis immer von neuem verifiziert werden muß, leitet Erkenntnis nicht praktische Konsequenzen an, sondern unterwirft die Erkenntnis der Praxis.« Thomas Brandlmeier: Filmkomiker. Die Errettung des Grotesken. A. a. O. S. 168.

Lutz, Günther: Die Stellung Marieluise Fleißers in der bayerischen Literatur des 20. Jahrhunderts. Frankfurt a. M./Bern/Cirencester/U.K. (= Europäische Hochschulschriften 312). I. b. S. 38 f./S. 59 f./S. 184 ff.
Am Beispiel Marieluise Fleißer werden bestimmte Grundzüge und Eigenarten der bayerischen Literatur erkennbar, die sich auch im Werk Valentins finden lassen: Realismus, Hang zur Autobiographie, Einzelgängertum, Theoriefeindlichkeit.
Lutz, Joseph Maria: Karl Valentin. In: J. M. L.: Die Münchner Volkssänger. Ein Erinnerungsbuch an die gute alte Zeit. Nach einer Sammlung von Erwin Münz bearbeitet. München 1956. S. 51 ff.
Porträt.

Macher, Hannes S.: Eine nicht ganz unseltsame G'schicht'. In: Münchner Stadtanzeiger 2. 12. 1983*.
Zum Valentin-Nachlaß und zu einem Gerichtsurteil über einen Abteilungsleiter a. D. des Münchner Stadtarchivs, der als Valentin-Fan über Jahrzehnte Dokumente aus dem Archiv als sein persönliches Eigentum betrachtete. Verschiedene Valentin-Dokumente sind seitdem unauffindbar.
Märker, Friedrich: Karl Valentin. In: F. M.: Die Kunst aus dem Gesicht zu lesen. Zürich 1971. S. 90 f.
Versuch einer physiognomischen Studie.
Mann, Victor: Wir waren fünf. Bildnis der Familie Mann. Konstanz 1949. I. b. S. 336 f./S. 393 f.
Erinnerungen. »... denn ich hatte in Valentin – den übrigens auch Heinrich und besonders Thomas sehr hoch schätzten – nie einen Clown gesehen, sondern den Menschen, der den Verschrobenheiten des Lebens noch stärkere Verschrobenheiten entgegensetzte, was die Zuschauer zum Lachen brachte.«
Marcorelles, Louis: Karl Valentin et le comique de brasserie. In: Le Monde 14. 10. 1980. Dt. in: KVF 4. S. 7 f.
Kurzporträt.
Mayer, Hans: Karl Valentin. In: H. M.: Brecht und die Tradition. Pfullingen 1961. S. 27 f.
Kurzporträt.
Mazur, Wolfgang: Filme, die Geschichte(n) machten. Valentin Karl. In: Film & Video 10 (1979). S. 76 ff.
Über Leben und Filme Valentins.
Melchinger, Siegfried: Der spinnete Clown. Erinnerungen an Karl Valentin – zum 100. Geburtstag am 4. Juni. In: Neue Zürcher Zeitung 28. 5. 1982.
Merta, Alfred: Ernster Streit um Komiker-Erbe. In: Kölner Stadt-Anzeiger 5./6. 6. 1982.
Zur Auseinandersetzung um den Valentin-Nachlaß in Köln, den die Witwe Niessens unter Verschluß halten will. »Karl Valentins Nachlaß enthält 413 Originale und 310 Duplikate. Da gibt es eine Mappe mit Schularbeiten des Komikers, ausgeschnitte (!) Bilder und Kritiken aus Zeitungen, Szenenfotos, Vereins- und

Familienchroniken, Texte, Exposés und auch das Adressbuch Münchens von 1870.«

Mette, Alexander: Über Angstzustände anläßlich der Unsicherheit über die Identität von Personen beim Kleinkind. (Bemerkungen zur Psychologie des Grauens und der Clownerie). In: Psychiatrie, Neurologie und medizinische Psychologie 12 (1954). S. 362 ff. I. b. S. 331.

»Wenn man sich näher mit der Komik der Clowns beschäftigt, fällt auf, daß sie sich sehr gern hart an der Grenze der Hervorrufung grauenhafter Eindrücke bewegt. *Karl Valentin's* bekannter Münchner Lach- und Gruselkeller war ein deutliches Beispiel für diese bemerkenswerte Nachbarschaft. Man begegnete dort manchen Spielarten des Gespensterschrecks, der Katastrophen- und Todesschauer, vermengt mit allerlei zumeist robustem Ulk und Schabernack. Genau genommen setzt sich das Repertoire bedeutender Clowns und Komiker zum großen Teil aus solchen Elementen zusammen. Der sogenannte ›urwüchsige Jux‹ wirbelt den belustigten Besucher durchweg zwischen unmißverständlichen Entsetzenslauten und atemberaubendem Gelächter hin und her. Es gehört zu seiner Methode, das Publikum, das sich an ihm ergötzt, durch irgendwelche raffiniert erfundenen Ungeheuerlichkeiten mit der Illusion der Aufhebung der Kausalität bis an den Rand des Grauens zu führen, um sogleich, ebenso unerwartet, ihre Gültigkeit wieder zu demonstrieren und die auf den Kopf gestellten Zusammenhänge durch einen Fingerdruck wieder zurecht zu rücken.«

Milczewsky, Renate: Der liegende Stehkragen. In: Münchner Leben 2 (1964). S. 27 f.
Zum Valentin-Musäum.

Münchhausen, Anna von: Wenn das Karl Valentin wüßte: Ordensbruder Helmut. In: Die Zeit 20. 1. 1984*.
Zur Verleihung des Valentin-Ordens 1984 an Helmut Kohl.

Münsterer, Hans Otto: Bert Brecht Erinnerungen 1917-1922. Zürich 1963. I. b. S. 179 ff.
U. a. präzise Beschreibung der Hochradnummer Valentins während der Aufführung von Brechts »Rote Zibebe«.

Münz, Erwin: Karl Valentin 1882-1948. Stationen seines Lebens. In: KVVD S. 311 ff.
Chronologische Biographie mit Aufführungsdaten, Materialien, Dokumenten und vielen Fotografien.

Münz, Erwin: Karl Valentin. Weitere Anekdoten. Freiburg i. Br., o. J.

Münz, Erwin und Elisabeth (Hrsg.): Geschriebenes von und an Karl Valentin. München 1978.
Opulenter Band mit umfangreichem Bildmaterial. Chronologisch geordnet finden sich in ihm Briefe, Programmzettel, Urkunden, Zeitungsausschnitte, kleinere Aufsätze, Fanpost u. a. m. Man kann in ihm Entdeckungen machen, und er ist auf jeden Fall eine Bereicherung der ohnehin unerfreulichen Materialsituation zu Valentin, wenn auch – vielleicht deswegen – viele unbedeutende Dokumente in ihm aufgenommen wurden.

Mumme, Klaus A.: Vor 99 Jahren wurde Karl Valentin geboren. In: Geldjournal. Kundenzeitschrift der Bayerischen Vereinsbank 1 (1981). S. 6 f. Zum Valentin-Musäum mit vielen bunten Fotos.

Nastvogel, Kurt-Uwe/Schatzdorfer, Gerhard: Der komische Film. 2 Bde. Schondorf am Ammersee 1982* (= Bibliothek der Populären Mythologie). S. Register Bd. 2, S. 167. Kurzbiographie und Filmographie.

Niessen, Carl: Befruchtung durch Karl Valentin. In: C. N.: Brecht auf der Bühne Köln 1959. S. 7 f.

Niessen, Carl: Karl Valentin (und die Münchener Volkssänger). (Katalog) München 1958.

Dieser Katalog der ersten Ausstellung nach dem Tod des Komikers ist immer noch ein wichtiges Dokument. Die einzelnen Exponate werden beschreibend vorgestellt, und man bekommt einen ziemlich genauen Eindruck von dem Material, das heute im Theatermuseum Porz-Wahn bei Köln lagert.

Niessen, Carl: Kehrt Valentins Nachlaß zurück? In: Münchner Merkur 23. 9. 1959 Neu in: KVF 4. S. 5 f.

Niessen verteidigt seinen Nachlaßankauf. »Unter schweren zusätzlichen Opfern habe ich den Valentinnachlaß erworben, um einer getreuen Schülerin das Arbeitsmaterial für eine Doktorarbeit über Karl Valentin zusammenzuhalten. (...) Ehe ich überhaupt zu Verhandlungen erschien wurde ich mit den Erben Valentins dahin einig, daß zuvor der Nachlaß (noch einmal!) der Stadt München angeboten werden sollte. Herr Stadtrat Prof. Held erschien denn auch in Planegg, erwarb eine Kleinigkeit und verzichtete ausdrücklich auf die Erwerbung des Übrigen. Dann erst schloß ich den Vertrag ab. Es bleibt also dabei, daß die Stadt nicht wollte denn mit Mangel an Mitteln kann sie sich nicht herausreden.« Der Nachlaß kostete 7000 Mark.

Nning: Valentin, der Schwierige. Der große Komiker vor der Kamera und auf der Leinwand. In: Münchner Abendblatt 18. 7. 1934.

Zum Film »Der Theaterbesuch« und allgemeine Bemerkungen zu Valentins Filmarbeit. »Wer Valentin im Atelier arbeiten sah, der kennt die Schwierigkeiten mit ihm. Aber es ist durchaus nicht zum Verzweifeln, wie schon mancher meinte. Denn Valentin hat Liebe zum Film,... Vielleicht ist es nur die Atelierluft, an die er sich noch nicht ganz gewöhnte. Vielleicht ist es ein Zuviel an Menschen, die herum beschäftigt sind und seine Blicke und seinen kuriosen Sinn in vogelhaft-flatternden Aufruhr bringen.«

Ophüls, Max: Spiel im Dasein. Eine Rückblende. Stuttgart 1959. I. b. S. 152 ff. Erinnerungen an »Die verkaufte Braut« und an Gespräche mit Valentin über Geld, Krankheiten, Gras und das Orchestrion.

Pallmann, Gerhard: Das Geheimnis um die Valentin-Filme. In: Münchner Merkur 31. 8. 1949. Neu in: KVF 1. S. 71 ff.

Würdigung.

Pallmann, Gerhard: Kleiner Ausflug in die Theatergeschichte. In: G. P. (Hrsg.):
Valentin's Lachkabinett. A. a. O. S. 197 ff.
Datierung und Spielorte der Stücke »Tingeltangel«, »Das Christbaumbrettl«,
»Der Firmling«, »Die Raubritter vor München«, »Der Bittsteller«, »Im Photoate-
lier«, »Die Mondrakete« und »An Bord«. Mit Hinweisen zu ihren Hintergründen
und Erfolgen.

Pallmann, Gerhard: Nachwort. In: G. P. (Hrsg.): Karl Valentins Panoptikum.
A. a. O. S. 210 ff.
Datierung und Spielorte der Stücke »Die verhexten Notenständer«, »Großfeuer«,
»Das Brillantfeuerwerk«, »Im Senderaum«, »Das Oktoberfest«, »Der Theaterbe-
such«, »Der Umzug«. Mit Hinweisen zu ihren Hintergründen und Erfolgen.

Pallmann, Gerhard: Volkssänger und Poet dazu. Zum Erscheinen von Karl Valentins
Nachlaß. In: Süddeutsche Zeitung 15. 11. 1950.
Pallmann über seine geplante Herausgabe des Nachlasses. »Nicht weniger als 412
Repertoirenummern hat Valentin sich und seiner Partnerin Liesl Karlstadt auf den
Leib geschrieben, darunter allein über 25 Stegreifkomödien, wovon die Mehrzahl
bei seinem Tode noch ungedruckt war.«

Passiert is was. Valentinaden erzählt von Gusti Grunauer-Brug. München 1977[6].

Pataki, Heidi: Krisenkasperl. Karl Valentins Leben und Filme. In: Neues Forum 288
(1977). S. 57 ff.
Ausführlicher Essay mit politischem und soziologischem Schwerpunkt. »Der
Grund für den heutigen Valentin-Boom liegt nicht nur in der nimmersatten Kultur-
maschine, seine Wiederentdeckung kommt zu einem ganz bestimmten Zeitpunkt:
bei Rezession und Massenarbeitslosigkeit. Das schärft den Blick! Auch für die
Valentinschen Qualitäten. Auf einmal ist die historische Parallele wieder da zu den
späten zwanziger, frühen dreißiger Jahren, als seine besten Arbeiten, die wichtigsten Filme entstanden.«

Patalas, Enno: Vor Geiselgasteig stand der Valentin. Zur Retrospektive seiner Filme
im Münchner Stadtmuseum. In: Münchner Rathaus Umschau 22. 4. 1976. Neu
in: KVF 2. S. 9 ff.
Der Direktor des Münchner Filmmuseums zum filmischen Nachlaß Valentins.

Paul, Arno: Valentin ohne Valentin. Vom produktiven Widerspruch Karl Valentins
Stücke ohne ihren Autor zu spielen. In: Theater heute 8 (1977). S. 24 ff.

Pemsel, Klaus: Haben Sie Hörer? In: KVVD S. 171 ff.
Valentin und der Rundfunk.

Pemsel, Klaus: Karl Valentin im Umfeld der Münchner Volkssängerbühnen und
Varietés. (Dissertation) München 1981. (mit Bibliographie)
Die Grundlage dieser Untersuchung bietet eine fundierte historische und soziologi-
sche Untersuchung des Volkssängertums, die fast die Hälfte der Arbeit ausmacht.
Nach linguistischen und theaterwissenschaftlichen Analysen des Werks Valentins
im Vergleich mit den Volkssängern kommt Pemsel zu dem Schluß: »Es ist seine
(Valentins, d. Verf.) Meisterleistung, gerade in den Singspielhallen mit ihrer beson-
ders strengen Konventionalisierung, Schablonisierung und Unterhaltungstriviali-

sierung, den konventionssprengenden Tendenzen seiner Stücke Gehör und Beifall verschafft zu haben.« Für Pemsel steht Valentin im wesentlichen in der Tradition der Volkssänger. Die Ausrichtung auf das Bühnenwerk läßt den unterschiedlichen Gebrauch der Medien Valentins, für den die Bühne ein Medium unter anderen war, unberücksichtigt, oder er wird in dem Kapitel »Nebenprodukte von Karl Valentins Schaffen« angedeutet.

Pemsel, Klaus: Karl Valentin: Volksverbunden – falsch verbunden? (Triumph des Unwillens). In: KVVD S. 54 ff.

»Die ›Verpackung‹ der Auftritte im Rahmen der Singspielhallenunterhaltung (und eben nicht im Rahmen der Bohémien-Cafés in Schwabing) sicherte der sehr individuellen und avantgardistischen Theaterform Valentins den populären Erfolg, der heute noch die Münchner von ›ihrem‹ Valentin schwärmen läßt. Es ist schon erstaunlich, wie eine so normensprengende Komik, die immer im Mißlingen endet, sich eine derartige Popularität bewahren kann.« Eben drum.

Penzoldt, Ernst: Valentiniaden. In: Neue Zeitung 2./3. 8. 1952. Neu in: KVF 4. S. 78.

Petzet, Wolfgang: Theater. Die Münchner Kammerspiele 1911-1972. München 1973. S. Register S. 629.

Pfaller, Oscar: Im Laufe der Zeit. Karl Valentin und die Weltgeschichte. In: Bayerland 5 (1979). S. 68 ff.

Gewollt witzige Verknüpfung von Lebens- und Geschichtsdaten.

Pflaum, Günther: Unsterblicher Valentin. In: Jugend Film Fernsehen 4-3 (1970). S. 187.

Zum gleichnamigen Film.

Pflaum, Hans Günther: Die Filme Valentins. In: KVVD S. 198 ff.

Ausführliche Beschreibung und Würdigung aller Filme mit Materialien, Textauszügen und vielen Fotografien.

Pflaum, Hans Günther: Karl Valentin blieb Sieger. Wiederaufführung von Engels »Kirschen in Nachbars Garten«. In: Süddeutsche Zeitung 26. 9. 1977.

Rezension.

Pflaum, Hans Günther: Valentin mit V. Weiterleben im Kino – Zum 100. Geburtstag. In: Süddeutsche Zeitung 4. 6. 1982.

Würdigung der Filme.

Pflieger, Max: Valentin vor dem Mikrophon. Das berühmte Komikerpaar Valentin-Karlstadt auf der Schallplatte. In: Süddeutsche Sonntagspost (Radiozeitung) 21. 4. 1929.

Beobachtungen während einer Schallplattenaufnahme.

Pinder, Wilhelm: Landkarte des Humors. In: Schöffler, Herbert: Kleine Geographie des deutschen Witzes. A. a. O. S. 3 ff. I. b. S. 4 f.

Zum bayerischen Humor und Valentin.

Pinthus, Kurt: Karl Valentin. In: Das Tagebuch 5 (1924)*. S. 1352 f.

Porträt. »Er ist der Vorstadtkomiker zur Klassizität erhoben. Er tut, was jeder Vorstadtkomiker tut, aber er tut es bewußt, mit äußerster Präzision, mit einem Hauch von Mitteln eine Lawine von Wirkungen erzeugend. Die schlemihlige Ge-

drücktheit, die enttäuschte Demut, die niedergepreßte soziale Rebellion, die blö-
den Späsße, was alles beim Vorstadtkomiker so traurig wirkt, weil es Elendsbe-
kenntnis ist, wirkt hier komisch, weil es mit bewußter Ironie, aus überlegter Wut,
ein ganz klein wenig übersteigert, dargeboten wird. (...) Manche preisen ihn als
den größten Komiker unserer Zeit und merken nicht, daß sie einen großen Tragi-
ker gesehen haben, der sich nicht anders als komisch ausdrücken kann. So läßt
sich in wenigen Sätzen das Geheimnis seiner Komik enthüllen, über das späterhin
Andere Bücher schreiben werden.«

Piper, Reinhard: Mein Leben als Verleger. Vormittag. Nachmittag. München 1964.
I. b. S. 354 ff.
Kurzporträt mit einem längeren Zitat von Bertl Valentin-Böheim.

Polcuch, Valentin: Karl Valentin oder die vertane Chance. Donner, Blitz und Sonnenschein. In: Die Welt 6. 8. 1973. Neu in: KVF 2. S. 59 f.
Zu den Filmen.

Polcuch, Valentin: »Leben ja, aber halt wie!«. Der redliche Clown aus Münchens Au
– Karl Valentin würde heut hundert. In: Die Welt 4. 6. 1982.
Porträt.

Polgar, Alfred: Karl Valentin. In: A. P.: Auswahl. Prosa aus vier Jahrzehnten. Reinbek bei Hamburg 1968. S. 338 f.
Immer wieder veröffentlicht. Gern wird sein Satz zitiert: »Er ist ein Gespenst und
doch ein Münchner.«

Pragal, Peter: Die Einbürgerung des Linksdenkers. Ein Oberlausitzer Rentner macht
die DDR mit seinem Münchner Verwandten Karl Valentin bekannt. In: Süddeutsche Zeitung 31. 12. 1977.
Über einen Valentin-Sammler.

Prager, Michael: Karl Valentins Lachkabinett. In: Action (Wien) 2 (1969). S. 27.
Neu in: KVF 4. S. 53 ff.
Ausführliche Rezension des gleichnamigen Buchs.

Prager, Willy: Sie werden lachen: nichts erfunden – alles erlebt. Berlin 1948. I. b.
S. 85 ff. Neu in: KVF 3. S. 93 ff.
Erinnerungen.

Priessnitz, Reinhard: Über Karl Valentin. In: KVF 1. S. 49 ff.
Zur Komik Valentins.

Prosel, Theo: Erinnerungen an Karl Valentin. In: Th. P.: Freistadt Schwabing. Erinnerungen des Simplwirts. München 1951. S. 113 ff.

Radecki, Sigismund von: Karl Valentin. In: S. v. R.: Das ABC des Lachens. Reinbek
bei Hamburg 1953 (= rororo Taschenbuch 84). S. 253 ff. Neu in: KVF 3.
S. 113 ff.
Anekdoten.

Radlmaier, Steffen: Dieser Mensch ist ein Witz. Phänomen Karl Valentin. In: Nürnberger Nachrichten (Wochen-Magazin) 5./6. 6. 1982.
Ausführliche Würdigung.

Reich, Bernhard: Im Wettlauf mit der Zeit – Erinnerungen aus fünf Jahrzehnten

deutsche Theatergeschichte. Berlin 1970. I. b. S. 267 ff. Neu in: KVF 3. S. 121 f.
Über »Die Musikprobe« und Brecht.

Reichert, C.-L.: Das Valentin-Musäum. Geöffnet auch bei Regenschein. In: Szene
München 5 (1976). S. 10 f.

Reichmann, Monika: Valentins Musäum. In: Merian (München) 12 (1971). S. 91 ff.

Reimann, Hans: Karl Valentin. In: Das Tagebuch 4 (1923)*. S. 554 ff.
Zum »Tingeltangel«. »Was zu bemerken übrig ist: Valentin, das Münchner Uni-
kum, schafft seine eigenen Rollen nebst Zubehör. Er produziert und reproduziert.
Beides in gleichem Maße vollendet.
Er verzichtet auf Zoten und Geschmacklosigkeiten. Er macht keine Konzessionen.
Er ist diskret in seinen Wirkungen und läßt lieber eine Pointe unter den Tisch
fallen, als dass er sie auf den Tisch hinknallte. (...) Wäre er ein winziges bissel
komischer, so hätte die Komik ein Ende.«

Reimann, Hans: Mein blaues Wunder. Lebensmosaik eines Humoristen. München
1959. I. b. S. 318 ff.
Erinnerung an eine Spritztour mit Valentin und Karlstadt und an die Wiener
Auftritte.

r. f.: Abschied von Karl Valentin. In: Münchner Tagebuch 14. 2. 1948.
Nekrolog.

Riegler, Theo: Geschichten um Karl Valentin. In: Münchner Stadtanzeiger 14. 2.
1978.
Anekdoten.

Riegler, Theo: Karl Valentins letzter Auftritt. In: Süddeutsche Zeitung 31. 1. 1978.
Valentin und der Rundfunk.

Riegler, Theo: Liesl Karlstadt. In: Süddeutsche Zeitung 27. 7. 1970.
Kurzporträt.

Riegler, Theo: Das Liesl Karlstadt Buch. München 1961.
Diese bisher einzige Biographie liest sich wie eine Anekdotensammlung. Trotzdem
lohnt die Lektüre, denn man erfährt einiges über die Zeit der »Ritterspelunke«
und erahnt die Schwierigkeiten Karlstadts mit Valentin. Man wünscht sich einen
neuen Biographen mit größerer Distanz.

Riegler, Theo: Vom Schreinergesellen zum Bühnenstar. In: Münchner Stadtanzeiger
4. 6. 1982.
Größeres Porträt und Anekdoten.

Riha, Karl: Gesangsclownerien. Glosse zu Karl Valentin. In: K. R.: Moritat, Bänkelsong, Protestballade. Kabarett-Lyrik und engagiertes Lied in Deutschland. König-
stein/Ts. 1979² (= Athenäum Taschenbücher 2100). S. 88 ff.
Analysen einiger Gesangsnummern Valentins, die Riha in die Nachbarschaft von
Dada- und Merzkunst stellt. Vgl. die Kapitel »Der Volkssänger« und »Der Lied-
parodist«.

Rivel, Charlie: (Interview). In: Playboy Interview 3. München 1980 (= Moewig
Taschenbuch 6407). S. 77 ff. I. b. S. 99 f.
Valentin und Rivel pinkeln gegen das Bühnenbild von »Tosca« im Deutschen
Theater.

Roellinghoff, C. K.: Der bayrische Valentino. In: KVF 4. S. 84 f.

Gedankenspiele.

Roloff, Ernst: Karl-Valentin-Museum. In: E. R.: Museen, die nicht jeder kennt. Ein
Führer durch 125 Spezialmuseen in Deutschland. Gütersloh 1964. S. 129 f.

Zum Valentin-Musäum.

Roth, Eugen: Valentins Gruselkeller. In: E. R.: Lebenslauf in Anekdoten. München
1962. S. 104 f.

Rühle, Arnd: Unbekanntes zum 100. Geburtstag des Kreuz- und Querdenkers Karl
Valentin. Das komische Phänomen. In: Münchner Merkur 4. 6. 1982.

Zur Valentin-Rezeption.

Rühmann, Heinz: Das war's. Erinnerungen. Berlin/Wien 1982. I. b. S. 87 f.

Ruf, Wolfgang: Krieg mit dem Schwank. In: Die Zeit 27. 7. 1973.

Zum Film: »Donner, Blitz und Sonnenschein«.

Rundfunkszenen als Schriftsachen. In: Entscheidungen des Reichsgerichts in Zivilsachen. Berlin/Leipzig 1928. Bd. 121, S. 65 ff.

Beschreibung des Urteils im Plagiatprozeß um die Szene »Im Rundfunksenderaum«. Vgl. auch Gritschneider, Otto: Karl Valentin vor dem Reichsgericht.
A. a. O.

Sackett, Robert Eben: Popular Entertainment, Class, and Politics in Munich, 1900-
1923. Cambridge, Massachusetts/London, England 1982*. (mit Bibliographie)
Materialreiche Darstellung der Volkssänger und ihres Publikums. Die Beschrän-
kung auf eine bestimmte Zeitspanne kommt der Arbeit zugute. So kann die Arbeit
nicht nur als ein Beitrag zu Valentin, über den es für diese Zeit kaum Einschätzun-
gen gibt, und Weiß Ferdl gelesen werden, sondern als ein allgemeiner zur Klein-
bürgerkultur in der Weimarer Republik. Unter anderem interpretiert der Autor
»Die Raubritter vor München« als Anti-Nazi-Stück.

Schaeffers, Willi: Tingel Tangel. Ein Leben für die Kleinkunst. Aufgezeichnet von
Erich Ebermayer. Hamburg 1959. I. b. S.107 ff.

Erinnerungen an Valentin und Weiß Ferdl.

Schauermann, Karl: Natural Comic of Munich Fears Railroads, Ships. In: The Mil-
waukee Journal 30. 1. 1929. Dt. in: KVF 4. S. 85 ff.

Zeitgenössisches Porträt für Amerika.

Schaumeier, Christine: Chronologisches Werkverzeichnis Karl Valentin. In: KVVD
S. 291 ff.

Berücksichtigt nur Veröffentlichungen und erhebt keinen Anspruch auf Vollständigkeit. Sehr hilfreich bei der Suche nach einem bestimmten Stück.

Scher, Peter: Begegnung mit Karl Valentin. In: Das Tagebuch 7 (1926). S. 1690 f.

Anekdote zu Kunst und Regligion.

Scher, Peter: Der deprimierte Komiker. In: P. S.: Der Himmelfahrtstrank. Berlin
1940. S. 151 f.

Erinnerung an ein Gespräch mit Valentin über Depression.

Scher, Peter: Valentinade. In: Uhu 5 (1926/27). S. 119 f. Neu in: Das Tagebuch 10
(1929). S. 2262.

Mit Valentin und Karlstadt in der Trambahn.

Scher, Peter/Sinsheimer, Hermann: Vom Valentin, vom Ringelnatz und anderen Raritäten. In: P. S./H. S.: Das Buch von München. München 1928. S. 96 ff.
Porträt.

Scheugl, Hans/Schmidt, Ernst: Karl Valentin, der Dialektiker des Humors. 1. Teil in: Film 12 (1967). S. 22 ff.; 2. Teil in: Film 1 (1968). S. 19 ff.
Frühe filmhistorische Würdigung und Interpretationen der wichtigsten Filme.

Scheugl, Hans/Schmidt jr., Ernst: Eine Subgeschichte des Films. Lexikon des Avantgarde-, Experimental- und Undergroundfilms. 2 Bde. Frankfurt a. M. 1974 (= edition suhrkamp 471). S. Index S. 1305.
U. a. Valentin als Vorläufer des Expanded Cinema. Es ist schön, Valentin in diesem fantastischen Lexikon so häufig zu begegnen, zumal er in den Lexika zur modernen Literatur nur als Marginalie auftaucht.

Schmidt jr., Ernst: Karl Valentins Filme. In: Falter 3 (1984)*.
»Er ist einer der Ahnherrn der Medienkunst insofern, als er deren Mechanismen durchschaute und parodierte.«

Schmit, Tomas. (Katalog) Köln 1978*.
Schöner Katalog, in dem der Fluxus-Künstler und Zeichner jedes seiner Werke beschreibt. In Kat.-Nr. 3 tritt Valentin persönlich auf und in Kat.-Nr. 187 der Ritter Unkenstein.

Schneider, Herbert: Im Tode ein heiteres Antlitz. Vor 20 Jahren starb Karl Valentin – Komiker, Philosoph und Linksdenker. In: Münchner Merkur 8. 2. 1968.

Schöffler, Herbert: Kleine Geographie des deutschen Witzes. Göttingen 1970 (= Kleine Vandenhoeck-Reihe 9/9 a). I. b. S. 62 f.
Valentin und der bayerische Humor.

Schöne, Günter: Karl Valentin. In: Maske und Kothurn 1 (1969). S. 82 ff.
Porträt.

Schreck, Joachim: Nachwort. In: Karl Valentin: Monologe, Dialoge, Couplets, Szenen. Berlin 1973. S. 432 ff.
Eine der besten Einführungen in Leben und Werk.

Schreiber, Hermann: Bayern anekdotisch. München 1981 (= dtv Taschenbuch 1663). I. b. S. 124 f.

Schuh, Oscar Fritz: So war es – war es so? Notizen und Erinnerungen eines Theatermanns. Frankfurt a. M./Berlin 1980. I. b. S. 18 ff. Neu in: KVF 4. S. 83.

Schulte, Michael: Brezn und Happening. Unbekanntes von Karl Valentin. In: Münchner Merkur 25./26. 1. 1969.
Abdruck eines unbekannten Dialogs von Valentin aus dem Jahr 1942 und der Rede »Volksgenossen und Volksgenossinnen«.

Schulte, Michael: Herr Valentin, warum lieben Sie nur dicke Frauen? In: Petra 9 (1978). S. 210 ff.
Porträt in Form eines Interviews.

Schulte, Michael: Karl Valentin. In Selbstzeugnissen und Bilddokumenten. Reinbek bei Hamburg 1968 (= rowohlts monographien 144). (mit Bibliographie)
Erste kompetente Darstellung von Leben und Werk.

Schulte, Michael: Karl Valentin. Eine Biographie. Hamburg 1982. (mit Filmo-, Disko-, Auswahlbibliographie)
Grundlage für diese Biographie ist die Monographie des Autors von 1968. Die in der Zwischenzeit wesentlich verbesserte Materiallage findet hier ihren Niederschlag, vor allem in der Einschätzung des Volkssängertums und der Filmarbeit Valentins. Doch bleibt Schulte sich in seiner Grundeinstellung treu, nach der es zwar Gemeinsamkeiten zur Moderne und zum absurden Theater gibt, aber Valentin doch eigentlich naiv und konservativ war. Teilweise bisher unbekannte Fotos ergänzen das Buch. Aufregendster Hinweis: im Nachlaß von Hermann Broch liegt ein Typoskript der »Raubritter vor München«.

Schulte, Michael: Liesl Karlstadt. In: KVVD S. 83 ff.
Textidentisch mit Schulte, Michael (1982): Karl Valentin. A. a. O. S. 47 ff.

Schulte, Michael: Meister des Tiefsinns im Unsinn. In: ZEITmagazin 23 (1982). S. 30 ff.
Porträt.

Schulte, Michael: Valentin für Studenten. Frankfurter Lehrauftrag über den Münchner Komiker. In: Münchner Merkur 10./11. 11. 1973.
Erfahrungsbericht.

Schultes, Bertl: Bestellt und nicht abgeholt: Karl Valentin. In: B. S.: Ein Komödiant blickt zurück. Erinnerungen an Ludwig Thoma, das Bauerntheater und deren Freunde. München 1962. S. 70 ff.

Schwarz, Georg: Unter Münchens Himmel. Das Bild einer Stadt. München 1957. I. b. S. 53 ff.
Anekdoten.

Schwimmer, Helmut: Karl Valentin. Eine Analyse seines Werkes mit einem Curriculum und Modellen für den Deutschunterricht. München 1977 (= Analysen zur deutschen Sprache und Literatur. (Mit chronologischem Werkverzeichnis, Filmo-, Disko-, Bibliographie)
Alle Seiten des Valentinschen Werks will diese Analyse abdecken. Doch ist sie eher abschreckend, besonders für Schüler und Lehrer, die sich mit Schwimmers wissenschaftlichem Jargon rumschlagen müssen. Der Autor macht es sich in seiner Oberflächlichkeit zu einfach, indem er beispielsweise die »vier Grundbedingungen der Valentinschen Komik« analysiert, diese in ein festes Korsett preßt und mit Zitaten der Klassiker der Theorie untermauert. So wird u. a. Valentins Gestalt als häßlich interpretiert, eben weil Freud festgestellt hatte: »Gegenstand der Komik ist das Häßliche in irgend einer seiner Erscheinungsformen.« Solche Simplifizierungen ziehen sich durch die ganze Untersuchung. Dennoch macht der Text auf ein spezifisches Problem aufmerksam: die Schwierigkeit, über Valentin wissenschaftliche Aussagen zu treffen. Valentin selbst hat den wissenschaftlichen Sprachjargon so treffend bloßgestellt, daß jeder Versuch, ihn in seinem Falle wieder einzuführen, lächerlich wirken muß. Vgl. auch: Weigel, Hans: Der soziokulturelle Klassiker. A. a. O.

Schwimmer, Helmut: Karl Valentin und die Moderne. In: Schmankerl. Literarische Blätter für bairisch-österreichische Mundart 9 (1971). S. 1 ff. Fortsetzung 10 (1971). S. 1 ff.

»Ohne es zu wollen, hat Valentin in seinen besten Leistungen Werke geschaffen, deren Kunstcharakter und deren Parallelität zur modernen Literatur und Kunst heute nicht mehr bestritten werden.«

Schwimmer, Helmut: Das Spiel mit der Sprache bei James Joyce und Karl Valentin. In: Neue Musik 2 (1961). Neu in: KVF 2. S. 15 ff.

Schwimmers entdeckte Gemeinsamkeiten: die »neologistische Konstruktion künstlich aufgeblasener Titel- und Berufskomposita«, die Steigerung der wissenschaftlichen Fachsprache ins »Hintersinnig-Hypertrophische«, »homonyme Wortspiele«, »Neologismen«, in der Verwendung von »Oxymoron« und »Synästhesie« und »montierte Wortungetüme«. »Manche der eben aufgeführten Wortmontagen lassen sich auch aus den Fehlleistungen des Verhörens, Versprechens und Verschreibens erklären, wie sie gerade bei so hypersensiblen und nervösen Menschen wie Joyce und Valentin häufig anzutreffen sind.«

Schygulla, Hanna: sehr verehrter valentin. In: schumann, peter: kreatives literaturlexikon – ein erster ansatz –. Starnberg 1974. S. 49 ff.

Liebeserklärung der Valentin-Sammlerin in Form eines Briefs. »nichts ist dir selbstverständlich. alles bringst du in bewegung bis es aufbricht und entgleist und dann endlich ein zweiter oder dritter hintersinn zu tage kommt. alles stellst du in frage, die kategorien der zeit, des besitzens, der identität, der zahlen und maße... und wie jemand, der etwas verloren hat, das er unbedingt wiederfinden muß, reißt du die schubladen der ratio auf und leerst sie auf den boden und man kann nur staunen, was sich da alles angesammelt hat.«

Seegers, Armgard: Komik bei Karl Valentin. Die sozialen Mißverhältnisse des Kleinbürgers. Köln 1983* (= Pahl-Rugenstein Hochschulschriften 137). (Mit Bibliographie)

Die Dissertation versucht die verschiedenen einschlägigen Komiktheorien auf Valentin anzuwenden. »Warum und worüber lacht man eigentlich bei Karl Valentin?« Nun gibt es Leute, die können bei Valentin überhaupt nicht lachen, lachen an der falschen Stelle oder kriegen sich nicht mehr ein. Ob Wissenschaft zur Erklärung des Lachverhaltens beitragen kann, bleibt auch nach dieser Arbeit offen.

Seeliger, Rolf: Valentins Geistergarten. In: Theater und Zeit 3 (1961). S. 257 f.

Zum Valentin-Musäum.

Seeßlen, Georg: Spurensuche: Karl Valentin. Bayrische Triologie (1. Lieferung). In: Medium 3 (1982). S. 39 ff.

Ausführliche Würdigung der Filme, des Lebens und Werks und Anmerkungen zur Rezeption. »Das bevorzugte sprachliche Medium Valentins war das Potential und das Konditional, während er den relativierenden und ganz und gar unbayrischen Konjunktiv als ausgesprochen gefährliche Klippe zu umschiffen hatte. Er kann einem dritten nichts von einem ersten wiedergeben, vielmehr schafft er auch als Medium Fakten. Spricht er *von* jemandem, setzt er diesen in schiefes Licht (er hat kein anderes), spricht er *mit* jemandem, so stellt er den in die Dunkelheit.«

Seeßlen, Georg: Zwei Komiker des Absoluten: Jacques Tati und Karl Valentin. In: G. S.: Klassiker der Filmkomik. Eine Einführung in die Typologie des komischen

Films. München 1976. S. 94 ff. Veränderte Ausgabe: Reinbek bei Hamburg (= rororo Taschenbuch 7424). S. 82 ff.
Porträt.

Seeßlen, Georg/Kling, Bernt: Karl Valentin. In: G. S./B. K.: Unterhaltung. Lexikon zur populären Kultur. Bd. 2. Reinbek bei Hamburg 1977 (= rororo Taschenbuch 6210). S. 94.
Kurze Würdigung.

Seggelke, Herbert: Karl Valentin, der »Sargtischler«. In: KVF 4. S. 88 f.
Erinnerungen des Regisseurs an Valentin im Jahr 1944.

Se. (= Seggelke, Herbert): Videant Consules! In: Der neue Film 4 (1948). Neu in: KVF 4. S. 90.
Nekrolog. »Valentin ist tot. Aber vielleicht kann die Hinterlassenschaft seiner schlechten Erfahrung mit der Filmindustrie doch ein Gutes zeitigen. Wenn sie nämlich von jenen Verantwortlichen, die die Film-Konfektion ablehnen, als Erinnerung an die Tatsache empfunden wird, daß der Weg zur Kunst über die unbequeme Chance des Einmaligen führt.«

Seitter, Walter: Der große Durchblick. Unternehmensanalysen. Berlin 1983 (= Merve 110). S. 15.
Kurzer Hinweis auf Valentin, der von den modernen Autobahnen befürchtet haben soll, »sie könnten so breit werden, wie sie lang sind«.

Selig, Wolfram: Valentin ohne Valentin, Wiederentdeckung und Aufführungen seit 1948. In: KVVD S. 277 ff.
Unkritische Auflistung.

Simmen, Jeannot/Drepper, Uwe: Fahren in der Fall-Linie. In: Daidalos 9 (1983)*. S. 106 ff. I. b. S. 107.
Bemerkung zu Valentins Fahrstuhl im Panoptikum.

Simon, Karl Günther: Das Absurde lacht sich tot. In: Akzente 5 (1958). S. 410 ff.
Mit Bemerkungen zum »Ententraum«.

Sinsheimer, Hermann: Karl Valentin. In: H. S.: Gelebt im Paradies. Erinnerungen und Bekenntnisse. München 1953. S. 180 ff. Neu in: KVF 1. S. 36 ff.
Würdigung mit Schwerpunkt auf die »Leiblichkeit« des Komikers.

Skarba, Walter Maria: Witze waren ihm zutiefst zuwider. Weggenossen berichten über Erlebnisse mit dem großen Komiker. In: Süddeutsche Zeitung 4. 6. 1982.
Erinnerungen von Amalie Wellano, Hans Blädel, Gustl Ehm, Anne-Marie Fischer-Grubinger, Hannes König, Wilfried Feldhütter, Georg Blädel und Theo Riegler.

Sommer, Siegfried: »Goggs« und Regenschirm. In: Süddeutsche Zeitung 9. 2. 1950. Neu in: KVF 1. S. 76 f.
Besichtigung des Valentin-Nachlasses in Planegg.

Sommer, Siegfried: Karl Valentin. In: S. S.: München für Anfänger. Zürich 1958. S. 85 f.
Anekdoten.

Sommer, Sigi: Der ›Onkel Karl‹ würzte Apfelkompott mit Maggi. In: AZ München 5. 6. 1979.
Anekdoten.

Springorum, Friedrich: Münchner Volkshumor. Unbekanntes vom Valentin. In: Städtische Sparkasse. (Festschrift) München 1958. S. 25 ff.
Erinnerungen.

Stankiewitz, Karl: In der Vaterstadt ein Fremder? In: Münchner Stadtanzeiger 4. 6. 1982.
Zur Valentin-Rezeption in München.

Starke, Ottomar: Was mein Leben anlangt. Erinnerungen. Berlin 1956. I. b. S. 82 f. Neu in: KVF 3. S. 117 f.

Stemplinger, Eduard: Karl Valentin. In: E. S.: Von berühmten Schauspielern. 270 Anekdoten aus authentischen Quellen gesammelt. München 1939. S. 162 ff.

Stern, Karl: Die Feuerwolke. Salzburg 1954. I. b. S. 229.
Erinnerung in England.

Sternberger, Dolf: Ein deutscher Klassiker: Karl Valentin. In: Frankfurter Allgemeine Zeitung 18. 4. 1970. Neu in: KVF 1. S. 79 f.
»Ich glaube nicht, daß je zuvor ein einzelner Autor und Darsteller eine vergleichbare Zahl von Clowns-Dialogen erfunden hat. Valentin stellt in der Sprach-Clownerie, in der grammatischen und logischen Komik eine ebenso außergewöhnliche Potenz dar wie Chaplin in der pantomimischen. Beide sind weit mehr als bloße Spaßmacher oder Humoristen. Beide sind durch und durch komische Existenzen. Sie sind nicht geniale Komiker, sondern komische Genies.«

Straub, Eberhard: Ein verzweifelter Komiker. Betrifft: Herrn Karl Valentin. In: Frankfurter Allgemeine Zeitung 14. 8. 1982*.
Ausführliche Rezension der Valentin-Ausstellung 1982.

Sünwoldt, Sabine: Weiß Ferdl und Karl Valentin: Gedanken zu zwei ›Antipoden‹. In: S. S.: Weiß Ferdl. Eine weiß-blaue Karriere. München 1983. S. 167 ff.
»Hier Weiß Ferdl, der ehrgeizige Kämpfer, der sich extrovertiert und optimistisch gab, dem sein Erfolg Selbstbewußtsein verlieh und die Fähigkeit mit der Welt um sich herum zurechtzukommen – dort Valentin, der von seiner Kunst Besessene, der in sich selbst verkrochene Einzelgänger, den Pessimismus und Selbstzweifel immer wieder in Depressionen trieb. Hier der pralle Altöttinger, für den die Ordnung und die Werte, in welchen er erzogen worden war, immer Gültigkeit behielten – dort der erwachsen gewordene Bub aus der Au, den das verwirrte, was er hinter der Fassade dieser Ordnung und dieser Werte sah.«

Thoeny, Wilhelm: Varieté. In: W. Th.: ... mit y. Graz 1953. S. 103 ff.
Erinnerungen an einige Auftritte Valentins.

Till, Wolfgang: Marionette Karl Valentin. In: Die Zwanziger Jahre in München. (Katalog) München 1979. S. 694.
Abbildung der Marionette und kurze Würdigung Valentins.

Topor, Roland: Memoiren eines alten Arschlochs. Zürich 1980 (= Diogenes Taschenbuch detebe 20 775). I. b. S. 137.
Kurz aber bemerkenswert.

Trouwborst, Rolf: Glanz und Elend eines Komikers. Karl Valentin und sein Nachlaß. In: Darmstädter Echo 19. 3. 1955.
Beschreibung des Nachlasses in Köln.
Tucholsky, Kurt: Der Linksdenker In: K. T.: Deutschland, Deutschland über alles. Berlin 1929. S. 134 ff. Reprint: Reinbek bei Hamburg 1973.
Immer wieder veröffentlicht und zitiert.
Tucholsky, Kurt (= Panter, Peter): Zwecks Lachung. In: Die Weltbühne 18 (1932). S. 683 f.
Über »Das Karl Valentin Buch«. A. a. O. »Und Valentin als Loreley ... das müßt ihr euch selber ansehn. Worte sagen es nicht, göttlich ist dies Gebild.«

Ullmann, Regina: Karl Valentin. In: Neue Schweizer Rundschau 3 (1950)*. S. 186 f.
Rezension des Buchs von Hauserstein.
Unterstöger, Hermann: Valentinstag. In: Süddeutsche Zeitung 4. 6. 1981. Neu in: KVVD S. 288 ff.
Kritische Anmerkungen zur Valentin-Rezeption.

Valentin, Bertl: »Du bleibst da, und zwar sofort!« Mein Vater Karl Valentin. München 1972².
Erinnerungen mit Dokumenten und Fotografien. Besonders hervorzuheben ist der Bericht des Psychologen und Dichters Alexander Mette über das Panoptikum.
Valentin-Böheim, Bertl: Zum Geleit. In: Pallmann, Gerhard: (Hrsg.): Karl Valentin's Lachkabinett. A. a. O. S. 5 ff.
Erinnerungen der Tochter Valentins.
Valentin-Musäum. (Katalog) München o. J.
Mit Beiträgen von Hannes König, Gudrun Köhl, Ernst Hoferichter, Wilhelm Hausenstein und Karl Valentin. Ausstellungs-Verzeichnis.
Valentin Volkssänger Musäum. (Katalog) München 1960.
Erster Katalog des Valentin-Musäums.
Völker, Klaus: Groteskformen des Theaters. In: Akzente 4 (1960). S. 321 ff. Überarbeitet und erweitert unter dem Titel: Das Phänomen des Grotesken im neueren deutschen Drama. In: Sinn oder Unsinn? Das Groteske im modernen Drama. Basel/Stuttgart 1962 (= Theater unserer Zeit 3). S. 9 ff. I. b. S. 21 ff.
Kurze Interpretationen einiger Szenen.
Vogler, Erna: Deutschlands klassischer Komiker. Karl Valentin zum Gedächtnis. In: Aufbau 4 (1948). S. 336 ff.
Nekrolog mit Erinnerungen an das Panoptikum. »Alles im Keller brachte die Lachmuskeln in heftige Erschütterung, aber doch nur die des aufgeschlossenen, des humorvollen, vielleicht kann man sogar sagen, des gebildeten Menschen. Denn das Anschauen aller Dinge in diesem originellen Keller verlangte unverbildeten Humor, schnelles Erfassen, rasche Kombinationsgabe und Assoziationstalent – nicht zuletzt Freude am Wort, an der Veranschaulichung eines Begriffes, einer Gedichtzeile.«

Waldau, Gustav: Ein Künstlerleben unserer Zeit erzählt von Walther Ziersch. München/Wien/Leipzig 1942. I. b. S. 270 f.
Abdruck eines Geburtstagsbriefs von Valentin.

Wanninger, Karl: Valentin-Musäum. In: Münchner Leben 2 (1960) S. 6 ff.

Was sag'n jetzt Sie zum Karl Valentin? Meinungen und Erinnerungen. Hrsg. v. Valentin-Musäum München. München 1982.
Mit Beiträgen von: Erich Kiesl, Bertl Böheim-Valentin, Teddy F. Backes, Franziska Bilek, Georg Blädel, Klaus Budzinski, Gustl Ehm, August Everding, Dr. Wilfried Feldhütter, Gustl Flemisch, Dr. Rolf Flügel, Anneliese Friedmann, Thomas Herrmann, Prof. Dr. Herbert Hohenemser, Prof. Hans Hömberg, Ludwig Hollweck, Hannes König, Wilhelm Lukas Kristl, Martin Lankes, Prof. Dr. Alexander Mette, Anton Sailer, Herbert Schneider, Erni Singerl, Sigi Sommer, Karl Wanninger, Werner A. Widmann, Karl Kurt Wolter, Kurt Wilhelm, Rudolf Zierle. Viele Fotografien.

Was war wahr? Was wahr war! Karl Valentin. Anekdotisches gesammelt von Hannes König. Vorwort v. Bertl Böheim-Valentin. Offenbach a. M. 1969 (= Kumm-ologien 116).

Weibel, Peter: Komik als Kunst. Zum hundertsten Geburtstag von Karl Valentin am 4. Juni. In: Die Presse (Wien) 5./6. 6. 1982.
Ausführliche Würdigung und Interpretration als Avantgardist. »Karl Valentin hat uns die Welt als ›man sagt halt so‹ und die ›Sprache als Verhexung unseres Verstandes‹ (Wittgenstein), die Wirklichkeit als Scheinproblem der Sprache, als ›Epiphänomen der Kommunikation‹ (Oswald Wiener) vorgeführt, aber auch als Erlösung, als List gegen den Terror der Gesellschaft und Natur. Er hat das Glaubwürdige unglaubwürdig gemacht und dem Unglaubwürdigen eine glaubwürdige Form gegeben. Kommt Goya das Verdienst zu, in die Komik die Phantastik eingeführt zu haben, so hat Valentin die Logik des Absurden. Zu seinem 100. Geburtstag am 4. Juni, ist es für unser Jahrhundert an der Zeit, sich Karl Valentin anzueignen und ihn in eine Reihe mit Lichtenberg, Nestroy, Molière, Jarry, Carroll, Laurence Sterne, Arp, Beckett usw. zu stellen.«

Weigel, Hans: Der soziokulturelle Klassiker. Wissenschaftlicher Versuch, uns Karl Valentin abzugewöhnen. In: Frankfurter Allgemeine Zeitung 14. 1. 1978. Neu in: KVF 4. S. 42 f.
Vernichtende Kritik des Buchs von Helmut Schwimmer: Karl Valentin. A. a. O.

Weigl, Eugen: Valentin-Musäum. In: Bayerland 8 (1967). S. 30 f.

Weinzierl, Ulrich: Besser wie gar nix is es. Die Jubiläumsausgabe der »Gesammelten Werke« Karl Valentins. In: Frankfurter Allgemeine Zeitung 9. 1. 1982.
Rezension.

Weiß, Rainer: Ein armer magerer Mann. In: Tendenzen 140 (1982)*.
Porträt.

Weller, Charly: Karl Valentin Renaissance. In: Inzeit 14 (1977). S. 9 f.
Zur Valentin-Rezeption.

Widmer, Urs: Eine letzte Rede. Petrarca-Preis 1979: Laudatio auf den Buchbinder Wanninger. In: Die Zeit 22. 6. 1979.

»Kein Zweifel, daß der Buchbinder Wanninger ein Dichter war. Nie hörte jemand
auf ihn. Er konnte reden und reden, es half nichts. Er hatte es den Leuten schon so
oft gesagt, daß er die Bücher jetzt fertig habe und ob er die Rechnung auch gleich
dabeihinzulegen solle. Wie oft haben es die Dichter schon gesagt. Moses. Sopho-
kles. Shakespeare. Wir hier: daß alles übel enden wird, und ob wir die Rechnung
auch gleich hinbeilegen könnten?«

Wiegand, Wilfried: Der gezähmte Valentin. Der Film »Donner, Blitz und Sonnenschein« in München. In: Frankfurter Allgemeine Zeitung 8. 8. 1973.
  Rezension.

Wild, Hans J.: Geliebter Valentin. In: KVF 1. S. 92 f.

»Bis jetzt hat man sich jedenfalls um Valentin nicht bemüht, sondern hat es Verla-
gen und Verleihen überlassen, welche Werke Valentins sie uns vermitteln, und
welche sie uns vorenthalten. Was nützt es da, wenn man Karl Valentin jetzt auch
der deutschen Literatur zurechnet oder ihn in fremde Sprachen übersetzt, solange
wir so wenig über ihn wissen: was steht in seinem Nachlaß, daß dieser so schwer
zugänglich ist, abgesehen davon, daß dieser, ebenso wie ein Gesamtwerk, noch
nicht veröffentlicht wurde; was wurde aus Valentins ›Kultursammlung‹ – von der
nur ein Teil, die Kitschpostkartensammlung, ausschnittsweise im ›Valentin-Musäum‹ zu sehen ist – in welchen Archiven ist sie verschlossen; warum sind nicht
einmal die Tonaufnahmen umfassend auch nur katalogisiert (ist geschehen,
d. Verf.); und wer weiß schon Genaues von den kinetischen Objekten, an denen
Valentin bastelte und tüftelte? So wird immer nur ein bruchstückhaftes und ver-
schrobenes Bild von Karl Valentin tradiert, bis es endlich zu spät ist, es noch
einmal zu revidieren.

Valentin, das haben Sie nicht verdient.«

Wilhelm, Kurt: »Am Telefon ham S’ fei ganz anders ausg’schaut.« Erinnerungen an
  Karl Valentin. In: Löwe & Raute. Sommer (1982)*.

Wolter, Karl Kurt: Karl Valentin – privat. Im letzten Jahrzehnt seines Lebens beobachtet. München/Köln 1958.
  Erinnerungen und zahlreiche Fotografien.

Wolter, Karl Kurt: Münchener Volkssänger im Film. In: Filmkurier 21. 6. 1935.
  Auch in: Die Jugend 22 (1935). S. 344 ff.
  Bericht.

Zeyringer, Klaus: Die Komik Karl Valentins. Frankfurt a. M. 1984 (= Europäische
  Hochschulschriften 1721). (Mit Bibliographie, Werkverzeichnis, Discographie,
  Filmographie)
  Dissertation zu einer Theorie der komischen Literatur im 20. Jahrhundert. Zeyringer versucht mit Bergson der »Frage nach der Ursache, dem Grund und der
  Funktion des Lachens« am Beispiel Valentin nachzugehen. »Karl Valentins Komik
  wurde bis vor kurzem von den Literaturwissenschaftlern eher als provinziell betrachtet. Diesem Vorwurf kann leicht entgegnet werden, wenn man bedenkt, was
  in Valentins Werk steckt: Da werden allgemeine Verhaltensweisen betrachtet, wird
  mit der Sprache gespielt, werden die Unzulänglichkeiten der Sprache und Kommu-

nikationsschwierigkeiten gezeigt. Da wird die Wirklichkeit umgedreht, werden soziale Fragen behandelt, da steht Absurdes neben Groteskem, Nonsense-Dichtung neben Tragikomischem, stehen Parodien neben Satiren.«
Zuckmayer, Carl: Brief an Günther Stapenhorst vom 8. Februar 1954. In: KVF 1. S. 42 f.

»Nichts scheint mir schwerer als das Wesen der Komik zu definieren, – sich selbst und anderen klarzumachen, warum und worüber man damals gelacht hat, – noch dazu auf diese besondere Weise gelacht, bei der einem ein bißchen unheimlich wurde.«
Zuckmayer, Carl: Volkssänger, weiter nichts. Über Karl Valentins »Sturzflüge im Zuschauerraum«. In: Der Spiegel 51 (1969). S. 156 f.

Rezension. »Er (Valentin, d. Verf.) konnte einem Ton nachsehen. Er sah ihm nach, mit einem kaum beschreiblichen Ausdruck der Bestürzung, als könne er nicht fassen, wo der Ton hergekommen war, wo er hin wollte. Er war bestürzt, betroffen von dem Geschehnis der Akustik, die er – mit diesem Blick – optisch zu begreifen suchte.«
20 Jahre Valentin-Musäum. München 1979.

Büchlein mit Beiträgen von Dr. Jürgen Kolbe, Bertl Valentin-Böheim, Hannes König, Gudrun Köhl, vielen Fotos und einem Verzeichnis der 53 Sonderausstellungen.

Weitere Literatur

Adorno, Theodor W.: Dissonanzen. Musik in einer verwalteten Welt. In: Th. W. A.: Gesammelte Schriften. Frankfurt a. M. 1973. Bd. 14, S. 7 ff.

Adorno, Theodor W.: Einleitung in die Musiksoziologie. In: Th. W. A.: Gesammelte Schriften. Frankfurt a. M. 1973. Bd. 14, S. 169 ff.

Adorno, Theodor W.: Ist die Kunst heiter? In: Th. W. A.: Gesammelte Schriften. Frankfurt a. M. 1974. Bd. 11, S. 599 ff.

Adorno, Theodor W.: Prismen. Kulturkritik und Gesellschaft. In: Th. W. A.: Gesammelte Schriften. Frankfurt a. M. 1976. Bd. 10.1., S. 9 ff.

Adorno, Theodor W.: Versuch, das Endspiel zu verstehen. In: Th. W. A.: Gesammelte Schriften. Frankfurt a. M. 1974. Bd. 11, S. 281 ff.

Albrecht, Gerd: Der Film im 3. Reich. Karlsruhe 1979.

Alewyn, Richard: Probleme und Gestalten. Essays. Frankfurt a. M. 1974.

Altemark, Joachim: Der Lärm, womit der Musikant uns stört. Nachdenkliches über das Verhältnis Wilhelm Buschs zur Musik. Hamburg 1962.

Amery, Carl: Aphorismen zur bayerischen Geistesgeschichte. In: KVF 3. S. 81 ff.

Amery, Carl: Die Provinz. Kritik einer Lebensform. München 1964.

Artaud, Antonin: Das Theater und sein Double. Frankfurt a. M. 1969.

Atget, Eugène: Lichtbilder. München 1975.

Auerbach, Erich: Mimesis. Dargestellte Wirklichkeit in der abendländischen Kunst. Bern 1977[6].

Baacke, Rolf-Peter: Lichtspielhausarchitektur in Deutschland. Von der Schaubude zum Kinopalast. Berlin 1982.

Bachelard, Gaston: Poetik des Raumes. Frankfurt a. M./Berlin/Wien 1975.

Bachtin, Michail: Literatur und Karneval. Zur Romantheorie und Lachkultur. München 1969.

Bänkelsang und Moritat. (Katalog) Stuttgart 1975.

Balázs, Béla: Der Film. Werden und Wesen einer neuen Kunst. Wien 1980[6].

Barloewen, Constantin v.: Clowns. Zur Phänomenologie des Stolperns. Königstein/Ts. 1981.

Barthes, Roland: Am Nullpunkt der Literatur. Frankfurt a. M. 1982.

Barthes, Roland: Die Lust am Text. Frankfurt a. M. 1974.

Barthes, Roland: Mythen des Alltags. Frankfurt a. M. 1964.

Barthes, Roland: Was singt mir, der ich höre in meinem Körper das Lied. Berlin 1979.

Baudelaire, Charles: Vom Wesen des Lachens. München 1923.

Bauer, Uta: Stille Museen. Spezialsammlungen, Fachmuseen und Gedenkstätten in Deutschland. München 1976.

Baumgarth, Christa: Geschichte des Futurismus. Reinbek bei Hamburg 1966.

Bazin, André: Was ist Kino? Bausteine zur Theorie des Films. Köln 1975.

Becker, Jürgen/Vostell, Wolf (Hrsg.): Happenings, Fluxus, Pop Art, Nouveau Réalisme. Eine Dokumentation. Reinbek bei Hamburg 1965.

Beckett, Samuel: Werke. Hrsg. v. E. Tophoven u. K. Birkenhauer. 4 Bde. Frankfurt a. M. 1976.

Becking, Gustav: Der musikalische Rhythmus als Erkenntnisquelle. Augsburg 1928.

Benayoun, Robert: Buster Keaton - Der Augen-Blick des Schweigens. München 1983.

Benjamin, Walter: Berliner Kindheit im 19. Jahrhundert. In: W. B.: Gesammelte Schriften. Frankfurt a. M. 1972. Bd. 4, S. 235 ff.

Benjamin, Walter: Charles Baudelaire. Ein Lyriker im Zeitalter des Hochkapitalismus. In: W. B.: Gesammelte Schriften. Frankfurt a. M. 1974. Bd. 1, S. 509 ff.

Benjamin, Walter: Das Kunstwerk im Zeitalter seiner technischen Reproduzierbarkeit. In: W. B.: Gesammelte Schriften. Frankfurt a. M. 1974. Bd. 1, S. 431 ff.

Berger, John u. a.: Sehen. Das Bild der Welt in der Bilderwelt. Reinbek bei Hamburg 1974.

Bergson, Henri: Das Lachen. Ein Essay über die Bedeutung des Komischen. Zürich 1972.

Berio, Luciano: Du geste et de Piazza Carita. In: Cahiers de la Compagnie Madeleine Renaud/Jean-Louis Barrault: La Musique et ses Problèmes contemporains 1953-1963. Paris. Bd. 2, S. 216 ff.

Bischoff, Ulrich: Freaks, Abnormitäten, Schaustellerei. In: Zirkus Cirkus Cirque. (Katalog) Berlin 1978. S. 178 ff.

Blanchot, Maurice: Der Gesang der Sirenen. Essays zur modernen Literatur. München 1962.

Bloch, Ernst: Das Prinzip Hoffnung. 3 Bde. Frankfurt a. M. 1967.

Bloßfeldt, Karl: Das fotografische Werk. Mit einem Text von G. Mattenklott. München 1981.

Bohrer, Karl Heinz: Plötzlichkeit. Zum Augenblick des ästhetischen Scheins. Frankfurt a. M. 1981.

Bose, Günter/Brinkmann, Erich: Circus. Geschichte und Ästhetik einer niederen Kunst. Berlin 1978.

Bowers, Q. David: Guidebook of Automatic Musical Instruments. 2 Bde. New York 1968.

Brecht, Bertolt: Neue Technik der Schauspielkunst. In: B. B.: Gesammelte Werke. Frankfurt a. M. 1967. Bd. 16, S. 709 ff.

Brentano, Clemens: Werke. Hrsg. v. W. Frühwald u. F. Kemp. 4 Bde. München 1963.

Breton, André: Anthologie des Schwarzen Humors. München 1972.

Bronsen, A. A./Gale, Peggy (Hrsg.): Museums by Artists. Toronto 1983.

Broodthaers, Marcel: Der Adler vom Oligozän bis heute. 2 Bde. (Katalog) Düsseldorf 1972.

Broodthaers, Marcel: Catalogue des Livres. (Katalog) Köln/New York/Paris 1982.

Broodthaers, Marcel: Eloge du Sujet. (Katalog) Basel 1974.

Broodthaers, Marcel: (Katalog) Paris 1982/83.

Buchner, Alexander: Vom Glockenspiel zum Pianola. Prag 1959.

Buddenmeier, Heinz: Panorama, Diorama, Photographie. Entstehung und Wirkung neuer Medien im 19. Jahrhundert. München 1970.

Busch, Wilhelm: Sämtliche Werke. Hrsg. v. O. Nöldeke. München 1944.

Cage, John: Notations. New York 1969.

Cage, John: Silence. Dt. v. E. Jandl. Neuwied/Berlin 1969.

Catoir, Barbara: Körpersprache und Bildende Kunst. In: Körpersprache. (Katalog) Berlin/Frankfurt a. M. 1976. O. S.

Celant, Germano: Ambiente/Arte. Dal Futurismo alla Body Art. Venedig 1977.

Chandler, Raymond: Playback. Dt. v. W. Teichmann. Zürich 1976.

Chapuis, Alfred/Droz, Edmond: Les Automates. Neuchâtel 1949.

Charles, Daniel: John Cage oder Die Musik ist los. Berlin 1979.

Christ, Lena: Erinnerung einer Überflüssigen. Mathias Bichler. Rumplhanni. Madam Bäurin. Bauern. München 1970.

Clair, Jean/Szeemann, Harald (Hrsg.): Junggesellenmaschinen. Les Machines célibataires. (Katalog) Venezia-Martellago 1975.

Clair, René: Vom Stummfilm zum Tonfilm. München 1952.

Cohen, John: Golem und Roboter. Über künstliche Menschen. Frankfurt a. M. 1968.

Dahlhaus, Carl: Über die »mittlere Musik« des 19. Jahrhunderts. In: la Motte-Haber, Helga de (Hrsg.): Das Triviale in Literatur, Musik und bildender Kunst. Frankfurt a. M. 1972 (= Studien zur Philosophie und Literatur des 19. Jahrhunderts 18). S. 131 ff.

Dahlhaus, Carl (Hrsg.): Studien zur Trivialmusik des 19. Jahrhunderts. Regensburg 1967 (= Studien zur Musikgeschichte des 19. Jahrhunderts 8).

Deleuze, Gilles/Guattari, Félix: Kafka. Für eine kleine Literatur. Frankfurt a. M. 1976.

Deleuze, Gilles/Parnet, Claire: Dialoge. Frankfurt a. M. 1980.

Dencker, Klaus Peter (Hrsg.): Deutsche Unsinnspoesie. Stuttgart 1978.

Der Alltag. Sensationsblatt des Gewöhnlichen 1 ff. (1978 ff.).

Dessauer, Renate: Das Zersingen. Ein Beitrag zur Psychologie des deutschen Volksliedes. Berlin 1928 (= Germanische Studien 61).

Deutsches Kabarett Archiv/Hippen, Reinhard (Hrsg.): »Sich fügen – heißt lügen«. 80 Jahre deutsches Kabarett. Mainz 1981.

Dick, Uwe: Sauwaldprosa. München 1976.

Dickinson, Peter: Anmerkungen zu einigen Stücken Erik Saties. In: Musik-Konzepte 11 (1980). S. 38 ff.

Dieckmann, Friedrich: Mimus redivius oder Die Geburt des Theaters aus dem Geist des Witzes. In: Merkur 7 (1982). S. 693 ff.

Das Ding als Objekt. (Katalog) Nürnberg 1970.

Dreher, Conrad: Münchner Originale. Stuttgart/Leipzig/Berlin/Wien o. J.

Dreßen, Norbert: Sprache und Musik bei Luciano Berio. Untersuchungen zu seinen Vokalkompositionen. Regensburg 1982 (= Kölner Beiträge zur Musikforschung 124).

Duchamp, Marcel: Ready made! Hrsg. v. S. Stauffer. Zürich 1973.

Duchamp, Marcel/Hamilton, Richard: The Bride Stripped Bare By Her Bachelors, Even. London 1960.

Duwe, Wilhelm: Die Kunst und ihr Anti von Dada bis heute. Gehalt- und Gestaltprobleme moderner Dichtung und bildender Kunst. Berlin 1967.

Eco, Umberto: Das offene Kunstwerk. Frankfurt a. M. 1973.

Eibner, Franz: Was ist Volksmusik - Gestaltanalytische Aspekte. In: Heutige Probleme der Volksmusik. Köln 1973 (= Seminarbericht der Deutschen UNESCO-Kommission 19). S. 27 ff.

Eichler, Ulrike: Die Illustration volksliterarischer Themen auf Bilderbogen. In: Bilderbogengeschichten. Märchen, Sagen, Abenteuer. Neu erzählt von Autoren unserer Zeit. Hrsg. v. J. Jung. München 1976.

Eisler, Hanns: Materialien zu einer Dialektik der Musik. Leipzig 1976.

Eisner, Lotte H.: Die dämonische Leinwand. Frankfurt a. M. 1975.

Eisner, Lotte H.: Das Jahrmarktkino. In: Magnum 2 (1963). S. 41 ff.

Ellmann, Richard: James Joyce. 2 Bde. Frankfurt a. M. 1979.

Erlhoff, Michael (Hrsg.): Kurt Schwitters Almanach 1982. Hannover 1982.

Esslin, Martin: Das Theater des Absurden. Reinbek bei Hamburg 1965.

Fabre, Jean-Henri: Das offenbare Geheimnis. Aus dem Lebenswerk des Insektenforschers. Frauenfeld 1977.

Fahrendes Volk. (Katalog) Recklinghausen 1981.

Fass, Egbert: Offene Formen in der modernen Kunst und Literatur. Zur Entstehung einer neuen Ästhetik. München 1975.

Faust, Wolfgang Max: Bilder werden Worte. Zum Verhältnis von bildender Kunst und Literatur im 20. Jahrhundert oder Vom Anfang der Kunst am Ende der Künste. München 1977.

Faust, Wolfgang Max: Marcel Duchamp: Dinge und Worte: Rrose Sélavy. In: Sprache im technischen Zeitalter 59 (1976). S. 215 ff.

Fellini, Federico: Die Clowns. In: Süddeutsche Zeitung 20./21. 2. 1971.

Fellini, Federico: Orchesterprobe. Zürich 1979.

Film als Film. 1910 bis heute. Hrsg. v. B. Hein u. W. Herzogenrath. Stuttgart o. J.

Flaubert, Gustave: Bouvard und Pécuchet. Dt. v. E. Marx. Zürich 1979.

Fleißer, Marieluise: Gesammelte Werke. Hrsg. v. G. Rühle. 3 Bde. Frankfurt a. M. 1972.

Flögel, Karl Friedrich: Geschichte des Grotesk-Komischen. Leipzig 1862. Reprint: Dortmund 1978.

Fluxus. Aspekte eines Phänomens. (Katalog) Wuppertal 1982.

Fondane, Benjamin: Vom Stummfilm zum Sprechfilm: Größe und Verfall des Kinos. In: Filmkritik 11/12 (1981). S. 530 ff.

Foucault, Michel: Schriften zur Literatur. München 1974.

Foucault, Michel: Von der Subversion des Wissens. Frankfurt a. M./Berlin/Wien 1978.

Freud, Sigmund: Der Witz und seine Beziehung zum Unbewußten. In: S. F.: Studienausgabe. Frankfurt a. M. 1970. Bd. 4, S. 9 ff.

Freund, Giséle: Photographie und Gesellschaft. München 1976.

Führer durch das Internationale Panoptikum und anthropologische Museum. (Katalog) München o. J.

Für Augen und Ohren. Von der Spieluhr zum akustischen Environment. (Katalog) Berlin 1980.

Gansera, Rainer: Jerry Lewis. Film for Fun. In: Filmkritik 4 (1974). S. 147 ff.

Gay, Peter: Die Republik der Außenseiter. Geist und Kultur in der Weimarer Zeit 1918-1933. Frankfurt a. M. 1970.

Geese, Uwe: Eintritt frei, Kinder die Hälfte. Kulturgeschichtliches vom Jahrmarkt. Marburg 1981.

Geisel, Sabine: Arte senza arte. München 1980.

Gendolla, Peter: Die lebenden Maschinen. Zur Geschichte der Maschinenmenschen bei Jean Paul, E. T. A. Hoffmann und Villiers de L'Isle Adam. Marburg/L. 1980.

Gernhardt, Robert: Eiskalte Pointen. In: Der Spiegel 21 (1980). S. 258 ff.

Giese, Peter Christian: Das »Gesellschaftlich-Komische«. Zur Komik und Komödie am Beispiel der Stücke und Bearbeitungen Brechts. Stuttgart 1974.

Glaser, Hermann: Spießer-Ideologie. Von der Zerstörung des deutschen Geistes im 19. und 20. Jahrhundert und dem Aufstieg des Nationalsozialismus. Erweiterte Ausgabe. Frankfurt a. M./Berlin/Wien 1979.

Goessel, Susanne v.: Münchner Volkssänger - Unterhaltung für alle. In: KVVD S. 26 ff.

Goldberg, RoseLee: Performance. Live Art 1909 to the Present. London 1979.

Goldner, Johannes: Die Bühne im Wirtshaus. Eine sozialgeschichtliche und kulturhistorische Betrachtung des Volkssängertums. In: Bayerland 5 (1979). S. 28 ff.

Gombrich, Ernst H.: Aby Warburg. An Intellectual Biography. London 1970.

Gombrich, Ernst H.: Kunst und Illusion. Eine Studie über die Psychologie von Abbild und Wirklichkeit in der Kunst. Stuttgart/Zürich 1978.

Gombrich, Ernst H.: Meditationen über ein Steckenpferd. Von den Wurzeln und Grenzen der Kunst. Frankfurt a. M. 1978.

Gradmann, Erwin: Phantastik und Komik. Bern 1957.

Graf, Oskar Maria. Die Ehe des Herrn Bolwieser. München 1964.

Graf, Oskar Maria: Gelächter von außen. Aus meinem Leben 1918-1933. München 1966.

Graf, Oskar Maria: Wir sind Gefangene. Ein Bekenntnis. Wien/München/Basel 1965.

Grand Guignol. Das Vergnügen, tausend Tode zu sterben. Hrsg. v. K. Kersten u. C. Neubaur. Berlin 1976.

Grasskamp, Walter: Künstler und andere Sammler. In: Kunstforum international 2 (1979). S. 31 ff.

Grasskamp, Walter: Museumsgründer und Museumsstürmer. Zur Sozialgeschichte des Kunstmuseums. München 1981.

Greverus, Ina-Maria: Kultur und Alltagswelt. Eine Einführung in Fragen der Kulturanthropologie. München 1978.

Grillparzer, Franz: Sämtliche Werke. Hrsg. v. W. Eichner. 20 Bde. Berlin o. J.

Grimm, Reinhold: Komik und Verfremdung. In: R. G.: Strukturen. Essays zur deutschen Literatur. Göttingen 1963.

Haenlein, Carl-Albrecht (Hrsg.): DADA Photomontagen. (Katalog) Hannover 1979.

Der Hang zum Gesamtkunstwerk. Europäische Utopien seit 1800. (Katalog) Aarau/ Frankfurt a. M. 1983.

Hanisch, Michael: Über sie lach(t)en Millionen: Buster Keaton, Harold Lloyd, Laurel & Hardy. Berlin 1976.

Hanson, Duane: Erste Retrospektive des amerikanischen Bildhauers. (Katalog) Stuttgart 1974.

Happening & Fluxus. Materialien zusammengestellt von H. Sohm. (Katalog) Köln 1970.

Hart Nibbrig, Christiaan L.: Rhetorik des Schweigens. Versuch über den Schatten literarischer Rede. Frankfurt a. M. 1981.

Hausmann, Raoul: Am Anfang war Dada. Hrsg. v. K. Riha u. G. Kämpf. Steinbach/ Gießen 1972.

Havel, Václav: Anatomie des Gag. In: V. H.: Das Gartenfest. Die Benachrichtigung. Essays. Antikoden. Reinbek bei Hamburg 1967.

Heidsieck, Arnold: Das Groteske und das Absurde im modernen Drama. Stuttgart/
Berlin/Köln/Mainz 1969.
Heine, Heinrich: Werke. Hrsg. v. H. Friedemann u. a. 15 Bde. Berlin/Leipzig o. J.
Heißenbüttel, Helmut: Über Literatur. Aufsätze. München 1970.
Heller, Agnes: Das Alltagsleben. Versuch einer Erklärung der individuellen Repro-
duktion. Frankfurt a. M. 1981².
Henningsen, Jürgen: Theorie des Kabaretts. Ratingen 1967.
Hildesheimer, Wolfgang: Erlanger Rede über das absurde Theater. In: Akzente 6
(1960). S. 543 ff.
Hilscher, Elke: Die Bilderbogen im 19. Jahrhundert. München 1977.
Hoche, Karl/Meissner, Toni/Sinhuber, Bartel F.: Die großen Clowns. Königstein/Ts.
1982.
Hoffmann, E. T. A.: Werke. Hrsg. v. G. Ellinger. 15 Bde. Berlin/Leipzig/Wien/Stutt-
gart 1912.
Hoffnung, Gerard: Hoffnung's Acoustics. London 1959.
Hoffnung, Gerard: The Hoffnung Music-Festival. London 1956.
Hofmann, Werner: Kitsch und Trivialkunst als Gebrauchskünste. In: La Motte-
Haber, Helga de (Hrsg.): Das Triviale in Literatur, Musik und bildender Kunst.
Frankfurt a. M. 1972 (= Studien zur Philosophie und Literatur des 19. Jahrhun-
derts 18). S. 210 ff.
Hofmann, Werner/Syamken, Georg/Warnke, Martin: Die Menschenrechte des Au-
ges. Über Aby Warburg. Frankfurt a. M. 1980.
Holsten, Siegmar: Das Bild des Künstlers. Selbstdarstellungen. Hamburg 1978.
Horst, Karl August: Molloy oder die Psychologie des Clowns. In: Engelhardt, Hart-
mut/Mettler, Dieter (Hrsg.): Materialien zu Samuel Becketts Romanen. Frankfurt
a. M. 1976.
Huelsenbeck, Richard (Hrsg.): Dada. Eine literarische Dokumentation. Reinbek bei
Hamburg 1964.
Huizinga, Johan: Homo Ludens. Vom Ursprung der Kultur im Spiel. Hamburg
1956.

Ionesco, Eugène: Theaterstücke. Darmstadt/Berlin-Spandau/Neuwied am Rhein
1959.

Jakovsky, Anatole: Dämonen und Wunder. Eine Darstellung der naiven Plastik.
Köln 1963.
Jean Paul: Sämtliche Werke. Hrsg. v. E. Berend. 3 Abt. Weimar/Berlin 1927 ff.
Jencks, Charles/Silver, Nathan: Adhocism. The Case for Improvisation. New York
1973.
Jolles, André: Einfache Formen. Tübingen 1968⁴.
Joyce, James: Ulysses. Dt. v. H. Wollschläger. Frankfurt a. M. 1979.

Kaes, Anton (Hrsg.): Kino-Debatte. Texte zum Verhältnis von Literatur und Film
1909-1929. München 1978.

Kafka, Franz: Sämtliche Erzählungen. Hrsg. v. P. Raabe. Frankfurt a. M. 1970.

Kassner, Rudolf: Die Verwandlung. Physiognomische Studien. In: R. K.: Sämtliche Werke. Hrsg. v. E. Zinn u. K. E. Bohnenkamp. Pfullingen 1978. Bd. 4, S. 75 ff.

Kassner, Rudolf: Zahl und Gesicht. Nebst einer Einleitung: Der Umriß einer universalen Physiognomik. Frankfurt a. M. 1979.

Kenner, Hugh: Samuel Beckett. Eine kritische Studie. München 1965.

Kenner, Hugh: Von Pope zu Pop. Kunst im Zeitalter von Xerox. Mit einem Nachwort v. G. Mattenklott. München 1969.

Kessler, Dieter: Untersuchungen zur konkreten Dichtung. Vorformen, Theorien, Texte. Meisenheim am Glan 1976 (= Deutsche Studien 30).

Kesting, Marianne: Entdeckung und Destruktion. Zur Strukturumwandlung der Künste. München 1970.

Klein, Yves. (Katalog) Berlin/Düsseldorf 1976.

Klotz, Volker: Zitat und Montage in neuerer Literatur und Kunst. In: Sprache im technischen Zeitalter 60 (1976). S. 259 ff.

Klüppelholz, Werner: Sprache als Musik. Hamburg 1978.

Kneubühler, Theo: Marcel Broodthaers. Der Gesellschaftsroman der Dinge - das Zeichensystem der Sprache (oder: Warum verbluten die Gefangenen des Prokustes?). In: Kunst Nachrichten 4 (1979). S. 85 ff.

Köhl, Gudrun/König, Hannes: Volkstheater in München. München 1981.

König, Hannes: G'spassige Leut. Münchner Sonderlinge & Originale vom letzten Hofnarren bis zur Taubenmutterl. Gesammelt v. E. u. E. Münz. München 1977.

Kopfermann, Thomas (Hrsg.): Theoretische Positionen zur Konkreten Poesie. München 1974.

Kosler, Hans Christian (Hrsg.): Peter Altenberg. Leben und Werk in Texten und Bildern. München 1981.

Kothes, Franz-Peter: Die theatralische Revue in Berlin und Wien 1900-1938. Typen, Inhalte, Funktionen. Wilhelmshaven 1977.

Kracauer, Siegfried: Die Angestellten. Aus dem neuesten Deutschland. Frankfurt a. M. 1971.

Kracauer, Siegfried: Geschichte - Vor den letzten Dingen. Frankfurt a. M. 1971.

Kracauer, Siegfried: Kino. Essays, Studien, Glossen zum Film. Hrsg. v. K. Witte. Frankfurt a. M. 1974.

Kracauer, Siegfried: Theorie des Films. Die Errettung der äußeren Wirklichkeit. Frankfurt a. M. 1964.

Kraus, Karl: Nestroy und die Nachwelt. Frankfurt a. M. 1975.

Kraus, Karl: Die Sprache. München 1954.

Kreuder, Ernst: Die Gesellschaft vom Dachboden. Frankfurt a. M. 1978.

Kris, Ernst: Die ästhetische Illusion. Phänomene der Kunst in der Sicht der Psychoanalyse. Frankfurt a. M. 1977.

Kunst im 3. Reich. Dokumente der Unterwerfung. (Katalog) Frankfurt a. M. 1974.

Kurowski, Ulrich: Kino und Gefühl - Kino und Leben. In: medien & erziehung 4 (1977). S. 272 ff.

Lach, Robert: Das Konstruktionsprinzip der Wiederholung in Musik, Sprache und Literatur. Wien/Leipzig 1925.

Lachenmann, Helmut: Vier Grundbestimmungen des Musikhörens. In: Neuland. Ansätze zur Musik der Gegenwart. Hrsg. v. H. Henck. Jahrbuch Bd. 1. Köln 1980. S. 66 ff.

Lange-Fuchs, Hauke: Pat und Patachon. Eine Dokumentation. Schondorf/Ammersee 1979.

Lankheit, Klaus: Bilderbogen. Deutsche populäre Druckgraphik des 19. Jahrhunderts. Karlsruhe 1973.

Lebel, Robert: Marcel Duchamp. Köln 1972².

Lefèbvre, Henri: Kritik des Alltagslebens. 2 Bde. München 1976².

Lévi-Strauss, Claude: Das wilde Denken. Frankfurt a. M. 1968.

Lewis, Jerry: Wie ich Filme mache. München 1974.

Lüscher, Ingeborg: Dokumentation über A. S.: der größte Vogel kann nicht fliegen. Köln 1972.

Lüthi, Max: Volksliteratur und Hochliteratur. Menschenbild - Thematik - Formstreben. Bern/München 1970.

Lyotard, Jean-Francois: Beantwortung der Frage: Was ist postmodern? In: Tumult 4 (1982). S. 131 ff.

Magritte, René: Die truglosen Bilder. Bioskop und Photographie. Köln 1976.

Maingot, Eliane: Les Automates. Paris 1959.

Maistre, Xavier de: Zwei Reisen um mein Zimmer. München 1968.

Malraux, André: Psychologie der Kunst. Das imaginäre Museum. Hamburg 1957.

Marx, Groucho: Schule des Lächelns. Frankfurt a. M. 1981.

Mattenklott, Gert: Bilderdienst. Ästhetische Opposition bei Beardsley und George. München 1970.

Mattenklott, Gert: »Keine Ansiedlungen«. Peter Altenbergs Texte der fünf Orchesterlieder Alban Bergs op. 4. In: Hofmannsthal-Blätter 27 (1983). S. 74 ff.

Mattenklott, Gert: Der übersinnliche Leib. Beiträge zur Metaphysik des Körpers. Reinbek bei Hamburg 1982.

Mautner, Franz H.: Nestroy. Frankfurt a. M. 1978.

Meier, John: Kunstlieder im Volksmunde. Halle a. S. 1906.

Meldner, Katharina: Aus dem Leben der Ameisen. Berlin 1983.

Melville, Hermann: Moby Dick. Dt. v. F. Güttinger. Zürich 1944.

Mensching, Gerhard: Das Groteske im modernen Drama. (Dissertation, maschinenschriftlich) Bonn 1961.

Metamorphose des Dinges. Kunst und Antikunst 1910-1970. (Katalog) Berlin 1971.

Metken, Günter: Comics. Frankfurt a. M./Hamburg 1970.

Metken, Günter: Spurensicherung. Kunst als Anthropologie und Selbsterforschung. Fiktive Wissenschaften in der heutigen Kunst. Köln 1977.

Mette, Alexander: Gedichte – Darlegungen. Dessau 1925.

Metzger, Heinz-Klaus: Musik wozu. Literatur zu Noten. Frankfurt a. M. 1980.

Meyer, Hermann: Der Sonderling in der deutschen Dichtung. München 1963.

Michelsen, Peter: Laurence Sterne und der deutsche Roman des 18. Jahrhunderts. Göttingen 1962 (= Palaestra 232).

Mielke, Heinz-Peter: Vom Bilderbuch des kleinen Mannes. Über Sammelmarken, Sammelbilder und Sammelalben Köln 1982 (= Schriften des Museumsvereins Dorenburg e. V. 36).

Miller, Henry: Das Lächeln am Fuße der Leiter. Frankfurt a. M. 1978.

Miller, Norbert: Der empfindsame Erzähler. Untersuchungen an Romananfängen des 18. Jahrhunderts. München 1968.

Molderings, Herbert: Marcel Duchamp. Parawissenschaft, das Ephemere und der Skeptizismus. Frankfurt a. M./Paris 1983.

Mon, Franz: Texte über Texte. Neuwied/Berlin 1970.

Mona Lisa im 20. Jahrhundert. (Katalog) Duisburg 1978.

Morin, Edgar: Der Mensch und das Kino. Eine anthropologische Untersuchung. Stuttgart 1958.

Müller, Gottfried: Theorie der Komik. Über die komische Wirkung im Theater und im Film. Würzburg 1964.

Müller, Hanns Christian/Polt, Gerhard: Fast wia im richtigen Leben. Feldafing/Obb. 1982.

Münz, Erwin/Schrittenloher, Joseph: Der Münchner Volkssänger-Verband. In: KVVD S. 50 ff.

Le Musée sentimental de Cologne. Nach einer Idee von Daniel Spoerri. (Katalog) Köln 1979.

Nestroy, Johann: Werke. Hrsg. v. F. H. Mautner. 6 Bde. Frankfurt a. M. 1979.

1962 Wiesbaden FLUXUS 1982. Eine kleine Geschichte von Fluxus in drei Teilen. (Katalog) Wiesbaden/Kassel/Berlin 1982/83.

Nietzsche, Friedrich: Sämtliche Werke. Kritische Studienausgabe. Hrsg. v. G. Colli u. M. Montinari. 15 Bde. München/Berlin/New York 1980.

Noble, Cecil A. M.: Sprachskepsis. Über Dichtung der Moderne. München 1978.

Nöth, Winfried: Strukturen des Happenings. Hildesheim/New York 1972 (= Studia Semiotica, Series Practica 4).

Ord-Hume, Arthur W. J. G.: Clockwork Musik. London 1973.

Ozaki, Makoto: Artikulationen. Berlin 1981 (= Merve 96).

Percy, Walker: Der Kinogeher. Dt. v. P. Handke. Frankfurt a. M. 1980.

Petzoldt, Leander: Bänkelsang. Vom historischen Bänkelsang zum literarischen Chanson. Stuttgart 1974.

Pforte, Dietger: Russische Comic Strips? In: Majakowskij. Zwanzig Jahre Arbeit. (Katalog) Berlin 1978. S. 132 ff.

Plessner, Helmuth: Philosophische Anthropologie. Lachen und Weinen. Das Lächeln. Anthropologie der Sinne. Frankfurt a. M. 1970.

Poley, Stefanie: Unter der Maske des Narren. Stuttgart 1981.

Preisendanz, Wolfgang/Warning, Rainer (Hrsg.): Das Komische. München 1976 (= Poetik und Hermeneutik 7).

Prieberg, Fred K.: Musik im NS-Staat. Frankfurt a. M. 1982.

Promies, Wolfgang: Der Bürger und der Narr oder das Risiko der Phantasie. München 1966.

Protz, Albert: Mechanische Musikinstrumente. Kassel 1940.

Rainer, Arnulf: Retrospektive 1950-1977. (Katalog) Hannover 1977.

Ranke, Winfried: Heinrich Zille. Photographien Berlin 1890-1910. München 1975.

Rauhe, Hermann: Zum volkstümlichen Lied des 19. Jahrhunderts. In: Dahlhaus, Carl (Hrsg.): Studien zur Trivialmusik des 19. Jahrhunderts. Regensburg 1967 (= Studien zur Musikgeschichte des 19. Jahrhunderts 8). S. 159 ff.

Ray, Man: Inventionen und Interpretationen. (Katalog) Frankfurt a. M./Basel 1979/80.

Reichert, Klaus: Lewis Carroll. Studien zum literarischen Unsinn. München 1974.

Rémy, Tristan: Clownnummern. Köln 1982.

Richter, Hans: DADA - Kunst und Antikunst. Köln 1970².

Richter, Hans: Filmgegner von heute - Filmfreunde von morgen. Zürich 1968.

Richter, Hans: Der Kampf um den Film. Für einen gesellschaftlich verantwortlichen Film. Hrsg. v. J. Römhild. Frankfurt a. M. 1979.

Richter, Lukas: Das Berliner Couplet der Gründerzeit. In: Dahlhaus, Carl (Hrsg.): Studien zur Trivialmusik des 19. Jahrhunderts. Regensburg 1967 (= Studien zur Musikgeschichte des 19. Jahrhunderts 8). S. 199 ff.

Riedel, Karl Veit: Der Bänkelsang. Wesen und Funktion einer volkstümlichen Kunst. Hamburg 1963.

Riha, Karl: Cross-Reading und Cross-Talking. Zitat-Collagen als poetische und satirische Technik. Stuttgart 1971.

Riha, Karl: Übers Lautgedicht. In: Sprache im technischen Zeitalter 55 (1975). S. 260 ff.

Rivel, Charlie: Akrobat-schöön. München 1972.

Röhrich, Lutz: Gebärde - Metapher - Parodie. Studien zur Sprache und Volksdichtung 1967.

Rosenberg, Wolf: Phonetische Dichtung und Sprachkompositionen - Aspekte des russischen Futurismus. In: Der musikalische Futurismus. Ästhetisches Konzept und Auswirkung auf die Moderne. Graz 1976. S. 52 ff.

Rotzler, Willy: Objektkunst. Von Duchamp bis zur Gegenwart. Köln 1975.

Ruederer, Josef: München. München 1907.

Rühm, Gerhard (Hrsg.): Die Wiener Gruppe. Reinbek bei Hamburg 1967.

Rühmkorf, Peter: Über das Volksvermögen. Exkurse in den literarischen Untergrund. Reinbek bei Hamburg 1969.

Sacher, Reinhard: Pausen... Zufälle... Automaten. In: Sprache im technischen Zeitalter 74 (1980). S. 123 ff.

Salber, Wilhelm: Das Sammeln ist des Wandrers Lust. In: 38 Sammlungen in Köln. (Katalog) Köln 1981.

Sander, August: Das Antlitz der Zeit. Berlin 1930.

Satie, Erik: Schriften. Hrsg. v. W. Bärtschi. Zürich/Cochabamba 1980.

Schaefer, Camillo: Peter Altenberg. Ein biographischer Essay. Wien 1980².

Schäfer, Hans Dieter: Das gespaltene Bewußtsein. Deutsche Kultur und Lebenswirklichkeit 1933-1945. München 1981.

Schaller, Karl: Die Schminkkunst. Hagenau i. E. 1912⁴.

Schenda, Rudolf: Volk ohne Buch. Studien zur Sozialgeschichte der populären Lesestoffe 1770-1910. Frankfurt a. M. 1970.

Scheu, Friedrich: Humor als Waffe. Politisches Kabarett in der ersten Republik. Wien/München/Zürich 1977.

Scheugl, Hans: Show Freaks & Monster. Sammlung Felix Adanos. Köln 1974.

Schiebler, Ralf: Die Kunsttheorie René Magrittes, München/Wien 1981.

Schilling, Jürgen: Aktionskunst. Identität von Kunst und Leben. Eine Dokumentation. Luzern/Frankfurt a. M. 1978.

Schleich, Erwin: Die zweite Zerstörung Münchens. Stuttgart 1978 (= Neue Schriftenreihe des Stadtarchivs München 100).

Schlosser, Julius von: Die Kunst- und Wunderkammern der Spätrenaissance. Braunschweig 1980.

Schmidt, Leopold: Das deutsche Volksschauspiel. Ein Handbuch. Berlin 1962.

Schmidt-Garre, Helmut: Von Shakespeare bis Brecht. Dichter und ihre Beziehung zur Musik. Wilhelmshaven 1979.

Schnebel, Dieter: Denkbare Musik. Schriften 1952-1972. Köln 1972.

Schneider, Ludwig M.: Die populäre Kritik an Staat und Gesellschaft (1886-1914). München 1975 (= Reihe Miscellanea Bavarica Monacensia 61).

Schönfelder, Günter: Hans G. Helms: Fa:m' Ahniesgwow. Sprache wird Musik, Musik wird Sprache. Grenzüberschreitungen in der modernen Literatur und Musik. (Magisterarbeit, maschinenschriftlich) Berlin 1980.

Schuldt: Lautgestaltung. Beitrag zu einer Klärung des Begriffs an Hand der »Ursonate«. In: Text & Kritik 35/36 (1972). S. 10 ff.

Schwab, Heinrich W.: Sangbarkeit, Popularität und Kunstlied. Regensburg 1965.

Schwarz, Arturo: The Complete Works of Marcel Duchamp. London 1969.

Schwarzbauer, Georg F.: Der Mensch als Demonstrationsobjekt. In: Magazin KUNST 1 (1974). S. 43 ff.

Schwitters, Kurt: Das literarische Werk. Hrsg. v. F. Lach. Bd. 1. Köln 1973.

Sehen um zu hören. Objekte & Konzerte zur visuellen Musik. (Katalog) Düsseldorf 1975.

Seiling, Max (Hrsg.): Perlen der pessimistischen Weltanschauung. München 1886.

Seltzer, Andreas: Die unheiligen Dinge. Berlin 1980.

Senn, Fritz: Nichts gegen Joyce. Joyce Versus Nothing. Hrsg. v. F. Cavigelli. Zürich 1983.

Simon, Ernst: Mechanische Musikinstrumente früherer Zeiten und ihre Musik. Wiesbaden 1960.

Smuda, Manfred: Der Gegenstand in der bildenden Kunst und Literatur. Typologische Untersuchungen zur Theorie des ästhetischen Gegenstands. München 1979.

Sontag, Susan: Im Zeichen des Saturns. Essays. Frankfurt a. M. 1983.

Sontag, Susan: Kunst und Antikunst. 24 literarische Analysen. Frankfurt a. M. 1982.

Spoerri, Daniel: Anekdoten zu einer Topographie des Zufalls. Neuwied/Berlin 1968.

Spoerri, Daniel. (Katalog) Zürich 1972.

Stadtarchiv München (Hrsg.): Erinnerungen an das Münchner Aquarium. Ein Unterhaltungsetablissement vor hundert Jahren. München 1982.

Stauffer, Serge: Der Traum eines Briefträgers. In: DU 21 (1961). S. 47 ff.

Steinecke, Wolfgang. Das Parodieverfahren in der Musik. Kiel 1934.

Stelzer, Otto: Die Vorgeschichte der abstrakten Kunst. Denkmodelle und Vor-Bilder. München 1964.

Sternberger, Dolf: Panorama oder Ansichten vom 19. Jahrhundert. Frankfurt a. M. 1974.

Sterne, Laurence: Leben und Meinungen von Tristram Shandy, Gentleman. Stuttgart 1978.

Stoianova, Ivanka: Geste – texte – musique. Paris 1978.

Stoker, Bram: Dracula. Ein Vampirroman. München 1967.

Suppan, Wolfgang: Zum Problem der Trivialisierung in den Kunstliedern im Volksmund. In: la Motte-Haber, Helga de (Hrsg.): Das Triviale in Literatur, Musik und bildender Kunst. Frankfurt a. M. 1972. S. 148 ff.

Swift, Jonathan: Ausgewählte Werke. Hrsg. v. A. Schlösser. 3 Bde. Frankfurt a. M. 1982.

Swoboda, Helmut: Der künstliche Mensch. München 1967.

Szeemann, Harald: Museum der Obsessionen. Berlin 1981.

Szenen der Volkskunst. (Katalog) Stuttgart 1981.

Szondi, Peter: Theorie des modernen Dramas (1880-1950). Frankfurt a. M. 1978[13].

Tendenzen der Zwanziger Jahre. (Katalog) Berlin 1977.

Tergit, Gabriele: Käsebier erobert den Kurfürstendamm. Frankfurt a. M. 1977.

Text – Foto – Geschichten. Dokumentation zur Ausstellung der Kunstvereine Heidelberg, Bonn, Krefeld. Kunstforum international 3 (1979).

Thoma, Ludwig: Gesammelte Werke. Neue erweiterte Ausgabe. 8 Bde. München 1956.

Tichy, Wolfram: Buster Keaton. Reinbek bei Hamburg 1983.

Till, Wolfgang: Alte Postkarten. München 1983.

Tinguely, Jean: Meta-Maschinen. (Katalog) Duisburg 1979.

Töpffer, Rodolphe: Essai de Physiognomonie. Dt. v. W. u. D. Dorst. Nachwort v. D. Dorst u. K. Riha. Siegen 1980.

Töpffer, Rodolphe: Komische Bildromane. Hrsg. v. K. Riha. 2 Bde. Frankfurt a. M. 1975.

Torczyner, Harry: René Magritte. Zeichen und Bilder. Köln 1977.

Trautwein, Wolfgang: Erlesene Angst – Schauerliteratur im 18. und 19. Jahrhundert. München 1980.

Truffaut, François: Die Filme meines Lebens. Aufsätze und Kritiken. München 1979.
Turra, Mario: Das Lachen des Clowns. Berlin 1972.

Ueding, Gert: Wilhelm Busch. Das 19. Jahrhundert en miniature. Frankfurt a. M. 1977.
Ulrichs, Timm: Retrospektive 1960-1975. (Katalog) Braunschweig 1975.
Ulrichs, Timm: Totalkunst. (Katalog) Lüdenscheid 1980.
Usinger, Fritz: Zur Metaphysik des Clowns. In: F. U.: Tellurium. Elf Essays. Neuwied/Berlin 1966. S. 99 ff.

Valéry, Paul: Über Kunst. Essays. Frankfurt a. M. 1959.
Valéry, Paul: Zur Theorie der Dichtkunst. Aufsätze und Vorträge. Frankfurt a. M. 1975.
Verweyen, Theodor/Witting, Gunther: Die Parodie in der Neueren Deutschen Literatur. Darmstadt 1979.
Vischer, Friedrich Theodor: Auch Einer. Eine Reisebekanntschaft. Stuttgart/Berlin 1917.
Volksfoto. Zeitung für Fotografie 1-6 (1976-1980).

Wahrnehmungen Aufzeichnungen Mitteilungen. Die Erweiterung des Wirklichkeitsbegriffs in der Kunst der 60er und 70er Jahre. (Katalog) Krefeld 1979.
Wawrzyn, Lienhard: Der Automatenmensch. E. T. A. Hoffmanns Erzählung vom »Sandmann«. Berlin 1976.
Wedekind, Frank: Werke in drei Bänden. Hrsg. v. M. Hahn. Berlin/Weimar 1969.
Wehmeyer, Grete: Erik Satie. Regensburg 1974.
Weibel, Peter: Kritik der Kunst/Kunst der Kritik. Wien/München 1973.
Weibel, Peter: Subgeschichte der Literatur. In: Der Löwe 2 (1974). S. 59 ff.
Weltausstellungen im 19. Jahrhundert. (Katalog) München 1973.
Wem gehört die Welt. Kunst und Gesellschaft in der Weimarer Republik. (Katalog) Berlin 1977.
Wendt, Wolf Rainer: Ready-Made. Meisenheim am Glan 1970.
Wescher, Herta: Die Geschichte der Collage. Köln 1974.
Wiegand, Wilfried (Hrsg.): Über Chaplin. Zürich 1978.
Wilhelm Busch. Die Bildergeschichte zwischen Flugblatt und Cartoon. (Katalog) Hannover 1982.
Willet, John: Explosion der Mitte. Kunst & Politik 1917-1933. München 1981.
Wiora, Walter: Der Trend zum Trivialen im 19. Jahrhundert. Ein kulturgeschichtliches Nachwort. In: la Motte-Haber, Helga de (Hrsg.): Das Triviale in Literatur, Musik und bildender Kunst. Frankfurt a. M. 1972.
Witte, Karsten (Hrsg.): Theorie des Kinos. Ideologiekritik der Traumfabrik. Frankfurt a. M. 1972.
Wittgenstein, Ludwig: Tractatus logico-philosophicus. Frankfurt a. M. 1968.
Wormbs, Brigitte: Über den Umgang mit Natur. Landschaft zwischen Illusion und Ideal. München/Wien 1976.

Wühr, Paul: Das falsche Buch. München/Wien 1983.

Wulf, Joseph: Die Bildenden Künste im Dritten Reich. Eine Dokumentation. Reinbek bei Hamburg 1966.

Wysocki, Gisela von: Peter Altenberg. Bilder und Geschichten des befreiten Lebens. München/Wien 1979.

Zeller, Bernhard (Hrsg.): Hätte ich das Kino! Die Schriftsteller und der Stummfilm. (Katalog) Marbach a. N. 1976.

Zola, Emile: Photograph. Eine Autobiographie in 480 Bildern. Hrsg. v. F. E. Zola u. Massin. München 1979.

Namenregister

Biographien
im Carl Hanser Verlag

Michael Bauer
Oskar Panizza
Ein literarisches Porträt
1984. 340 Seiten.

Wolfgang Hädecke
Heinrich Heine
Eine Biographie
1985. 584 Seiten.

Dieter Hildebrandt
Lessing
Biographie einer Emanzipation
1979. 532 Seiten. 16 Abbildungen.

Helmut Hornbogen
Jakob van Hoddis
Die Odyssee eines Verschollenen
1986. 232 Seiten. 11 Abbildungen.

Wolfgang Kemp
John Ruskin
Leben und Werk 1819–1900
1983. 472 Seiten.

Ernst Pawel
Das Leben Franz Kafkas
Eine Biographie
1986. 518 Seiten.